Asoziale Marktwirtschaft

Hans Weiss / Ernst Schmiederer

Asoziale Marktwirtschaft

Insider aus Politik und Wirtschaft enthüllen, wie die Konzerne den Staat ausplündern

Kiepenheuer & Witsch

Aktuelle Informationen zum Thema unter
www.asoziale-marktwirtschaft.com

1. Auflage 2004

Umschlaggestaltung: Rudolf Linn, Köln
Gesetzt aus der Sabon
Satz: Greiner & Reichel, Köln
Druck: Druckerei C. H. Beck, Nördlingen
Bindung: Sigloch Buchbinderei, Blaufelden
ISBN 3-462-03412-X

Inhalt

Vorwort

Schlechte Nachrichten, wohin man blickt: Der Staat will sich dies nicht mehr leisten, die Gemeinde kann jenes nicht mehr finanzieren. Bei den Renten muss gespart werden. Bei den Arbeitslosen sowieso. Also wird gekürzt, weggenommen, abgezwackt. Wer Arbeitslosengeld beziehen will, muss künftig – so hat es die deutsche Bundesregierung beschlossen – womöglich gar seine Lebensversicherung versilbern. Wer anschließend über einen längeren Zeitraum hinweg keine Arbeit findet, muss sich – auch das hat die rot-grüne Bundesregierung beschlossen – als Sozialhilfeempfänger über Wasser halten und verachten lassen. Wer jahrelang Steuern gezahlt und geglaubt hat, dass seine Kinder es einmal noch besser haben werden, der wird nun der Naivität geziehen: Warum, so halten ihm die neoliberalen Sparprediger vor, sollte eine solide Schulausbildung gratis sein? Wie, so fragen sie, können wir Spielplätze und Turnhallen bauen, wenn die wirtschaftliche Lage so schlecht ist? Es sei notwendig, so höhnen sie selbst in Zeiten erhöhter Arbeitslosigkeit, dass mehr und länger gearbeitet, weniger Urlaub gemacht und auf Feiertage und Lohnerhöhungen verzichtet wird. Warum? Damit der Staat leistungsfähig bleibt.

Schlechte Nachrichten, wohin man blickt: Nie zuvor haben Konzernmanager so viel und so hemmungslos und so selbstbewusst abkassiert. Schon lange nicht mehr haben die von ihnen geführten Unternehmen so wenig zum Gemeinwohl beigetragen. Nie zuvor waren diese Konzerne so mächtig wie heute.

Schon lange nicht mehr war die Kluft zwischen den wenigen da oben und den vielen da unten so groß wie heute. Nie zuvor war eine so reiche Gesellschaft so ungerecht den Schwächeren gegenüber. Inzwischen ist unübersehbar geworden, dass das schöne Konzept der sozialen Marktwirtschaft durch die raue Wirklichkeit unserer asozialen Marktwirtschaft ersetzt wurde. Zwar wird viel Geld ausgegeben, um diesen Sachverhalt schöner zu reden. Die Konzerne scheuen weder Mühen noch Ausgaben, um in der Öffentlichkeit gut dazustehen. Auf ihren Webseiten und in ihren Geschäftsberichten kann man lesen, wie engagiert Konzerne im Sozialbereich sind, dass sie faire

Löhne zahlen, dass sie freiwillig viel Geld für kulturelle Aktivitäten spenden, dass sie sich Sorgen um die Umwelt machen und so weiter.

Doch all das nützt ihnen nichts mehr. Namen wie Esser, Ackermann und Schrempp haben in der Öffentlichkeit für einen nachhaltigen Vertrauensverlust gesorgt. Inzwischen werden sie sogar in Wahlkämpfen zu Buhmännern gemacht. »Gegen ein Europa der Konzerne« war vor kurzem auf einem EU-Wahlplakat der österreichischen Sozialdemokraten zu lesen.

Auf einer Podiumsdiskussion in Wien, an der Hans Weiss teilnahm, Journalist und Co-Autor des globalisierungskritischen Bestsellers »Schwarzbuch Markenfirmen«, erzählte ein Bankdirektor von einer Untersuchung des österreichischen Rechnungshofes. Der hatte herausgefunden, dass Konzerne im Vergleich zu Klein- und Mittelbetrieben fast keine Steuern zahlen müssen. Die Brisanz dieses Themas ging damals unter. Mit dem Thema Steuern setzt man sich – es sei denn, man ist Steuerberater – freiwillig nicht gern auseinander.

Aber die Botschaft hatte einen Nachhall und war Anlass, sich doch näher damit zu beschäftigen. Gab es eine Möglichkeit, das Thema so aufzubereiten, dass sich auch die Öffentlichkeit dafür interessierte? Es lag nahe, sich die Praktiken der Konzerne in Europa näher anzusehen. In Zusammenarbeit mit dem Journalisten Ernst Schmiederer entstand das Konzept, Insider aus der Welt der Finanzen dazu zu bringen, Steuertricks und Subventionspraktiken zu enthüllen.

Es dauerte in manchen Fällen Monate, bis hochrangige Finanzfachleute bereit waren, uns ins Vertrauen zu ziehen und sowohl über die Tricks zu reden als auch Unterlagen herauszugeben. Unter strengsten Sicherheitsvorkehrungen, versteht sich, und nur anonym. Denn jeder, der uns so mit Informationen versorgt, riskiert seinen Job.

Wir machten die Erfahrung, dass das Steuergeheimnis von Konzernen einen viel höheren Wert genießt und viel strenger geschützt wird als etwa das Beichtgeheimnis. »In Deutschland gibt es nicht viel Schlimmeres, als das Steuergeheimnis zu verletzen«, sagte ein Konzernbetriebsprüfer.

Warum waren einige trotzdem bereit, in unserem Buch auszupacken? Je nach Interessenlage gab es unterschiedliche Motivationen. Bei Finanzbeamten aus Deutschland und Österreich war das Gefühl der Empörung vorherrschend. Empörung über die skandalöse Bevorzugung und Förderung der Konzerne durch die Politik. Empörung über die gleichzeitige Behinderung ihrer Arbeit durch eine Finanzbürokratie, die es zu oft zu gut meint mit den Großen.

Die Berater der Konzerne hingegen – Wirtschaftsanwälte, Steuerberater, Mitarbeiter internationaler Wirtschaftsprüferfirmen – waren nur bereit, uns zu treffen, weil wir von Freunden von Freunden empfohlen wurden. Es bedurfte oft mehrerer und langer Gespräche, um diesen Experten Informationen zu entlocken, die für unser Buch wichtig waren. Bei einigen von ihnen schlägt immer noch, wenn auch sehr verborgen, ein politisches Herz. Gelegentlich finden sie die Ausplünderung des Staates durch die Konzerne ebenfalls empörend.

Im Fall eines hochrangigen Managers des internationalen Konzerns Unilever hingegen war es einfach ein persönlicher Gefallen, der uns erwiesen wurde und zur Preisgabe von Firmengeheimnissen führte.

Bei manchen Recherchen konnten oder wollten uns aber auch Insider nicht weiterhelfen und so verschafften wir uns selbst mit ungewöhnlichen Methoden einen Blick hinter die Kulissen. Aus rechtlichen Gründen waren wir mitunter gezwungen, Personen-, Orts- oder Firmennamen zu verändern. Hans Weiss gab sich als reicher Erbe aus und ließ sich auf der Kanalinsel Jersey beim »Offshore Service der Deutschen Bank« beraten. Sein Vermögen sollte möglichst steuerfrei von Deutschland dorthin transferiert und lukrativ angelegt werden (siehe »Reich und hoch subventioniert«, S. 29 ff.). Ernst Schmiederer war »im Auftrag einer slowenisch-amerikanischen Investorengruppe« im Norden Deutschlands unterwegs, um den steuersparenden Aktivitäten deutscher Konzerne in Norderfriedrichskoog nachzugehen (siehe »Von Norderfriedrichskoog nach Sössen«, S. 47 ff.).

Hans Weiss gab sich als »Export-Import-Händler« aus, um nachweisen zu können, wie Pharmakonzerne ihre Preise und damit ihre Steuerleistung optimal »gestalten« (siehe »Phantasiepreise«, S. 82 ff.). Ernst Schmiederer nahm an einem Fachseminar »Steuergestaltung im Konzern« teil, um Experten und Konzernpraktiker bei ihren Spielzügen zu beobachten (siehe »Insidertipps«, S. 195 ff.).

Im ersten Teil des Buches beschreiben wir anhand konkreter Beispiele, wie Konzerne Steuern sparen. Hier sind alle großen deutschen Firmennamen versammelt, aber auch der japanische Elektronikkonzern Canon, der holländisch-britische Mischkonzern Unilever (Omo, Langnese) und die US-Pharmariesen Pfizer (Viagra) und Lilly. Jeder Konzern pflegt seine eigene Steuervermeidungsstrategie.

Im zweiten Abschnitt beschreiben wir, welche fatalen Folgen die fehlenden Steuerleistungen der Konzerne für deutsche Städte haben. Wir besuchten das Ruhrgebiet – wo Bürgermeister und Betriebsprüfer ein düsteres Bild vom Niedergang dieser Region zeichnen.

Ein weiterer Abschnitt beschäftigt sich mit den beliebtesten internationalen Steueroasen, in denen Konzerne und steinreiche Privatiers ihr Vermögen parken. Hier beschreiben wir exotische Paradiese wie Bermudas, Cayman Islands, Mauritius, Dubai, aber auch europäische wie Irland und die Schweiz.

Die Ausplünderung des Staates wäre nicht möglich, wenn der Staat sich nicht ausplündern ließe. Warum tut er das? Hier kommt eine Berufsgruppe ins Spiel, die mit allerhand – legalen – Schmiermitteln dafür sorgt, dass es für die Konzerne immer besser läuft und dass Politiker zu Komplizen von Konzernen werden – die Lobbyisten. Überraschenderweise sind wir bei diesen Recherchen auf die Tatsache gestoßen, dass ausgerechnet Gewerkschafter dazu beitragen, dass Konzerne ihre Gewinne an der Steuer vorbeischieben können. Wohl eher ungewollt, vermuten wir. Trotzdem gilt in diesem Fall: mitgefangen, mitgehangen.

Der Aufsichtsratsvorsitzende eines Weltkonzerns erzählte uns, was er von deutschen Spitzenmanagern hält und warum es mit Deutschland bergab geht.

Wer hat, dem wird gegeben – dieser Satz gilt vor allem für Konzerne. Wir beschreiben, wie die Multis in den Genuss von Förderungen kommen. Dass dabei vieles hinter verschlossenen Türen abgehandelt wird und die Öffentlichkeit ausgesperrt bleibt, deutet auf das schlechte Gewissen der Beteiligten hin.

Die Steuerbeiträge der Konzerne werden in naher Zukunft wohl noch weiter sinken, allen Beteuerungen der Politik zum Trotz. Der Beitritt der neuen EU-Länder hat den Steuerwettbewerb noch weiter angeheizt, und Mitgliedsländer wie Österreich dienen sich den Konzernen als die beste aller Steueroasen an.

Kein Anlass also, auf bessere Zeiten zu hoffen. Trotzdem haben wir die globalisierungskritische Organisation Attac gebeten, ihr Konzept einer gerechten Besteuerung in diesem Buch zur Diskussion zu stellen.

Im letzten Teil des Buches liefern wir Steuerporträts von insgesamt zwanzig internationalen Konzernen, darunter die Creme de la Creme der deutschen Unternehmen. Gibt es Konzerne, die bei der Steuervermeidung besonders erfolgreich sind? Vodafone hat sich allein schon aufgrund der Summen, um die es dabei geht, an die Spitze katapultiert. Die Deutsche Bank, DaimlerChrysler und Siemens sind ebenfalls Anwärter auf Spitzenplätze.

Jeder Konzern leistet sich übrigens eine doppelte Buchführung. Für die Aktionäre werden die Gewinne hoch- und für das Finanzamt heruntergerechnet.

Was wir herausgefunden haben, lässt sich auf den einfachen Satz bringen: Die Konzerne plündern den Staat aus, auf jede nur erdenkliche Art und Weise – immer gedeckt durch die Gesetze.

Das ist das wirklich Erschreckende: Alles, was die Konzerne tun, ist juristisch erlaubt, kein Trick ist wirklich illegal. Schuld daran ist eine Politik, die sich den Konzernen andient und ihnen all dies ermöglicht; häufig durchaus gewollt, manchmal als Ergebnis »handwerklicher Fehler«, oft aber auch deshalb, weil die Konzerne über die raffinierteren Berater und auch mehr Macht verfügen als die Politik.

Das Ergebnis dieser Entwicklung lässt sich in volkswirtschaftlichen Zahlen eindrucksvoll beschreiben: Von 1960 bis 2000 sank in (West-)Deutschland der Anteil der Steuern auf Gewinn- und Vermögenseinkommen von 20 Prozent auf 6,7 Prozent. Im selben Zeitraum stieg der Anteil der Steuern auf Löhne und Gehälter von 6,3 auf 19,4 Prozent.[1]

Andere Zahlen, dieselbe Tendenz: 1983, zu Beginn der Ära Kohl, machten Körperschafts- und Einkommenssteuer noch 14 Prozent der Gesamtsteuereinnahmen aus, im Jahr 2002 aber nur noch 2,3 Prozent.[2]

Der Staat holt sich das Geld also bei denen, die sich am wenigsten wehren können. Unübersehbar wurde damit auch der Ausgleich zwischen Wirtschaft und Gesellschaft neu definiert – weg von der sozialen, hin zur asozialen Marktwirtschaft.

Wenn die Politik aber, was gelegentlich vorkommt, dagegen ankämpfen und die Steuerschraube für die Konzerne anziehen will, drohen diese mit Abwanderung in Länder, die bessere Bedingungen bieten.

Eine geheime Studie der strategischen Planungsabteilung des Siemens-Konzerns in München kam vor kurzem zu folgendem Ergebnis: Deutschland entwickelt sich in den kommenden Jahren zu einer Gesellschaft, in der es keinen breiten Mittelstand mehr gibt, sondern eine scharfe Unterteilung in Oben und Unten. Ein Drittel wird relativ reich sein und zur Oberschicht gehören, zwei Drittel werden zur Unterschicht gehören, ständig in Sorge, weil der Verlust des Jobs und damit halbwegs normaler Lebensverhältnisse droht.

Wien, 18. Juli 2004 Ernst Schmiederer/Hans Weiss

PS: Wir sind an Kritik, Anregungen und weiteren Informationen interessiert.

Unsere Adresse:
Ernst Schmiederer/Hans Weiss
c/o Verlag Kiepenheuer & Witsch
Rondorfer Str. 5
50968 Köln

www.asoziale-marktwirtschaft.com

Einleitung: Die Macht der Konzerne

Enron und Worldcom in den USA, Parmalat in Italien, Vivendi in Frankreich, Gasprom in Russland – die Namen dieser Konzerne stehen für Finanzskandale, bei denen Zehntausende ihre Jobs und Hunderttausende ihr Geld verloren haben. Sieht man sich diese Fälle an, stößt man immer wieder auf dieselben Beteiligten: hochgelobte Manager, angesehene Wirtschaftsprüfer, Steuerberater, Beratungsfirmen und Banken.

Enron galt als Amerikas innovativstes Unternehmen, das sich rasch vergrößerte, indem ständig neue Firmen aufgekauft oder gegründet wurden – insgesamt mehr als 3.500. Jahresumsatz: 200 Milliarden Dollar. Die Steuerabteilung des Konzerns wurde als »profitcenter« geführt – also als Abteilung, die von 1996 bis 1999 nicht Steuern zahlte, sondern enorme Gewinne verbuchte. Bei den Bilanztricks halfen renommierte Wirtschaftsanwälte, internationale Beratungsunternehmen und auch die Deutsche Bank.[3]

Im Herbst 2001, als Enron fast über Nacht zusammenbrach, erwies sich der Konzern als aufgeblasenes Luftschloss. Die Manager hatten mit Geld um sich geworfen und sich bei Politikern beliebt gemacht. 6 Millionen Dollar gingen als Spenden an amerikanische Abgeordnete, George Bush erhielt 623.000 Euro für sein Wahlkampfbudget.[4]

Das Lebensbekenntnis des Enron-Chefs lautete: »Ich glaube an Gott, und ich glaube an den freien Markt.« Seinen Mitarbeitern empfahl er: »Reden Sie die Aktie hoch.«

Worldcom, die zweitgrößte Telefongesellschaft der USA, vereinigte sich 1997 mit dem MCI-Konzern. Das ging gut bis zum Sommer des Jahres 2002. Dann flog auf, dass 3,8 Milliarden Dollar, die der Konzern als Gewinn in der Bilanz angab, gar nicht existierten. Einige Wochen später war die hochgelobte Firma bankrott. Die Schadenssumme kletterte schließlich auf 12 Milliarden Dollar.

Zahlenspiele

Als staunender Beobachter fragt man sich: Handelt es sich hier um Ausnahmefälle? Ist es möglich, Bilanzen so zu manipulieren, dass es fast niemandem auffällt?

Wer sich zum ersten Mal mit Bilanzen beschäftigt, muss zunächst eine wichtige Lektion lernen: Hier begibt er sich in eine Welt, in der die Doppelmoral zu Hause ist. An der Börse präsentieren sich die Konzerne mit schönen Gewinnen, dem Finanzamt gegenüber legen sie Wert darauf, Verluste zu machen. Dabei handelt es sich nicht etwa um verschiedene Geschäftsjahre oder um unterschiedliche Firmen, nein, es ist ein und dasselbe Unternehmen, das einmal als gut, einmal als schlecht verkauft wird. Fast möchte man glauben, hier handle es sich um Betrug.

Diese Doppelmoral erfordert auch eine doppelte Buchführung. Man könnte ja sonst den Überblick verlieren. Einerseits haben wir es mit einer positiven Handelsbilanz zu tun, andererseits mit einer negativen Steuerbilanz – falls wir diese überhaupt zu Gesicht bekommen, denn Steuerbilanzen zählen zu den am besten gehüteten Geheimnissen unserer Gesellschaft.

Beschäftigt man sich näher mit den Geheimnissen von Bilanzen, drängt sich bald der Eindruck auf, dass Bilanzzahlen nicht ernst zu nehmen sind, weder die der Handelsbilanz noch die der Steuerbilanz. Allen haftet der Geruch des Falschen an.

Ein schönes Beispiel dafür, dass Bilanzregeln verschiedener Finanzbehörden am Ende unterschiedliche Bilanzzahlen ergeben, ist DaimlerChrysler. Als der deutsche Autokonzern 1993 an die New Yorker Börse ging, war er gezwungen, erstmals die dort geltenden Bilanzregeln anzuwenden.

Bis dahin hatte Daimler sein Geschäftsergebnis nach deutschen Bilanzregeln ausgewiesen und galt mit einem Gewinn von 602 Millionen Mark als hochprofitabel. An der New Yorker Börse zeigte sich bei Daimler jedoch ein Verlust von 1,8 Milliarden US-Dollar – für dasselbe Geschäftsjahr. Dieser dramatische Unterschied zur Bilanz ergibt sich dadurch, dass in Deutschland Verluste leichter versteckt werden können.

Im Waschsalon

Lassen wir uns von drei internationalen Spezialisten erklären, warum Bilanzzahlen generell mit Vorsicht zu genießen sind. Zwei von ihnen lehren als Professoren an weltberühmten Institutionen in den USA und Frankreich, in denen junge Wirtschaftswissenschaftler ausgebildet werden, und beraten außerdem Konzerne beim Bilanzieren, der dritte ist Wirtschaftsjournalist bei der angesehenen »Harvard Business Review«. In einem Buch erklären sie anhand vieler Beispiele die Tricks der Branche: Profits you can trust.[5] Was sie beschreiben, sind keine Einzelfälle, sondern allgemein übliche Praktiken, die in den USA genauso wie in Europa angewandt werden.

Am Ende des Buches bleibt der Eindruck, dass die Bilanzzahlen von Konzernen – seien es Umsätze, Gewinne, Vermögenswerte, Cashflow oder was auch immer – im Regelfall manipuliert sind. Seriöse Zahlenangaben sind Ausnahmen.

Mit ein wenig Phantasie kann man Bilanzzahlen fast beliebig aufblähen und klein kriegen, je nachdem. Um zu erfahren, wie das geht, begeben wir uns mit den Autoren des Buches in einen Waschsalon – denn Insider der Finanzbranche verwenden für manche Bilanztricks Bezeichnungen, die mit dem Waschen und Reinigen von Kleidung zu tun haben.

Das große Bad

Zusammenschlüsse und Firmenaufkäufe sind die beste Möglichkeit, um über einen längeren Zeitraum hinweg Gewinne und Verluste nach Belieben zu manipulieren. Alle vergangenen Fehler des Managements können in einem »großen Bad« entfernt werden. Es kann auch dazu benützt werden, Umsätze und Gewinne künstlich aufzublähen. Der Phantasie, so zeigen die Autoren, sind keine Grenzen gesetzt. Bei all den großen Firmenskandalen der vergangenen Jahre wurde die Methode des »großen Bades« angewendet.

Bügeln

Vor allem deutsche Konzerne, so schreiben die Autoren, sind berüchtigt für ausgiebiges »Bügeln« von Bilanzen. Das funktioniert so: In guten Jahren werden hohe Rücklagen gebildet, um auch in schlechten Jahren gute Gewinne ausweisen zu können. Das Ergebnis sind im Verlauf der Jahre stabil bleibende Gewinnzahlen, die eine Zeit lang schwere strukturelle Probleme einer Firma verdecken können.

Auch General Electric, der direkte Konkurrent von Siemens, »bügelt« gerne. Der frühere Chef Jack Welch verteidigte das mit dem Satz: Wir managen nicht Gewinne, sondern Geschäfte.

Aufblähen

Eine beliebte Art der Bilanzmanipulation ist das künstliche Aufblähen von Umsätzen. Xerox, amerikanischer Hersteller von Druckern und Kopiergeräten, spielte dieses Spiel eine Zeit lang sehr erfolgreich, unter anderem mit falscher Berechnung von Leasing-Geschäften. Die Sache flog auf, als ein früherer Finanzmanager des Konzerns im »Wall Street Journal« auspackte. Xerox musste die Bilanzen der Jahre 1997 bis 2000 rückwirkend korrigieren. Der Umsatz verringerte sich um 6 Milliarden Dollar und der Gewinn um 1,4 Milliarden.

Daraufhin sackte der Börsenwert in den Keller: von 46 Milliarden Dollar im Jahr 1999 auf 6,6 Milliarden im Jahr 2003.

Der aktuellste Fall ist der holländisch-britische Ölkonzern Royal Dutch/Shell, der über Jahre hinweg falsche Angaben über die konzerneigenen Ölvorräte machte, um gegenüber den Aktionären besser dazustehen. Die Hälfte aller führenden Manager des Konzerns wusste von diesen Tricks.[6]

Porentief reinigen

Auf Teufel komm raus manipuliert wird bei jener Zahl, die zur Berechnung der Steuer herangezogen wird – beim Gewinn. Finanzbehörden ziehen nicht den in der Handelsbilanz stehenden Gewinn zur Berechnung heran, sondern den in der Steuerbilanz ausgewiesenen, der üblicherweise sehr viel niedriger ist. Wie niedrig, hängt von den Steuergesetzen des jeweiligen Landes ab und von der Gerissenheit der Steuerberater des Konzerns.

Deutsche Konzerne zahlen Steuern – aber vorwiegend im Ausland. Siemens ist ein Paradebeispiel dafür: Während im Ausland Milliardenbeträge an Steuern gezahlt werden, erwirtschaftete der Konzern im Jahr 2002 dank der deutschen Steuergesetzgebung 349 Millionen Euro an Steuerguthaben.

Wir fragten den Oberbürgermeister von Gelsenkirchen, Oliver Wittke, was er davon hält, wenn Konzerne in Deutschland keine Steuern zahlen.

Wittke: »Sie nützen einfach die Möglichkeiten, die ihnen die Politik einräumt. Wenn sie es nicht tun, bekommen sie Probleme mit ihren Aktionären oder Gesellschaftern und machen sich nach deutschem Aktienrecht sogar strafbar. Das deutsche Steuerrecht ist voller Ungerechtigkeiten. Wenn ein Konzern Firmenteile verkauft, dann kann er den Gewinn steuerfrei kassieren. Aber wenn ein Handwerksmeister am Ende eines erfüllten Berufslebens seinen Betrieb verkauft, ist er voll steuerpflichtig. Wo bleibt da die Gleichheit, wo bleibt da die Steuergerechtigkeit?«

Das Europa der Konzerne

Steuergerechtigkeit gibt es schon lange nicht mehr. Reformen benachteiligen meist die Kleinen und bevorzugen die Großen. Wenn es darum geht, vorteilhafte Regelungen für Konzerne einzuführen, können sich die Beteiligten überraschend schnell einigen. Das ist in Deutschland so und in Europa nicht anders.

Ein Beispiel: die Europa AG – eine neue Form von Konzernen, die in Europa ab Oktober 2004 gegründet und deren Firmensitze problemlos von einem EU-Land in ein anderes verlegt werden können.

Im Vergleich dazu haben herkömmliche Konzerne das Problem, dass eine Verlagerung des Firmensitzes sehr teuer kommen kann, weil stille Reserven aufgelöst und versteuert werden müssen.

Die Europa AG ermöglicht es den Konzernen, rasch auf den Steuerwettbewerb der einzelnen Mitgliedsstaaten zu reagieren. So können Steuerschlupflöcher optimal ausgenützt werden.

Wenn es aber darum geht, die Konzerne dazu zu zwingen, einen kleinen Beitrag zur gesellschaftlichen Infrastruktur zu leisten, etwa in Form eines einheitlichen Mindeststeuersatzes in der EU, können sich die EU-Länder nie einigen. Frankreich und Deutschland haben dies im Frühjahr 2004 vorgeschlagen und sind bei den EU-Kollegen sofort abgeblitzt.

Warum ist das so?

Begeben wir uns nach Luxemburg und hören wir zu, was Premierminister Jean-Claude Juncker auf einem Finanzforum in den Räumlichkeiten der Deutschen Bank Luxembourg sagte, am 23. Februar 2002.

Das Europa der Nationen

Pünktlich um neun Uhr vormittags begrüßt der Direktor der Deutschen Bank Luxembourg, Ernst Wilhelm Contzen, mehr als 350 illustre Gäste und erteilt dem Premierminister des Großherzogtums Luxemburg, Jean-Claude Juncker, das Wort.

Wir können geradezu spüren, welches Vergnügen es ihm bereitet, diesem und jenem Kollegen in der Politik eine verbale Ohrfeige zu verabreichen.

Er nimmt sich die Portugiesen vor und knallt ihnen die vielen falschen Zahlen um die Ohren, die sie ein ums andere Mal vorlegen, wenn es um die Höhe ihres Budgetdefizits geht.

Er scheut nicht davor zurück, hier »auf deutschem Boden« auf die deutsche Regierung loszugehen, die bei den Budgetprognosen ja auch Zahlen vorgelegt hat, bei denen man ins Rätseln kommen muss.

Dann sind die Franzosen dran. Die haben auch ein Defizitbudget. Und was für eines. Wenn er mit Jacques Chirac über das französische Budgetdefizit spreche, mache der ihn jedes Mal darauf aufmerksam, dass man halt im Verteidigungshaushalt einige Korrekturen nach oben vornehmen müsse, weil die Vorgängerregierung zu viele Korrekturen nach unten vorgenommen habe.

Eindrucksvoll und anschaulich vermittelt der luxemburgische Premierminister, dass es beträchtliche nationale Unterschiede im vereinten Europa gibt und dass diese uns wohl noch länger erhalten bleiben. Der eine verteidigt seine Waffenindustrie und der andere sein Bankgeheimnis.

Dann kommt er unerwartet auf den deutschen Finanzminister zu sprechen. Er habe ihn am Sonntagabend bei Sabine Christiansen sagen hören: »Diese europäische Zinsrichtlinie, also die machen wir, das haben wir in der Koalitionsrunde entschieden.« Hans Eichel sollte in Zukunft besser darauf achten, was er in der Hitze des Wortgefechts bei Talkshows von sich gibt. Denn Junckers Stimme wird schärfer, als er sagt: »In der Koalitionsrunde ist genau das Gegenteil entschieden worden!«

Eichel hat nicht die Wahrheit gesagt! Es wird keine europäische Zinsrichtlinie geben.

Was bedeutet das? Es geht darum, dass in Europa einige Länder als Fluchtorte für Schwarzgeld bekannt sind. Deutsche tragen ihr mühsam vor dem Finanzamt in Sicherheit gebrachtes Geld gerne in die Schweiz, nach Liechtenstein, nach England, nach Österreich oder eben nach Luxemburg. Denn in all diesen Ländern gibt es ein Bankgeheimnis, und das Finanzamt erhält keine Auskunft.

Während also die Braven vom Finanzamt gerupft werden, lachen sich die Bösen ins Fäustchen. So darf das nicht weitergehen, dachten sich einige Länder der EU und überlegten, wie man das ändern könnte. Wenn die Zinsen dieser Schwarzgelder hoch genug besteuert werden oder wenn gar die ausländischen Banken gezwungen werden, Auskünfte über die eingezahlten Gelder zu erteilen, dann ist dieser Spuk schnell vorbei.

Aber das ist eben das Problem. Länder wie die Schweiz, Liechtenstein, England, Österreich und eben auch Luxemburg leben zu einem Gutteil von diesen Schwarzgeldern. Deren Devise ist: Geld stinkt nicht. Also wollen sie das nicht aufgeben. Jedenfalls nicht kampflos. Deshalb gibt es in dieser Sache seit Jahren ein heftiges Hauen und Stechen unter europäischen Politikern. Inzwischen – im Frühjahr 2004 – ist die Zinsrichtlinie beschlossene Sache, und auch die sperrigen Schweizer wollen mitmachen; vorausgesetzt, die Bevölkerung stimmt in einer Volksabstimmung zu. Wenn es so kommt wie beschlossen, handelt es sich bei der Zinsrichtlinie aber, wie von Juncker vorausgesagt, um eine große Augenwischerei. Denn es sind so viele Schlupflöcher vorgesehen, dass die Reichen davon ohnedies nicht betroffen sein werden.

Juncker selbst war immer ein Verfechter einer minimalen Angleichung der Besteuerung von Kapitalerträgen, aber nur unter der Voraussetzung, dass ausnahmslos alle Steueroasenländer mitmachten. Das macht er in seiner Rede deutlich, und sein Ärger über die Tricks der Schweizer ist unüberhörbar.

Er kritisiert den »Treuhandumweg, der intensiv beschritten wird«, er kritisiert »London, das ein Steuerparadies für Nicht-EU-Bürger bleibt«, und er kritisiert die USA, deren Finanzminister sich weigert, den Europäern Informationen über Finanztransaktionen mitzuteilen.

Juncker rügt die steuerpolitische Flucht von einem europäischen Land ins andere, vor allem »von deutschen Landen hin zu kleineren Territorien in der Europäischen Union und außerhalb«. Und den »steuerpolitisch obszönen Verkehr vor den luxemburgischen Bankschaltern« ebenfalls.

Verlassen wir die Räume der Deutschen Bank in Luxemburg, machen wir einen Sprung ins Frühjahr 2004. Da wurde Premierminister Juncker von den EU-Länderchefs bedrängt, Kommissionspräsident zu werden. Er weigerte sich, blieb lieber der mächtige Erste in einem kleinen Herzogtum als der machtlose Erste eines zerstrittenen EU-Reichs.

Steuerreform in Deutschland

Jetzt bleibt noch die Frage zu klären, warum ausgerechnet Deutschlands rot-grüne Regierung, die den Menschen näher sein will als die Konkurrenz, im Jahr 2000 eine Unternehmenssteuerreform durchführte, die die Finanzen des Staates und der Kommunen nachhaltig beschädigte. Die Reform bescherte den

Konzernen zwei riesige Geschenke. Zum einen durften sie nun Tochterfirmen oder Firmenbeteiligungen verkaufen, ohne für solche Gewinne Steuern zahlen zu müssen. Zum anderen konnten sie nun Gewinne, die sie in Deutschland erzielten, mit Verlusten im Ausland verrechnen. Beides kostete die Öffentlichkeit viele Milliarden.

Der Kämmerer einer großen deutschen Stadt hat es uns so erklärt: »Das sind Politikfehler. Rot-Grün wollte vieles ändern. Offenbar weiß dort aber niemand genau, was passiert, wenn man mit einer politischen Entscheidung einen bestimmten Hebel umlegt. Das können wir auch bei anderen Themen beobachten: etwa wenn es um die Zusammenlegung von Arbeitslosen- und Sozialhilfe geht. Ich glaube der Koalition ja, dass sie überzeugt war, dabei viel einzusparen. Aber man hat mit diesem Schritt statt einer Entlastung neue Kosten verursacht.«

Die Regierung hat offenbar eingesehen, dass die Steuerreform des Jahres 2000 ein Fehler war. Ende des Jahres 2003 wurde mit einer Reform der Reform begonnen. »Steuerbegünstigungsabbaugesetz« heißt das monströse Programm, mit dem das gelingen soll. Immerhin enthält es nach US-Vorbild eine Mindeststeuer für Konzerne. Ob das etwas nützt? Eine in der »Financial Times« abgedruckte Analyse der Ergebnisse dieser Steuer in den USA lässt wenig Hoffnung aufkommen.[7] Sie wurde im Jahr 1986 aus ähnlichen Motiven wie in Deutschland eingeführt: mehr Steuergerechtigkeit und mehr Einnahmen für den Staat. Weder das eine noch das andere Ziel wurde erreicht. Es zeigte sich nur ein einziger positiver Effekt: Über einen längeren Zeitraum gemessen, führte die Mindeststeuer zu gleichmäßigeren Steuereinnahmen.

Ein wirklich großer Wurf, eine grundlegende Änderung der Steuerpolitik ist von dieser Regierung kaum zu erwarten. Da und dort wird es weitere Versuche geben, das verunglückte Steuergesetz zu reparieren. Die Konzerne werden es verschmerzen. Die Erfahrung lehrt: Sie haben Spezialisten, die in jedem Fall neue Steuerschlupflöcher finden werden.

Und wenn alles nichts hilft, ziehen sie einfach weg, in ein anderes Land, wo sie noch weniger Abgaben zahlen.

Lockendes Ausland

Der Gelsenkirchener Oberbürgermeister Oliver Wittke versteht nicht, dass Deutschland und die EU die Verlagerung von Betrieben ins Ausland auch noch fördern. »Das ist verrückt! Ganz aktuell haben wir mit einer Reihe von Unternehmen zu kämpfen, die Produktionsteile oder sogar ganze Betriebe ins osteuropäische Ausland verlagern, nach Tschechien beispielsweise. Der Oberbürgermeister von Leipzig sagte mir neulich: Die Unternehmen, die vor zehn Jahren mit deutschen Subventionen aus Westdeutschland nach Leipzig übersiedelt sind, wechseln jetzt, nachdem die Bindungsfristen für die Investitionen abgelaufen sind, mit europäischem Fördergeld nach Osteuropa, in den Erweiterungsraum der Europäischen Union.

Man wird diesen Prozess nicht aufhalten können, das hat man vor Jahren schon an der Textilindustrie gesehen. Aber man sollte das nicht noch staatlich oder auf Europäischer Ebene unterstützen und beschleunigen.«

Warum die Firmen Betriebe ins Ausland verlagern, kann man sich anhand der Zahlen zusammenreimen, die die Zeitschrift »Focus« veröffentlicht hat[8]:

Eine Arbeitsstunde für Softwareentwickler kostet in Deutschland 54 Euro, in Tschechien 8 Euro, in Indien 7 Euro. Die Arbeitskosten sind in Deutschland deshalb so hoch, weil diese mit sehr hohen Nebenkosten wie Steuern und Sozialabgaben belastet sind. Der Staat holt sich die Einnahmen in erster Linie von denen, die sich am wenigsten wehren können. Je weniger die großen Unternehmen und die Vermögenden Steuern zahlen, desto höher wird die Abgabenlast für Lohnabhängige und kleine Unternehmen.

Konzernchefs können rechnen, und sie wären angesichts vorliegender Zahlen dumm, wenn sie ihre Betriebe nicht nach Tschechien oder Indien verlagern. Outsourcing heißt das neue Zauberwort. Es betrifft inzwischen nicht nur Industriearbeitsplätze, sondern auch hoch qualifizierte Jobs im Finanzbereich.

Im Jahr 2003 strich E.ON 38 Prozent aller Stellen, MAN 15 Prozent, die Deutsche Bank und die Commerzbank zwölf Prozent, Volkswagen 4 Prozent, Siemens 2 Prozent.[9] Überwiegend waren es Arbeitsplätze in Deutschland, die verloren gingen.

Dieser Trend wird sich in den kommenden Jahren noch verstärken. Für die deutsche Volkswirtschaft bedeutet das einen Verlust, für die Konzerne einen Gewinn. Werfen wir einen letzten Blick auf die Zahlen: Die Gewinne der 30 größten Unternehmen Deutschlands sind im vergangenen Jahr um 30 Prozent gestiegen.

Kommentar auf der Finanzseite der Tageszeitung »Die Welt«: »Kapitalismuskritiker werden sich auf ganzer Linie bestätigt fühlen. Deutschlands Großkonzerne haben im vergangenen Jahr ihre Profite kräftig nach oben geschraubt, weil sie Stellen gestrichen oder Geschäftsbereiche ausgelagert haben.«

Gegen die schamlose Ausnützung von Steuerschlupflöchern formiert sich seit kurzem Widerstand. Im Juni 2004 veröffentlichte der Künstler Klaus Staeck zusammen mit vielen anderen einen Aufruf zu mehr Steuergerechtigkeit (www.staeck.de/amd/index.htm). Und die globalisierungskritische Gruppe attac protestierte am 5. Juli 2004 mit einer spektakulären Kletteraktion an der Fassade des Mobilfunk-Unternehmens Vodafone gegen dessen Steuertricks: »Stoppt Steuerklau. Stoppt Vodafone. Her mit den 20.000.000.000 Euro«. So viel Steuern will der Konzern sparen, indem er Verluste aus der Mannesmann-Übernahme abschreibt (siehe S. 131 ff.).

Steuern vermeiden, aber richtig

Reich und hoch subventioniert – die Deutsche Bank weiß, wie man der Steuer entkommt

Von Hans Weiss

Während des Fluges von London auf die Kanalinsel Jersey kündigt der Pilot schönes Wetter an. Die Landung erfolgt pünktlich, aber wir werden von einem Regenschauer empfangen. Zusammen mit anderen Passagieren bewege ich mich in Richtung Ausgang. Neben der letzten Türe stehen zwei uniformierte Männer. Einer von ihnen hebt die Hand und bedeutet mir, auf die Seite zu treten: »Ich habe ein paar Fragen.«

Merkwürdig… was will er von mir? Ich bin noch nie in einem Flughafen aus der Menge herausgefischt und kontrolliert worden.

»Kann ich Ihren Pass sehen?« Er schlägt die Seite mit dem Foto auf. »Woher kommen Sie?«

»Aus London.«

»Wie lange bleiben Sie auf Jersey?«

»Ich fliege heute Abend wieder nach London zurück. Und morgen weiter nach Wien.«

»Was tun Sie hier auf Jersey?«

Soll ich sagen, dass ich hierher gekommen bin, um etwas über die Steuertricks der Deutschen Bank zu erfahren? Soll ich sagen, dass ich hierher gekommen bin, um Mark Juste von der »Deutschen Bank Offshore« eine erfundene Geschichte aufzutischen, damit er mir die Wahrheit erzählt?

Ich habe nicht damit gerechnet, am Flughafen bohrende Fragen gestellt zu bekommen. Deshalb habe ich mir auch keine passende Antwort zurechtgelegt. Was passiert, wenn ich lüge und dieser freundliche lächelnde Beamte ertappt mich?

Meine Antwort ist ausweichend: »Ich bleibe nur einen Tag!«

»Das haben Sie schon gesagt, aber was tun Sie hier?«

Wenn er mich festnimmt, kann er mich festhalten, vielleicht einen Tag, vielleicht mehrere. Am Flughafen in London waren mir die verschärften Sicherheitsbedingungen aufgefallen. Vor dem Betreten des letzten Wartesaales wurde die Bordkarte noch einmal kontrolliert, mit Hilfe eines Lesegeräts. Auf dem Bildschirm tauchte mein Foto auf. Es war nicht das Passfoto. Irgendwann während des Eincheckens war ich heimlich fotografiert worden. Wurde ich seit meiner Ankunft auf dem Flughafen in London heimlich überwacht?

Das Flugzeug war halb leer gewesen. Ein Dutzend Urlauber, ein Dutzend Geschäftsleute und ein paar außergewöhnlich gut aussehende, allein reisende junge Frauen, die weder zur einen noch zu der anderen Kategorie zählten. Callgirls der vornehmen Sorte?

> *»Die Kanalinseln (Guernsey und Jersey) haben eine 900 Jahre alte Geschichte politischer Stabilität. Es gibt keine Einkommens-, Kapital- oder Grundsteuer für nicht ansässige Personen, die hier Trusts oder Firmen errichten. Klienten kommen zu uns, weil sie ihr Vermögen bewahren, sichern oder vergrößern wollen – auf ordentliche und steuereffiziente Art und Weise.«* (Aus einer Broschüre der Deutschen Bank Offshore) – Mit ihrem Hinweis auf »eine 900 Jahre alte Geschichte politischer Stabilität« sieht die Deutsche Bank großzügig darüber hinweg, dass es eine kleine Periode von fünf Jahren gab, in denen die Kanalinseln von Nazi-Deutschland besetzt waren.
>
> Jersey hat heute 90.000 Einwohner, 55 Banken und eine unbekannte Zahl von Briefkastenfirmen, die in den meisten Fällen von Treuhändern verwaltet werden, um die Identität der Eigentümer geheim zu halten.

Ich hatte mir vor der Reise lange überlegt, wie ich in der Filiale der »Deutschen Bank Offshore« auf Jersey auftreten würde. In einer E-Mail hatte ich Mister Ricketts von meinen Absichten informiert, und wir hatten einen Termin fixiert. Um elf Uhr würde mich sein Kollege Mark Juste empfangen und alles Notwendige mit mir besprechen.

Betreff: Erbschaft von 7 Millionen Euro – Beratung

Sehr geehrter Herr Ricketts,
ich brauche Rat und Hilfe in folgender Situation:
Mein Vater, der derzeit in Kassel/Deutschland lebt, hat mir mitgeteilt, dass er an Krebs erkrankt ist und demnächst sterben wird. Er ist ein reicher Mann und wird mir – ich bin das einzige Kind – sechs bis sieben Millionen Euro vererben, und zwar in Form von Aktienbesitz internationaler Konzerne, zwei Häusern, zwei Wohnungen und Bankguthaben. Innerhalb der nächsten Jahre sind außerdem hohe Einkünfte aus Patentrechten zu erwarten.
Das alles sind überraschende und verwirrende Neuigkeiten für mich. Ich wusste nicht, dass mein Vater so reich ist, denn wir hatten in den letzten Jahren nur losen Kontakt. Er ist Wissenschaftler und Geschäftsmann und hat eine Reihe von Patenten entwickelt, die ihn reich machten.
Von Beruf bin ich Autor, ich schreibe hauptsächlich literarische Werke und bin nicht sehr erfahren in Geldangelegenheiten. Ich bin 54 Jahre alt, verheiratet und habe einen sechs Jahre alten Sohn. Ich besitze einen österreichischen Pass.
Ein Freund hat mir geraten, mich an die »Offshore Gruppe« der Deutschen Bank in Jersey zu wenden, weil ich vorhabe, meinen Wohnsitz von Wien nach London zu verlegen.
Ich möchte vermeiden, dass sich der Staat ein Stück des Vermögens in Form von Steuern schnappt, und erwarte Ihre Hilfe in dieser Sache.
Am Mittwoch kommender Woche bin ich auf Jersey und wäre Ihnen sehr verbunden, wenn Sie mir einen Termin anbieten könnten, um alle Fragen zu diskutieren. Ein Zeitpunkt zwischen 11 Uhr und 15 Uhr wäre mir angenehm.
Mit freundlichen Grüßen,
Hans Weiss

Hans Weiss

Von: "Hans Weiss" <hans.weiss@[redacted]
An: "Simon Ricketts" <simon.ricketts@[redacted]
Gesendet: Donnerstag, 22. April 2004 13:20
Betreff: inheritage of 7 million Euro - asking for advice

Dear Mr. Ricketts,

I need advice and help for the following problem:
My father, who is now living in Kassel/Germany, told me that he´s got cancer and he will die soon. He is a wealthy man and will inherit me - I am the only child - about 6 or 7 Million Euro in the near future (shares from international companies, two houses, two appartments, bank accounts). And during the next years there will be quite large amounts of royalties flowing in from patent rights.
These are quite embarrassing news for me. I didn´t know that my father was that wealthy, because we only had loose contact until now. He was a businessman and scientist and developed some patents which made him wealthy.
By profession I am a writer (mainly fiction) and not very experienced with money matters. I am 54, married and I have a six year old sun. I have an Austrian passport.
A friend of mine told me to to ask for help at Offshore Group Deutsche Bank in Jersey, because I am planning to move my residence from Vienna, where I live now, somewhere to GB. London? Jersey? I have not decided yet.
Since it is a lot of money I will inherit from my father I am interested in avoiding to pay a big piece of that for taxes. I expect that DB Jersey could help me with that matter.
Next week on Wednesday I will stay in Jersey, just for that day. Is it possible to get an appointment with you to discuss these things? Anytime between 9 am and 3 would suit me.

Best regards,

Hans Weiss

Hans Weiss
[redacted]
A - 1090 Vienna
Tel and Fax 0043-1[redacted]
Mobile 0043-[redacted]
e-mail hans.weis[redacted]

Die Krebserkrankung meines Vaters, das Vermögen, die Erbschaft, die geplante Übersiedelung nach London und der Ratschlag des Freundes – all das war erfunden.

Ich hatte zuvor umfangreiche Recherchen über die Aktivitäten der Deutschen Bank auf Jersey und in anderen Steueroasen sowie über die Steuermoral der Deutschen Bank durchgeführt und beabsichtigte, mit meinem Besuch zwei Fliegen auf einen Schlag treffen. Einerseits wollte ich mir einen persönlichen Eindruck vom hermetisch abgeschirmten Steueroasen-Reich der Deutschen Bank verschaffen. Andererseits wollte ich herausfinden, was die Deutsche Bank reichen Leuten rät, um ihren Reichtum steuerschonend zu vermehren.

Weil sich Mister Ricketts mit seiner Antwort Zeit ließ, beschwerte ich mich höflich, aber bestimmt per Fax bei seinem Chef. Fünf Minuten später klingelte das Telefon. Ricketts entschuldigte sich und verwies mich an seinen Kollegen Mark Juste, der sich verlässlich mit mir in Verbindung setzen und einen

Besprechungstermin für kommenden Mittwoch vereinbaren werde.

Ich hatte die Reise gebucht und mich im Geiste auf alles Mögliche vorbereitet, auch auf unerwartete Fragen. Nun aber stand ich am Flughafen von Jersey und sollte dem Beamten erklären, warum ich hergekommen war.

Ich war ganz offensichtlich kein Tourist, aber auch kein Geschäftsmann. Ich hatte vor der Abreise lange überlegt, was ich anziehen sollte, und vor dem Spiegel probehalber mehrfach meine Kleidung gewechselt. Irgendetwas hatte ich falsch gemacht, jedenfalls in den Augen des Beamten auf dem Flughafen Jersey.

»Nun«, drängt er, »was tun Sie hier?«

»Ich bin Autor!«

»Und was schreiben Sie?«

»Alles Mögliche. Soziale Themen, Medizin. Literatur. Gelegentlich einen Roman.«

»Das sind aber sehr unterschiedliche Themen«, meint er.

»Ja, sehr unterschiedliche«, bekräftige ich.

»Woran arbeiten Sie jetzt?«

»Wollen Sie das wirklich wissen? Als Autor sagt man das nicht gerne, und vor allem nicht jedem.«

»Ich möchte es trotzdem gerne wissen. Aber Sie brauchen natürlich nicht zu antworten«, droht er mit einem Lächeln.

Er hat meinen Pass, hält plötzlich einen Notizblock und einen Kugelschreiber in der Hand, und ich habe den Eindruck, jetzt hat er mich in der Hand.

»Soll ich Ihnen etwas vorlügen?«, biete ich an.

»Wenn Sie möchten«, sagt er auf seine unnachahmlich britische Art.

»Warum sollte ich?«, entgegne ich lachend.

»Ja, warum sollten Sie?«

Es ist ein nettes kleines Spiel, aber es fängt an, mich zu beunruhigen. Er wird nicht lockerlassen, bis er von mir irgendeine plausible Geschichte gehört hat. Ich muss ihm einen Brocken vorwerfen.

»Ich interessiere mich für die Steuertricks von Konzernen. Wie schaffen sie es, möglichst wenig zu bezahlen?«

Er beugt sich vor: »Geht es um lokale Steuern, hier auf Jersey?«

»Nein, überhaupt nicht. Es geht um internationale Konzerne.«

»Wie recherchieren Sie das? Wen treffen Sie hier?«

»Wer sagt, dass ich jemanden treffe?«

Er hebt seine Augenbrauen. Das genügt.

»Jemanden von der Deutschen Bank.«

»Aha! Sagen Sie mir einen Namen.«

Soll ich antworten, dass ihn das nichts angeht? Ist es klug, ihm einen Namen zu sagen? Er könnte bei Mark Juste anrufen. Hier vor mir steht ein Journalist aus Wien, der sich für die Steuertricks von Konzernen interessiert. Er sagt, er habe einen Termin bei Ihnen. Können Sie das bestätigen?

Aber was ist, wenn ich einen Namen erfinde, er ruft an, und es stellt sich heraus, dass diese Person gar nicht existiert? Das wäre peinlich. Vielleicht durchsucht er mein Gepäck und findet die E-Mail und alle anderen Unterlagen über die Deutsche Bank.

»Mark Juste«, sage ich mit gespielter Gelassenheit.

Er schreibt »Mark Gust« auf seinen Notizblock.

»Das ist falsch«, korrigiere ich und buchstabiere die richtige Schreibweise.

Das endlich genügt ihm, und er lässt mich laufen: »Ich wünsche Ihnen noch einen schönen Aufenthalt.«

Im Briefkastenreich von Deutsche Bank Offshore

Der Bus in die Hauptstadt St. Helier fährt durch eine idyllisch grüne Landschaft. Die Straße ist gesäumt von Steinmauern, blühenden gelben Ginsterbüschen und hier und dort einer Palme. Die gedrungenen Häuser sind aus Backsteinen gebaut oder weiß verputzt, alles wirkt ordentlich und behäbig.

Die Deutsche Bank Offshore ist in einem modernen, dreistöckigen Gebäude in der New Street untergebracht. Im Windfang hängt eine große Tafel mit Schildern von Tochterfirmen der Deutschen Bank, die hier residieren. In diesem Gebäude ist höchstens Platz für ein, zwei Dutzend Beschäftigte, aber die Firmenliste ist lang. Es sind weit über hundert Namen. Briefkastenfirmen?

Deutsche Bank International Limited, Deutsche Finance No. 9 (Jersey) Limited, Deutsche Finance No. 10 (Jersey) Limited, Deutsche International Corporate Services Limited, Deutsche International Trust Corporation Limited.

Hier glitzert alles und glänzt; polierter Stein, Aluminium. Hinter der Rezeption sitzt eine freundliche Dame. Während ich mich in ein Besucherbuch eintrage, verwickelt sie mich in ein Gespräch.

Dann taucht auch schon Mark Juste auf, ein energisch wirkender Mann. Er führt mich ins dritte Stockwerk zu einem Besprechungszimmer, das mit teuer wirkenden Stilmöbeln eingerichtet ist. Mark macht mich mit dem »relationship manager« James Hodges bekannt. Mir ist ein wenig mulmig zumute. Ich sitze jetzt zwei hochrangigen Managern der Deutschen Bank gegenüber, die für Investitionen auf küstennahen Steuerparadiesen verantwortlich sind.

Mark öffnet eine Mappe, entnimmt ihr die E-Mail, die ich geschickt habe, legt ein leeres Blatt Papier auf den Tisch, zückt einen Kugelschreiber und sagt: »Sie erwähnen in Ihrem Schreiben, ein Freund habe Ihnen empfohlen, sich an uns zu wenden. Darf ich fragen, wer dieser Freund ist?«

»Es ist ein Banker der Westdeutschen Landesbank. Er hat geschäftlich mit Ihnen zu tun. Möchten Sie seinen Namen wissen?« Vorsichtshalber hatte ich mir schon vor der Reise einen Namen herausgesucht und zurechtgelegt.

»Nein, nein, das ist nicht notwendig«, wehrt Mark höflich ab, fährt aber fort, unangenehme Fragen zu stellen: »Sie haben uns in Ihrem Schreiben ja schon informiert, worum es geht. Wir möchten gerne von Ihnen persönlich noch ein paar Hintergrundinformationen wissen. Wo hat Ihr Vater studiert? Und was? Welche Patente hat er entwickelt?«

Jetzt merke ich, dass ich mich nicht intensiv genug vorbereitet habe. Ich muss improvisieren. »Er hat in Frankfurt studiert. Pharmakologie. Er war dann lange bei Hoechst. Das ist ein deutscher Pharmakonzern, der jetzt Aventis heißt – dort war er in der Forschung tätig. Später hat er sich selbständig gemacht.«

»Was sind das für Patente, die er entwickelt hat?«

»Keine Ahnung, irgendetwas Medizinisches. Jedenfalls hat er damit viel Geld verdient. Und er verdient immer noch viel Geld damit, hat er mir gesagt. Näheres weiß ich nicht. Ich hatte bis vor kurzem kaum Kontakt mit meinem Vater. Wissen Sie, er war …«, ich zögere, gebe vor, nach dem richtigen Wort zu suchen, »… er ist ein wenig eigenartig, mein Vater. Meine Mutter hat er sehr schlecht behandelt und um mich hat er sich nie gekümmert. Jetzt rührt sich das schlechte Gewissen, und er versucht, alles wieder gutzumachen.«

Die beiden Manager nicken verständnisvoll. Ein paar Millionen als Erbschaft, einfach so, aus dem Nichts, das hätte jeder gerne.

»Hat er in Deutschland einen Finanzberater?«, fragt James Hodges.

»Keine Ahnung, aber ich nehme an, wenn jemand reich ist, hat er das wohl.«

»Was für Immobilien besitzt er?«

»Zwei Häuser in Deutschland, eine Wohnung in Kassel, eine in Frankfurt, dann gibt es noch eine in Venedig und ich glaube auch in Paris. Ich weiß es nicht genau.«

Das mit den vier Wohnungen ist mir im Eifer herausgerutscht. In der E-Mail hatte ich von zwei Wohnungen geschrieben. Aber das fällt weder Mark noch James auf. Eine Wohnung mehr oder weniger spielt bei einem solchen Vermögen keine Rolle.

»Als ersten Schritt sollten Sie sich mit Ihrem Vater zusammensetzen und herausfinden, welcher Art das Vermögen ist, welche Immobilien er wo besitzt, welche Aktien er hat, wie er sein Vermögen angelegt hat. Als zweiten Schritt sollten Sie sich mit einem Steuerspezialisten in Deutschland zusammensetzen. Erst wenn das alles geregelt ist, sollten wir gemeinsam konkrete Pläne machen.«

»Aber ich dachte, so etwas muss man im Voraus planen. Ich muss ja erst einmal wissen, welche Möglichkeiten ich habe, dieses Vermögen anzulegen.«

»Ja, das ist schon sinnvoll, dass Sie vorausplanen. Trotzdem:

Sie müssen als Erstes die Sache mit der Erbschaftssteuer in Deutschland regeln. Oder in Österreich, je nachdem. Wir wollen ja alle nicht, dass dann plötzlich irgendwelche Probleme auftauchen.«

»Ich dachte, wir leben in der Europäischen Gemeinschaft, und ich kann meinen Wohnsitz beliebig verlegen! Das kann doch kein Problem sein, wenn ich von Wien nach London übersiedeln will, oder?«

»Nein, nein, das ist sicher kein Problem. Aber es gibt nach wie vor nationale Gesetze zur Erbschaftssteuer, und wenn die nicht beachtet werden, dann kann es Probleme geben. In England beispielsweise kann die Steuerbehörde sieben Jahre rückwirkend Erbschaftssteuer eintreiben. Es ist schwer, der Erbschaftssteuer zu entkommen.«

»Aha.« Ich spiele den Naiven.

»Wenn Sie einen brauchen – wir können Ihnen einen erstklassigen Steueranwalt in Deutschland vermitteln!«

Hodges klärt mich darüber auf, dass hier auf Jersey die Regeln für den Geldverkehr in letzter Zeit ein wenig verschärft wurden. Leider – die Dinge seien nicht mehr ganz so einfach wie früher. Ab dem nächsten Jahr sei man verpflichtet, die Geldsummen, die Ausländer hier in Jersey anlegen, an die ausländischen Steuerbehörden zu melden. Nur die Summen natürlich, keine Namen. Davon müsse eine Zinsensteuer abgeführt werden.

Trotzdem: Für bestimmte Personengruppen sei die Kombination von London und Jersey immer noch die beste Möglichkeit, Geld steuerfrei anzulegen.

»Für wen? Für jemand wie mich?«

Hodges nickt: »Ja. Es gibt drei Gruppen, für die das interessant ist: reiche Araber, reiche Kontinentaleuropäer und ausgewanderte Engländer. Und für Sie, Mister Weiss, trifft das natürlich auch zu – wenn Sie das mit der Erbschaftssteuer geregelt haben.«

Mit den reichen Kontinentaleuropäern meint Hodges vielleicht Muck Flick von der deutschen Flick-Dynastie oder Curt Engelhorn, den ehemaligen Besitzer des Pharmakonzerns Boehringer Mannheim, oder Hans Rausing, den schwerreichen Sohn des schwedischen Tetra-Pak-Erfinders, die laut einem »Spiegel«-Bericht vom 5. Mai 2003 diese Möglichkeit genutzt haben.

Ich frage Hodges ganz unverblümt: »Sagen Sie mir, was ich tun muss?«

Mark Juste antwortet: »In Ihrer Situation wäre es am sinnvollsten, einen Trust zu errichten, dessen Vermögen mit einem ›portfolio of funds‹ oder ›hedgefunds‹ bestückt wird.«

»Entschuldigen Sie, davon verstehe ich nichts, für mich sind das alles Fremdwörter!«

»Oh! Vielleicht sollten wir Sie gleich heute zusammenbringen mit einer Firma, mit der wir sehr eng kooperieren. Die ist spezialisiert auf die Errichtung und Verwaltung von Trusts. Wenn Sie vorhaben, nach London zu übersiedeln, dann ist das genau das Richtige für Sie. Dann zahlen Sie für Ihr Vermögen keine Einkommenssteuer.«

»Das klingt gut«, sage ich und blase hörbar die Luft aus.

»Was meinst Du, Mark?« James sieht Mark fragend an. »Vielleicht könnten wir noch heute Nachmittag für Mister Weiss einen Termin bei der MYC Trust Company [Name geändert] arrangieren?«

Mark nickt: »Ich versuche es, ich denke, das sollte kein Problem sein. Wenn Sie schon hier sind auf Jersey ... das wäre doch perfekt! Da lassen Sie sich gleich ein paar Basisinformationen über Trusts geben. Dann haben Sie eine erste Orientierung.«

MYC Trust Company

Die Atmosphäre in der MYC Trust Company ist ähnlich wie in der Deutschen Bank: gedämpfte Geräusche, gedämpftes Licht, gedämpfte Menschen. Anthony T. erwartet mich in Begleitung einer jungen »Office Managerin«.

Anthony – so darf ich ihn nennen – ist der Direktor. Er weckt sofort Vertrauen, vermittelt eine Atmosphäre von Seriosität und Verschwiegenheit. Das ist schließlich sein Job, und den macht er wirklich gut.

Zunächst erzählt er ein wenig von sich. Er hat in England

studiert, war eine Zeit lang bei den internationalen Beratungsfirmen Ernst & Young sowie Deloitte & Touche tätig. Athony ist ein Mensch mit untadeligen Manieren und deshalb vergisst er auch nicht, ein paar Worte über die Office Managerin zu verlieren – sie arbeitete früher bei der Deutschen Bank.

Falls ich mich entscheide, die Dienste des MYC Trust in Anspruch zu nehmen, dann werde ich ganz persönlich von Anthony betreut. Er findet es sehr vorteilhaft, dass ich mir jetzt schon, bevor überhaupt irgendwelche Entscheidungen gefallen sind oder zu fällen sind, Gedanken mache über das, was zu tun ist. Schließlich geht es ja um ein beträchtliches Vermögen. Den Wohnsitz nach London zu verlegen – das ist sehr klug.

»Sie zahlen nur Einkommensteuer für Geld, das Sie nach England bringen oder dort verdienen. Mit einem Trust in Jersey leben Sie vollkommen steuerfrei! Niemand stellt Fragen, niemand kümmert sich. Außer uns. Wir sorgen dafür, dass sich Ihr Geld vermehrt.« Das klingt wie ein Satz aus einer Werbebroschüre.

»Das klingt gut!«, sage ich.

»Wenn Sie die Erbschaftsangelegenheit erledigt haben, kann ich Ihnen einen Termin in unserer Londoner Zentrale arrangieren. Wir setzen uns zusammen und überlegen gemeinsam, was zu tun ist, um Ihr Vermögen steuerschonend zu übersiedeln.«

Anthony ist ein aufmerksamer Mensch und weil er meinen kurzen Blick auf die Uhr bemerkt, kommt er nun zur Sache: »Sie müssen bereit sein, Ihr Vermögen an eine fremde Person zu übergeben. Ich weiß, das klingt merkwürdig. Das werden Sie natürlich nur dann tun, wenn Sie vollkommenes Vertrauen zu dieser fremden Person haben. Diese fremde Person wäre ich. Ich als Direktor der MYC Trust Company wäre persönlich für Ihr Vermögen verantwortlich.«

Und was ist, wenn Anthony mit meinen sieben oder acht Millionen Euro verschwindet nach irgendwohin, wo es ebenso schön ist wie in Jersey und wo ich ihn garantiert nicht mehr finde? So viel Geld ist eine ganz schöne Versuchung. Anthony verwaltet ja auch das Vermögen anderer Leute. Er könnte auf den Gedanken kommen, sich eine neue Identität zuzulegen, einen neuen Pass, einen neuen Wohnsitz.

Wahrscheinlich hat sich die MYC Trust Corporation vor der Berufung Anthonys zum Direktor dieselben Fragen gestellt und vermutlich erhält Anthony deshalb ein ziemlich hohes Gehalt, das ihn von solchen Gedanken fern hält. Ich würde jede Wette eingehen, dass Anthony ein glücklicher Familienvater mit mehreren Kindern ist. Das gibt man nicht einfach so auf, auch nicht für sehr viel Geld.

»Also«, fährt er fort, »ich erkläre Ihnen, wie das funktioniert, damit Sie sich keine Sorgen um Ihr Vermögen machen müssen. In einem Trust gibt es drei oder vier Positionen, die besetzt werden müssen:

Erstens der ›settler‹. Das wären Sie – derjenige, der den Trust errichtet. Sie bestimmen, welchen Zweck der Trust haben soll.

Zweitens der ›trustee‹. Das wäre ich, als Verwalter Ihres Vermögens.

Drittens die ›beneficiaries‹. Das sind jene Personen, die vom Trust profitieren. Was soll mit Ihrem Vermögen geschehen, was haben Sie vor damit?«

Eine gute Frage, über die ich mir noch keine Gedanken gemacht habe. Anthony erwartet eine Antwort und weil mir nichts Besseres einfällt, sage ich: »Ich möchte es für meinen Lebensunterhalt verwenden.«

»Wir sorgen dafür! Wir legen Ihr Geld so an, dass sich Ihr Vermögen vermehrt und dass Sie gut von den Zinsen leben können. Wenn Sie irgendwelche Zweifel haben, ob Ihr Geld bei uns auch sicher ist, dann können Sie auch noch einen ›protector‹ bestellen, einen Beschützer. Der wacht darüber, dass alle Ihre Wünsche, die Sie bei der Errichtung eines Trusts festlegen, auch eingehalten werden. Das kann ein persönlicher Freund sein oder ein Verwandter.«

Ich will von Anthony noch wissen, ob ich jederzeit weiteres Vermögen in meinen Trust einbringen kann. Es könnte ja sein, dass weitere Verwandte auftauchen, die mir etwas vererben wollen. Anthony fällt in mein Lachen ein.

»Das ist kein Problem. Sie können das Trust-Vermögen jederzeit vergrößern.«

»Und wenn ich meinen Trust auflösen will?«

»Das ist jederzeit möglich!«

Jetzt gibt es nur noch eine kleine Frage. Was kostet das alles – die Errichtung eines Trusts und die Verwaltung?

Anthony nimmt aus seiner Mappe einen Vordruck, legt ihn vor mich auf den Tisch und erklärt mir die Zahlen.

Mit maximal 10.000 englischen Pfund sind alle anfallenden Kosten für die Errichtung des Trusts abgedeckt, das sind etwa 16.000 Euro. Die jährlichen Verwaltungskosten betragen 2.750 englische Pfund – das sind 4.500 Euro. Eine lächerliche Summe im Vergleich zu dem, was mir der Trust einbringt. Die notwendigen Formalitäten bei der Errichtung dauern nur einen Tag.

»So schnell geht das!«

Anthony nickt. »Sie benötigen lediglich zwei persönliche Empfehlungsschreiben: von einem Bankangestellten, egal aus welchem Land, und von einer angesehenen Person, die Sie persönlich gut kennt. Das kann ein Rechtsanwalt sein, ein Arzt, ein Universitätsprofessor oder jemand aus dem diplomatischen Dienst, egal ob in Österreich oder Deutschland oder England.«

Wie man sieht, ist die Errichtung eines Trusts unkompliziert.

»Haben Sie sonst noch irgendwelche Fragen? Möchten Sie, dass wir Sie telefonisch oder schriftlich erinnern an die nächsten Schritte, die Sie tun müssten?«

»Ja, das wäre nett.« Ich drücke Anthony meine Visitenkarte in die Hand, und er übergibt mir seine Unterlagen-Mappe. Der Weg in ein finanziell unbeschwertes Leben ist frei.

»Unsere Mission ist es, das Vermögen unserer Klienten zu bewahren und zu vergrößern, indem wir Steuerlasten minimieren und strategische Beratung und Unterstützung bieten. Unser Service geht aber noch weit darüber hinaus: Ob es sich um den Kauf und die Registrierung einer Yacht handelt, um die Suche nach einem exklusiven Wohnhaus oder um die Auswahl von geeignetem Personal – unser Team kann auf ein weltweit einzigartiges Netzwerk von Spezialisten zurückgreifen.«
(Aus der Werbebroschüre der MYC Trust Company)

Mein nächster Weg führt mich zum Handelsregister von Jersey. Ich möchte mich in die Bilanzen von Tochterfirmen der Deutschen Bank vertiefen.

Vor dem Betreten des Gebäudes zögere ich. Die Situation am Flughafen fällt mir ein. St. Helier ist ein überschaubarer Ort. Jeder kennt jeden. Vielleicht ist der Direktor des Handelsregisters mit Mark Juste oder James Hodges befreundet? Er könnte zum Telefon greifen und Mark oder James über meinen Besuch informieren. Aber was riskiere ich? Es ist nahe liegend, dass ich Erkundigungen über einen Geschäftspartner einziehe. Schließlich geht es um viel Geld, um mein Geld!

Die Recherche im Handelsregister verläuft enttäuschend. Hier findet man nur belanglose Informationen wie die Höhe des Stammkapitals oder die Anzahl der Aktien.

Steuern, die die Deutsche Bank … zurückerstattet bekommt

Verlassen wir Jersey.

Ich weiß ohnedies schon mehr über die Aktivitäten der Deutschen Bank International Limited auf Jersey, als deren Managern wahrscheinlich lieb ist. Von »Bankscope«, einer internationalen Wirtschaftsdatenbank, hatte ich mir folgende Informationen besorgt:

Deutsche Bank International Limited auf Jersey

	Bankeigenes Vermögen	Steuerleistung
1998	3,7 Milliarden Euro	4 Millionen Euro
1999	4,1 Milliarden Euro	5 Millionen Euro
2000	4,7 Milliarden Euro	5 Millionen Euro
2001	4,3 Milliarden Euro	5 Millionen Euro
2002	4,4 Milliarden Euro	2 Millionen Euro

Diese und weitere Milliarden, die in Form von Fonds verwaltet werden, bleiben nicht unbedingt in Jersey liegen. Denn die Deutsche Bank International Limited auf Jersey ist Alleineigentümerin von Deutsche Bank Mauritius Limited.

Mauritius hat bei Steuerspezialisten einen noch besseren Ruf als Jersey. Dort gibt es keine Kapitalertragssteuer, keine Quellensteuer, keine Vermögenssteuer und keine Einkommensteuer auf Offshore-Unternehmergewinne.

Ausländer, die auf Mauritius für Offshore-Firmen arbeiten, zahlen lediglich 15 Prozent Einkommensteuer, und die beträgt maximal 1.700 US-Dollar, also 1.360 Euro, im Jahr. Ein- und Ausfuhr von Fremdwährungen ist für Ausländer in unbegrenzter Höhe möglich.

Mauritius steht außerdem auf keiner »schwarzen Liste« von Steueroasen, und es gibt ein wasserdichtes Bankgeheimnis. Weitere Vorteile: Auf Mauritius sprechen die Bewohner Englisch, und die politischen Verhältnisse sind stabil.

Insgesamt also ein perfekter Ort für steuersparende Aktivitäten. Kein Wunder, dass die Deutsche Bank im Jahr 1999 eine Tochterfirma auf Mauritius gegründet hat, deren Geschäftsaktivitäten rasch ausgeweitet wurden.[10]

Dass Mauritius eine besonders geschützte Steueroase ist, muss ich bei meinen Recherchen schmerzlich zur Kenntnis nehmen. Auch mit Hilfe von Insidern und Datenbanken gelingt es mir nicht, einen Blick hinter die Kulissen der dort ansässigen Deutschen Bank zu werfen. Soll ich das Spiel des reichen Erben weiterspielen und nach Mauritius reisen? Ich verzichte darauf und nehme stattdessen an einem Treffen des »Mauritius-Deutschen Freundschaftskreises« in Berlin teil, das im März 2004 bei der Dresdner Bank stattfindet, einer Konkurrentin der Deutschen Bank. Das Essen ist hervorragend, die Musik heiter und der Tanz eine Augenweide. Die aufliegenden Broschüren über Mauritius sind überschrieben mit dem Satz: »Willkommen im Paradies – palmengesäumte Traumstrände, farbenprächtige Korallenriffe, türkis schimmernde Lagunen«.

So verlockend es auch klingt – aber ich fliege nicht nach Mauritius, sondern begebe mich ins Zahlenreich der Deutschen Bank. Dort trifft man auf außergewöhnliche Sehenswürdigkeiten. Zum Beispiel diese:

Im Frühjahr 2003 wurde die Deutsche Bank vom Frankfurter Landgericht zu einer Strafe von 59,3 Millionen Euro verdonnert, weil sie ihren Kunden geholfen hatte, 150 Millionen Euro ins Ausland zu schleusen und Steuern in dieser Höhe zu hinterziehen.[11]

Eine weitere Sehenswürdigkeit im Zahlreich der Deutschen Bank ist die folgende Tabelle:

Deutsche Bank AG (In- und Ausland): Gewinn, Dividende, Steuern[12]

Jahr	Gewinn in Millionen Euro	Dividende in Millionen Euro	Steuern in Millionen Euro
1999	2.351	706	738
2000	6.896	801	- 6.644
2001	1.803	808	1.429
2002	3.549	808	3.189
2003	2.758	872	1.542

Eine Zahl sticht heraus. Im Gegensatz zu allen anderen hat sie ein Minuszeichen vor sich stehen und bedeutet: Im Jahr 2000 hat die Deutsche Bank 6,644 Milliarden Euro zurückerstattet bekommen! Nicht bezahlt, sondern zurückbekommen. Das Minus ist ein Minus für den deutschen Staat. Der hat bezahlt, und die Deutsche Bank hat genommen. Üblicherweise, wenn es um Steuern geht, ist es umgekehrt. Deutschland ist in manchen Dingen eben eine auf den Kopf gestellte Welt.

Rechnet man alle Steuerbeträge für den Zeitraum von 1999 bis 2003 zusammen – also die vier Plusbeträge und den Minusbetrag –, dann ergibt das eine Steuerzahlung der Deutschen Bank in der Höhe von 254 Millionen Euro. Dabei handelt es sich jedoch nicht um die Steuerzahlung des Konzerns in Deutschland, sondern um die Steuerzahlung in allen Ländern, in denen die Deutsche Bank weltweit Geschäfte abwickelt.

Gliedert man aber die Steuerbeträge für den Zeitraum von 1999 bis 2003 noch weiter auf – nach Steuerzahlungen in Deutschland einerseits und im Ausland andererseits –, dann stößt man auf eine Sache, die man nur als Skandal bezeichnen kann: Im Jahr 2000 bekam die Deutsche Bank vom deutschen Staat nicht 6,644 Milliarden Euro an Ertragssteuern erstattet, sondern eine viel höhere Summe, nämlich vermutlich mehr als 8 Milliarden.

Im Jahr 2001 kassierte die Deutsche Bank vom Staat zwar nichts, aber sie zahlte auch nichts, keinen einzigen Cent an Ertragssteuern. Die 1,429 Milliarden Euro, die als Steuerzahlung in der weltweiten Bilanz aufscheinen, bezahlte die Deutsche Bank zur Gänze im Ausland – sogar in Ländern, die als Steueroasen gelten. Die Deutsche Bank Luxemburg beispielsweise 27 Millionen Euro, die Deutsche Bank Irland 3 Millionen Euro, die Deutsche Bank Schweiz 14 Millionen Euro, die Deutsche Bank Trust Company Delaware in den USA rund 11 Millionen Euro (laut Datenbank »Bankscope«).

Auch in anderen Jahren zahlte die Deutsche Bank im Ausland regelmäßig Steuern. Das zeigt die folgende Tabelle.

Steuerzahlungen einiger Tochterfirmen der Deutschen Bank, in Millionen Euro[13]

Tochterfirma	2000	2001	2002
Deutsche Bank Luxemburg	37	27	33
Deutsche Bank Irland	?	3	?
Deutsche Bank Schweiz	30	14	9
Deutsche Bank Delaware (USA)	11	13	7
Deutsche Bank Jersey	5	5	2

Die Devise der Deutschen Bank lautet offenbar: im Ausland zahlen, in Deutschland kassieren.

Jedenfalls ergibt sich, dass die Deutsche Bank über den gesamten Zeitraum 1999 bis 2003 gerechnet vom deutschen Staat insgesamt etwa 6 bis 7 Milliarden Euro an Steuern erhalten hat! [14] Im selben Zeitraum schüttete die Deutsche Bank an ihre Aktionäre Dividenden in der Höhe von 3,995 Milliarden Euro aus.

Wie kommt das?

Einige Hinweise finden sich im Geschäftsbericht »Results 2001« der Deutschen Bank, auf der Seite 146. Sie sind in der für Laien schwer verständlichen Sprache der Ökonomen abgefasst: »Im Rahmen der Änderung der Steuergesetze wurden mit Wirkung ab 1. Januar 2002 auch Gewinne aus dem Verkauf von Anteilen an Kapitalgesellschaften von der Steuer befreit. Infolge dieser Änderungen wurde per 31. Dezember 2000 eine Ertragssteuerminderung in Höhe von 9,3 Milliarden Euro ausgewiesen.

Etwa 6,2 Milliarden Euro des Steuerertrags infolge der Änderungen der Steuersätze in 2000 sind auf die Auflösung von latenten Steuerverbindlichkeiten zurückzuführen, die bisher auf unrealisierte Gewinne aus Wertpapieren ›Available-for-sale‹ gebildet worden waren.«

Eine Übersetzung in schlichtes Deutsch könnte so lauten: Danke, liebe deutsche Regierung, für dieses wunderbare Steuergesetz, das uns zu vielen Milliarden verholfen hat.

Man kann die Deutsche Bank auch als riesige Umverteilungsmaschinerie sehen: Sie erhält vom Staat hohe Subventionen in Form von Steuererstattungen und verwendet dieses Geld unter anderem dafür, Ertragssteuern im Ausland zu bezahlen, Dividenden an Aktionäre auszuschütten und Prämien in Milliardenhöhe an einige Manager der Deutschen Bank zu verteilen – laut einem »Spiegel«-Bericht allein im Jahr 2003 Aktien im Wert von 1,4 Milliarden Euro.[15]

Pikant wird die Sache, wenn man bedenkt, dass der Chef der Deutschen Bank, Josef Ackermann, im September 2002 während der Tagung »Banken im Umbruch« in Frankfurt niedrigere Steuern forderte, damit deutsche Banken international auch künftig eine wichtige Rolle spielen können.

Niedrigere Steuern? Das würde bedeuten, dass der deutsche Staat der Deutschen Bank noch mehr Steuern zu erstatten hätte – eine total auf den Kopf gestellte Welt, in der Unternehmen Steuern einnehmen anstatt zahlen.

Von Norderfriedrichskoog nach Sössen – wie es sich Konzerne in deutschen Steueroasen richten

Von Ernst Schmiederer

Peanuts. So hat Hilmar Kopper einst jene 50 Millionen DM bezeichnet, die seine Deutsche Bank nach der Pleite des Immobilienimperiums von Jürgen Schneider in den Wind schreiben musste. Heute, zehn Jahre später, würde sich Kopper – dazumal der Deutschen Bank als Vorstandsvorsitzender verbunden, heute als Aufsichtsratschef für DaimlerChrysler tätig – wohl hüten, noch einmal durch seine Wortwahl so offensichtlich den Verlust der eigenen Bodenhaftung zu dokumentieren. Und dennoch, in der Welt der Konzernlenker werden Summen dieser Größenordnung wohl heute noch als »peanuts« registriert, als Kleingeld.

Aber Vorsicht: Im Umkehrschluss bedeutet dies nicht, dass die Angehörigen jener Klasse, die in den abgehobenen Galaxien der Aufsichtsräte und Vorstandsmandate ihrem Tagwerk nachgeht, an diesen »peanuts« gar nicht interessiert wären. Im Gegenteil: Sie nehmen mitunter sogar einige Mühen auf sich, um das am Wegesrand herumliegende Kleingeld einzusammeln. Womit wir schon in Norderfriedrichskoog wären.

Die Multis hinterm Deich

Der Koog. Ein Dorf. Zwei Straßen. Und, nach jüngster offizieller Zählung, 45 Einwohner (»davon 26 männlich«). Das Land hier, sagen die wettergegerbten Menschen, die es beackern, das Land hier ist so flach, dass man am Mittwoch schon sieht, wer am Wochenende zu Besuch kommt. Womöglich ist es dieser Weitsicht zu danken, dass Norderfriedrichskoog nur auf den ersten Blick so erscheint, als sei die Zeit stehen geblieben. Schnell offenbart sich nämlich, dass es die Herrschaften hier im tosenden Sturm der Globalisierung erstaunlich gut erwischt haben: Weil Norderfriedrichskoog lange Zeit auf die Erhebung von Gemeindesteuern verzichtet hat, zog es gar die Deutsche Bank – aber eben nicht nur die – vor ein paar Jahren mit einem kleinen, aber feinen Imperium aus unscheinbaren Tochterfirmen in den ebenso unscheinbaren Koog.

Ein Koog – das muss für Menschen, die nicht an der Nordsee leben, erklärt werden –, ein Koog ist die eingedeichte, also dem Meer durch das Aufschütten von Wällen abgerungene Wattlandschaft. Wie von einer Festungsmauer ist Norderfriedrichskoog von seinen Deichen umgeben. Das Land innerhalb dieser Umfriedung – immerhin 531 Hektar – ist besonders fruchtbar. Und weil es die Bewohner mit Pferdefuhrwerken, später dann mit Maschinen, aber doch immer mit der eigenen Hände Arbeit der Natur abgetrotzt haben, konnte die Gemeinde ihren Bauern etwas Wertvolles anbieten: eben dieses Land. Bis 2008 müssen die Norderfriedrichskooger ihrer Gemeinde dafür noch die Raten zahlen. Und bis dahin, so hat man sich das jedenfalls vorgestellt, ist die Gemeindekasse dermaßen gut gefüllt, dass das Erheben von Hunde-, Gewerbe- und sonstigen Gemeindesteuern ein – verzichtbarer – Luxus wäre.

Diese seltene Kombination aus Fruchtbarkeit und Großzügigkeit hat selbstverständlich nicht nur die Erbsenzähler der Deutschen Bank auf den Plan gerufen: Um die 500 Firmen waren in den besten Zeiten im Handelsregister mit einem Sitz in der Wattgemeinde verzeichnet. Und fast alle stehen im Eigentum namhafter Multis: Der amerikanische Pharmakonzern Lilly ist hier ebenso vertreten wie ein wichtiger deutscher Ableger der Nahrungsmittelgruppe Unilever. Töchter des Energiekonzerns E.ON haben sich hier angesiedelt. Und solche, die zur Lufthansa oder zur Neckarsulmer Schwarz-Gruppe (Lidl, Kaufland) von Drogeriekönig Anton Schlecker und der Düsseldorfer WestLB gehören.

Lange lässt sich diese Liste fortsetzen, mit Beate Uhse etwa, dem saubersten Markennamen im deutschen Porno- und Schmuddelgewerbe. Und jeder weitere Name beweist aufs Neue, dass die Lenker der Konzerne eine ganz ausgeprägte Schwäche für »peanuts« haben. Jedes weitere Firmenkürzel zeigt, dass die Finanzmanager der Multis hier schalten und walten können, wie sie es für richtig halten. Und dass der Fiskus dabei – stellvertretend für all jene Deutschen, denen so viel Gestaltungsspielraum nicht gegeben ist – durch die Finger schaut. Mit anderen Worten: Was sich Deutschlands Konzerne im Koog dank der Großzügigkeit der Politik leisten können, mag legal sein. Korrekt im Sinne eines größeren Ganzen, fair im Sinne eines gesellschaftlichen Gemeinwohls, anständig jenen gegenüber, die auf ihre Einkünfte aus Lohnarbeit selbstverständlich Lohnsteuern zahlen – das ist das Norderfriedrichskooger Steuersparmodell sicher nicht.

Lehrreich ist ein Spaziergang durch Norderfriedrichskoog jedenfalls, sozusagen eine Studienreise wert. Wer sich hier umschaut und später dann einen jener Orte besucht, denen das in Norderfriedrichskoog weggestaltete Steuergeld heute fehlt, der versteht, was Steuerwettbewerb heißt: Geld, das Jahr für Jahr in eine Gemeindekasse geflossen ist, fließt jetzt nicht mehr in diese Gemeindekasse. Über die Frage, wo das Geld nun geblieben ist, also wer von dieser Steuerersparnis in welchem Ausmaß profitiert, über diese Frage ließe sich dabei noch streiten. Unbestreitbar aber ist, wem das Geld heute fehlt: jenen Menschen, die in den Gemeinden leben, die von Unilever, der Deutschen Bank, von Beate Uhse und E.ON im Stich gelassen wurden.

Wie viel Geld hier Jahr für Jahr hinterzogen, pardon, durch legale Steuergestaltung eingespart wird? Über den Daumen gepeilt lässt sich allenfalls sagen, dass die – etwas kompliziert zu errechnende – Gewerbesteuer im Regelfall über die Gemeinden der Bundesrepublik verteilt durchschnittlich 16 Prozent des Gewinns ausmachen sollte (siehe Kasten »Gewerbesteuer«). An einem Beispiel, das ver.di-Chef Frank Bsirske gerne in Interviews einbaut, lässt sich das probeweise in eine Zahl gießen: E.ON, sagt Bsirske unwidersprochen, E.ON »wird nach eigenen Angaben im Jahr 2002 allein aus Beteiligungsverkäufen einen zusätzlichen Gewinn von drei Milliarden Euro erlösen, aber an keinem Standort in der Bundesrepublik mehr Gewerbesteuern zahlen«.[16]

Nun denn: 16 Prozent von drei Milliarden? 480 Millionen.

Nein, halt, so geht das nicht: E.ON hat erstens nirgendwo

drei Milliarden Euro Gewinn ausgewiesen; da darf und muss ja dies und jenes und das auch noch abgezogen werden, würden die Experten einwenden. Zweitens sind solche Veräußerungsgewinne – dank der rot-grünen Koalition von Berlin – ja seit dem 1. Januar 2002 steuerfrei gestellt worden. Und schließlich hat ebendiese Koalition bald nach dem Regierungswechsel 1998 die Gewerbesteuer so reformiert, dass Multis ihre Gewinne und Verluste so verrechnen und verschieben können, bis nur noch wenig abzuführende Steuer übrig bleibt. Stimmt. Stimmt alles. Und trotzdem: Seit Norderfriedrichskoog auf den Plan getreten ist, müssen rund 100 deutsche Kommunen Jahr für Jahr die Gewerbesteuerausfälle von E.ON und anderen verkraften. Im Klartext: Sie bekommen von E.ON und anderen anstatt jährlich einige Millionen Euro Gewerbesteuer heute null. Und irgendwo dazwischen, irgendwo zwischen null und 480 Millionen Euro, läge nun die so genannte Beitragswahrheit.

Die Gewerbesteuer

Die Gewerbesteuer ist neben der Einkommensteuer die zweite Ertragsteuer, die bei Gewerbebetrieben erhoben wird. Für den Laien ist sie schwer zu durchschauen und kompliziert zu errechnen. Dennoch ein Versuch: Aus dem Gewinn ermitteln die Finanzbehörden durch diverse Zurechnungen und Kürzungen den Gewerbeertrag (Beispiel: Gewerbeertrag = 100). Nun wird der Gewerbeertrag mit einer so genannten Steuermesszahl – maximal 5 Prozent – multipliziert; das Resultat daraus nennt sich Steuermessbetrag (5 Prozent von 100 = Steuermessbetrag 5). Dieser wird nun mit dem Hebesatz der jeweiligen Gemeinde multipliziert. Und hier schwimmt das Haar in der Suppe: Der Hebesatz variierte bis zu einer Neuregelung, die Anfang 2004 in Kraft trat, zwischen 0 Prozent (etwa in Norderfriedrichskoog) und 490 Prozent in Frankfurt/Main (490 Prozent von 5 = 24,50 Prozent vom Gewerbeertrag = zu zahlende Gewerbesteuer). Die Grundlage für diese Spanne: Die Gemeinden haben das Recht, den Hebesatz jährlich neu entsprechend ihrem Finanzbedarf zu bestimmen.

Mit der nun geltenden Reform sollten Steueroasen wie die in Norderfriedrichskoog stillgelegt werden: Ab 2004 wird der Ge-

werbesteuer-Messbetrag einer Tochtergesellschaft beim Mutterunternehmen hinzugerechnet und in der Folge dort mitversteuert, wenn der Gewerbesteuer-Hebesatz der Sitzgemeinde der Tochtergesellschaft die Grenze von 200 Prozent unterschreitet. Außerdem wird die Gewerbesteuer-Anrechnung auf die Einkommensteuer der Gesellschafter von Personengesellschaften untersagt, wenn deren Sitzgemeinde einen Gewerbesteuer-Hebesatz unter 200 Prozent aufweist. Genau an diesem Punkt hat Norderfriedrichskoog seine Attraktivität eingebüßt: Weil lange nicht klar war, ob im Jahr 2004 nun 200 Prozent oder mehr fällig würden, zog die Deutsche Bank mit ihren Töchtern die Konsequenzen.
Dies ist insofern wissenswert, als sich das Norderfriedrichskooger Modell obendrein noch durch einen so genannten Doppeleffekt ausgezeichnet hat, der wohl nur als politischer Betriebsunfall gedeutet werden kann: Die rot-grüne Unternehmenssteuerreform 2001 ließ (Mit-)Unternehmer die Gewerbesteuer mit einem fiktiven Hebesatz von 360 Prozent auf die persönliche Einkommensteuer anrechnen – selbst dann, wenn sie, wie das in Norderfriedrichskoog möglich war, keine Gewerbesteuer bezahlt haben. Sie konnten also Steuerzahlungen, die sie nie leisten mussten, legal als Aufwand absetzen. Diesem Modell hat die »Süddeutsche Zeitung« den Namen »Norderfriedrichskooger Doppel-Zocker«[17] gegeben.

Es gibt keine wirklich schlüssige Gesamtrechnung, die Fall für Fall und Subfirma für Subfirma belegen könnte, wie viele Millionen Euro Gewerbesteuereinnahmen anderen Gemeinden entgangen sind, seit Norderfriedrichskoog den Steuerwettbewerb unter den Kommunen mit einem unschlagbaren Nullsatz für sich entschieden hat. Es gibt allenfalls Schätzungen, die dem Laien aber eine imposante Vorstellung vom Peanuts-Anhäufungsmodell an der Waterkant geben.

Eine davon stammt von Hans Kremer, der in Norderfriedrichskoog auf der Koogstraat 17 fürs große Geschäft mit dem Steuersparen ein paar bescheidene Zimmer an quartiersuchende Multis vermietet. Er hat einem Fernsehreporter im September 2003 vorgerechnet, dass auf den 13 Bauernhöfen im Koog pro Jahr »ein Gewinn von fünf Milliarden« Euro[18] gemacht worden sein muss. Je nach Gewerbesteuer-Hebesatz (siehe Kasten »Gewerbesteuer«) wäre den deutschen Kommunen demnach eine Summe entgangen, die zwischen einer halben und einer Milliarde Euro liegt.

Eine andere Schätzung kolportiert der in diesen Dingen durch einschlägige parlamentarische Auftritte besonders glaubwürdig ausgewiesene Wiesbadener Steuerexperte Lorenz Jarass: Jahr für Jahr, so sei zu vermuten, hätten all die Konzerne im Koog mindestens 800 Millionen Euro an Gewerbesteuern gespart.

800 Millionen, die – großteils legal – am Fiskus vorbei in die Taschen der Aktionäre wandern. 800 Millionen, die in München, Essen und anderswo seither Jahr für Jahr fehlen. 800 Millionen, die beim Renovieren von Schulen, beim Instandhalten von Gleisanlagen, bei der Fahrplangestaltung im innerstädtischen Busverkehr eingespart werden müssen. 800 Millionen, von denen die eine und die andere Million und noch ein paar mehr auf den Konten der Deutschen Bank geblieben sind, anstatt im Haushalt einer deutschen Gemeinde zu landen. 800 Millionen, über deren Ausbleiben eine ganze Heerschar von Bürgermeistern und Oberbürgermeistern, von Stadtkämmerern und anderen Kommunalpolitikern Zeugnis ablegen kann. 800 Millionen, die dazu beitragen, dass sich ein offenbar unaufhaltsamer Trend immer deutlicher manifestiert.

Der Hamburger Sozialwissenschafter Horst Ahfeldt hat diese Entwicklung in seinem jüngsten Buch »Wirtschaft, die arm macht«[19] so zusammengefasst: »Sinkende Einkommen, aber steigende Steueranteile am Sozialprodukt der Lohnabhängigen einerseits, steigende Einkommen und sinkende Steuerquoten für Einkommen und Unternehmen andererseits«.

Etwas simpler: Die Menschen verdienen immer weniger und zahlen dafür immer mehr Steuern. Die Großunternehmen verdienen immer mehr, zahlen dafür aber immer weniger Steuern.

Wo Töchter wohnen

Dass der Besuch in einem Steuerparadies mit einer beschwerlichen Anreise, ermüdenden Langstreckenflügen und unangenehmen Zollformalitäten verbunden sein muss, widerlegt Norderfriedrichskoog aufs Angenehmste. Eineinhalb Autostunden nördlich von Hamburg, ein paar Kilometer nur vom beliebten und im Sommer überlaufenen Nordseestrand St. Peter-Ording entfernt, haben sich die Menschen im Koog damit abgefunden, dass heute die große Welt bei ihnen zu Hause ist. »Ich arbeite sehr eng mit der Deutschen Bank zusammen«, preist Gisela Dietrichsen umstandslos ihren Standort an. Im Telefonbuch ist Frau Dietrichsen auch unter »Büroservice, Koogstraat 4« gelistet – und ebendort, inmitten einer großräumig verbreiteten Duftwolke aus immer frischem Kuhdung, hatte bis vor kurzem auch die feine Deutsche Bank einige ihrer Töchter untergebracht.

Weil Frau Dietrichsen und ein Gutteil der anderen 44 Einwohner im Dorf mit Journalisten nicht mehr gern sprechen, seit sie so ertragreich im Steuergestaltungsgeschäft tätig sind, muss beim Besuch in Deutschlands unscheinbarster Steueroase eine kleine Notlüge die Türen öffnen: »Guten Tag, Frau Dietrichsen, mein Name ist Schmiederer. Ich suche im Auftrag einer slowenisch-amerikanischen Investorengruppe den passenden Firmensitz für unser Deutschland-Geschäft. Frankfurt ist aus Imagegründen so etwas wie der natürliche Sitz unserer Gesellschaft, die sich mit der Vermittlung von Finanzmarktprodukten beschäftigen wird. Aber mit einem Gewerbesteuer-Hebesatz von 490 Prozent kommt das nun wirklich nicht als Hauptsitz in Frage. Da dachte ich, eine Reise nach Norderfriedrichskoog könnte vielleicht Alternativen bringen.«

Frau Dietrichsen hört aufmerksam zu. Dann bittet sie, freundlich und sehr hilfsbereit, ins Haus: Sie führt ihren potentiellen Mieter um einen vor der Tür platzierten Riesenhund namens Berthold herum, verfüttert zur Beruhigung ein Schweinsöhrchen an das beeindruckende Tier und geleitet durch den mit edlem Steinzeug ausgelegten Flur zum Kaffee in »unser Besprechungszimmer«. Feine Stilmöbel. Neuer, mit Geschmack ausgesuchter Boden. Nicht nur an der sonst sehr rustikalen Umgebung gemessen hat Frau Dietrichsen fürs Geschäftliche eine recht gediegene Atmosphäre geschaffen.

Hier sitze man zusammen, wenn die Finanz zu Prüfungszwecken vorbeikomme, geht Frau Dietrichsen frontal auf unser Thema zu: »Das kann ich gleich mal vorweg sagen und Sie beruhigen: Mit den Prüfern hier verstehen wir uns ausgezeichnet, man kennt sich, wenn ich das so sagen darf.« Man könne reden mit den Herrschaften, führt sie aus: Es ginge natürlich nicht an, hier nur einen Briefkasten aufzuhängen, nein, das sei heutzutage zu wenig. »Sie müssen dann schon nachweisen können, dass Sie in Norderfriedrichskoog auch Ihre Geschäfte führen und alle wichtigen Entscheidungen hier bei uns fällen.«

Aber all das sei ja schließlich kein Problem, sondern eben ihr Geschäft. Sie würde helfen, wo sie könne, sie habe die Erfahrung und obendrein einen »sehr, sehr guten Steuerberater«. Für Besuche wie diesen hat sie deshalb ein kleines Merkblatt vorbereitet: »ttp Thyen, Theilen & Partner AG Steuerberatungsgesellschaft« steht obendrauf. Jede Menge Telefonnummern. Für dringende Fälle gar die Handynummer des Partners Theilen. Und schließlich eine Handynummer und ein Kreuzchen neben dem Namen »Herr Dohmann«. Frau Dietrichsen strahlt: »Ich selbst habe mir Herrn Dohmann ausgesucht, der ist absolut zuverlässig und kennt das Geschäft. Wenn Sie irgendwelche Referenzen brauchen, rufen Sie einfach Herrn Dohmann an – er wird Ihnen weiterhelfen.«

Nun, so lässt es sich arbeiten. Hier fühlt sich der »Steuersensible« – ja, so nennt ein einschlägiger Ratgeber jene Unternehmer, die nach Steuervermeidungsmöglichkeiten suchen – gut aufgehoben. Hier, so vermittelt Frau Dietrichsen, weiß man, wie der Hase läuft. Hier, so betont sie mehrmals, habe immerhin die Deutsche Bank gefunden, was sie gesucht habe: einen Sitz für ein paar Tochterfirmen. Dass die Räume, in denen diese Töchter – oben im ersten Stock, passenderweise gleich neben dem Zimmer von Frau Dietrichsen leiblicher Tochter – untergebracht waren, eher an eine überstürzt geräumte Ferienwohnung denn an ein Bankerhauptquartier erinnern, irritiert vielleicht den Laien. Das Finanzamt hatte an dieser unkonventionellen Form der Töchter-Unterbringung jedenfalls nie etwas auszusetzen.

Die Deutsche Bank im Koog

Ganz leicht macht es die Deutsche Bank dem teilnehmenden Beobachter in Norderfriedrichskoog allerdings nicht, wenn es darum geht, die Fährte ihrer Steuervermeidung aufzunehmen. Weil ja erfahrungsgemäß längst nicht überall, wo Deutsche Bank drin ist, auch Deutsche Bank draufsteht, hilft ein Spaziergang durch den Ort in diesem Fall vorerst nicht weiter (bringt aber eine reiche Ernte an Firmenkürzeln ein, die später präsentiert werden soll). Da müssen also andere Quellen konsultiert werden. Etwa der Anhang des Geschäftsberichtes der Deutschen Bank. In der dort abgedruckten »List of Shareholdings 2003« finden sich – korrekt durchnummeriert – 1.479 der Deutschen Bank verbundene Unternehmen. Unter den Seriennummern 333 bis 335 ist ein so genannter Teilkonzern gelistet, der aus folgenden Unternehmen besteht: DB Enterprise GmbH, DB Enterprise GmbH & Co Zweite Beteiligungs KG und, quasi als Sahnehäubchen, eine DB Value GmbH. Die Plätze 331 und 332 werden von der DB Valence und der DB Valoren gehalten. Erwachsen ist dieser Teilkonzern aus dem früher »DB Investor« genannten Netz von Holdinggesellschaften, das der Deutschen Bank zur Verwaltung ihrer börsennotierten Industrie-Beteiligungen diente.

Der gemeinsame Firmensitz (Norderfriedrichskoog), die gemeinsame Adresse (Koogstraat, also wirklich der Dachausbau bei Frau Dietrichsen) und ein Geschäftszweck sind im Handelsregister zu erfragen: Die DB Value GmbH ist demnach – ebenso wie die DB Enterprise – schnörkellos auf den »Erwerb von Beteiligungen« ausgerichtet.

Was das im Klartext bedeutet, gibt eine auch über das Internet abrufbare »Stimmrechts-Übersicht der Kleinaktionäre« preis. Derzufolge hält die kleine Norderfriedrichskooger DB-Value GmbH, die bei der Neueintragung ins Handelsregister am 12. Dezember 2001 mit gerade 25.000 Euro Stammkapital ausgestattet war und Tür an Tür mit Frau Dietrichsens Tochter logierte, zum Stichtag 7. Januar 2004 folgende Beteiligungen:

- Deutz AG (18,72 Prozent)
- DaimlerChrysler (11,83 Prozent)
- Deutsche BeteiligungsAG (15 Prozent)
- Linde AG (10,0006 Prozent)
- Philipp Holzmann AG (19,51 Prozent)

Mit diesem Basiswissen versehen, lohnt ein Blick in ein finanztechnokratisches, mehrere hundert Seiten umfassendes Dokument, das den knappen Titel »Form 20-F« trägt. Am 25. März 2004 teilte die Deutsche Bank Aktiengesellschaft der amerikanischen Börsenaufsicht »United States Securities and Exchange Commission« (SEC) in Washington unter anderem mit, dass allein ihre DaimlerChrysler-Beteiligung zum Stichtag 31. Dezember 2003 einen Marktwert von 4.445 Millionen Euro hatte. Die zehn Prozent der Linde AG sind dieser Dokumentation zufolge auch noch immerhin 509 Millionen Euro schwer.

Wir können besten Gewissens davon auszugehen, dass diese Beteiligungen – fünf Milliarden Euro insgesamt alleine bei den beiden genannten Beispielen – immer wieder Dividenden abgeworfen haben – in Norderfriedrichskoog allerdings, und daher eben gewerbesteuerfrei.

Andersrum: Bei Frau Dietrichsen im Wohnzimmer, gleich neben dem mächtig stinkenden Kuhstall, müssen sich also mehr oder weniger namhafte Vertreter der Deutschland AG mehr oder weniger regelmäßig zum Kaffee getroffen haben. Bei Frau Dietrichsen unterm Dach müssen sie – im Eilzugstempo zwar, dafür aber äußerst steuerschonend – wirklich wichtige Geschäfte dieser Deutschland AG geführt und Entscheidungen zum weiteren Wohle der Deutschen Bank getroffen haben. Sie müssen, im Jahr 2002 etwa, schwerwiegende Beschlüsse gefasst haben, deren Auswirkungen im Geschäftsbericht der Bank knapp dokumentiert sind: »In der zweiten Jahreshälfte verkauften wir unsere Beteiligungen an der Deutschen Börse AG, der Continental AG und der Buderus AG; die Beteiligung an der Südzucker AG reduzierten wir von 10,9 % auf 4,8 %.« Und, etwas weiter unten im Text: »Insgesamt erzielte der Deutsche-Bank-Konzern aus der Reduzierung des Anteilsbesitzes an anderen börsennotierten Unternehmen Veräußerungserlöse von rund 5,1 Mrd. Euro und Veräußerungsgewinne von netto rund 3,5 Mrd. Euro.«

Wenn alles nach Recht und Gesetz gelaufen ist, dann müssen im Hause Dietrichsen also Entscheidungen vorbereitet und gefällt worden sein, die man ihrer weit reichenden Auswirkungen wegen bislang eher nicht in der Nähe von Kühen und Traktoren vorbereitet und gefällt hat. Da werden die Norderfriedrichskooger Abgesandten der Deutschen Bank – vielleicht sogar gemeinsam mit Frau Dietrichsen – wohl auch darüber beraten haben, ob sie das viereinhalb Milliarden schwere DaimlerChrysler-Paket abstoßen, nur teilweise abstoßen oder doch besser anderweitig geschäftlich nutzen sollten.

Weniger wohlwollend ließen sich für einen nicht unwesentlichen Teil dieser Geschäftstätigkeit jene Worte verwenden, die ein Abgeordneter im Finanzausschuss des Schleswig-Holsteinischen Landtags gewählt hat, um die Vorgänge an der Koog- und an der Diekstraat von Norderfriedrichskoog zu beschreiben: Die dort angesiedelten Unternehmen haben, so sagte der Mann in seiner ohnmächtigen Wut, »legale Steuerhinterziehung« betrieben.

Legale Steuerhinterziehung

Das – also das Hinterziehen von Steuern – wäre vermutlich nicht im Sinne von Frau Dietrichsen gewesen. Sie will ja, wie all die anderen Dorfbewohner auch, nur Zimmer vermieten und die eine oder andere Serviceleistung anbieten und abrechnen können. Dass dabei in guten Zeiten viel Geld zusammengekommen ist, lässt sich nicht verbergen. Monat für Monat 1.000 oder auch mal 1.500 Euro für ein unauffälliges, fast körpereng anliegendes Zimmerchen im Zubau oder in der Mansarde – das war in den besseren Zeiten ganz normal und hat die von Frau Dietrichsen angebotenen Büroserviceleistungen, wie das Entgegennehmen und Zwischenlagern von Fax- und

Briefsendungen, noch gar nicht abgegolten. Genau genommen waren die horrend anmutenden Mieten und Gebühren gar nicht so hoch: Wer im Jahr eine Million Euro Steuern sparen kann, der wird dafür gerne ein gewisses Sümmchen zahlen. Auch wenn dies unter anderen Umständen als absurd hoch angesehen würde: »Die Bauern haben dort von Banken und Industrieunternehmen Quadratmeterpreise verlangt, die in der Frankfurter City noch auffällig wären«, erinnert sich ein Konzernbetriebsprüfer, der bei seinen Recherchen auf den Spuren diverser Steuergestalter aus dem Ruhrpott auch immer wieder auf die Oase im Koog aufmerksam geworden ist.

Dass vermutlich jeder mit Konzernen befasste deutsche Finanzprüfer im Lauf der vergangenen vier, fünf Jahre einmal über den ungewöhnlichen Ortsnamen gestolpert ist, legt ein kleiner Rundgang durch das Zwei-Straßen-Dorf nahe: kein Haus ohne Firmenschild, kaum ein Bauer ohne Geschäftsführerposten, keine Familie, die nicht schon am Küchentisch eine Gesellschafterversammlung erlebt hätte. Dreizehn Höfe und dazu noch zwei kleinere einzeln stehende Häuser, allesamt aufgefädelt an der Koog- und der Diekstraat. Fünfzehn Adressen insgesamt.

Da logiert eine Norlis GmbH mit einer TFC GmbH, einer Matthias Fischer Design GmbH, einer Carola Mösch GmbH und noch einem halben Dutzend weiterer Verwaltungs-, Betreuungs- oder Beratungs-GmbHs unter der Adresse Diekstraat Nummer 13. Und obwohl ein ganz normaler Werktag angebrochen ist, liegt über der Szene eine friedliche Ruhe. Durch keines der Fenster ist auch nur eine Menschenseele zu sehen. Auch später, nachmittags gegen 14.30 Uhr, bleibt es schön still in all diesen Unternehmen. Die Eingangstür des für diese massive Firmenansammlung doch sehr schlicht bemessenen Häuschens bleibt über Stunden hinweg fest verschlossen. Hier werden, man merkt es gleich, besonders effektiv Steuern vermieden.

Dass bis vor kurzem unter dieser Adresse auch ein Gigant der europäischen Nahrungsmittelindustrie mit einer Niederlassung glänzte, ist jetzt – im März 2004 – nicht mehr zu erkennen: Das entsprechende Firmenschild ist abgeschraubt, die »Monda Beteiligungs GmbH« ausgezogen – und in die Mecklenburgische Schweiz, nach Stavenhagen, verlagert worden. Dort residiert diese »Monda« nun, mit anderen Töchtern des Konzerns, unter einem Dach, das den Namen der Mutter trägt: Unilever (siehe Kasten »Unilever: Sparen an der Waterkant«).

Auf der Diekstraat 11, zwei, drei Minuten zu Fuß, bietet sich ein ähnliches Bild an diesem Donnerstagnachmittag: jede Menge Firmensitze, kein Mensch weit und breit. Fünfzehn Unternehmen sind hier angeblich tätig, von der ASS Vermögen bis zur WV Freizeit. Irgendwo in diesem Wust verweist ein Schild auf die Telefonnummer eines »Hr. Carstens«; der sollte vielleicht wissen, was es mit all den sonderbaren Namen und der geradezu penetranten Abwesenheit des Geschäftsführungspersonals auf sich hat.

Unilever: Sparen an der Waterkant

Knorr, Pfanni, Rama. Becel, Dextro Energen, Du darfst. Es wird sich wohl kaum ein Europäer finden, der noch nie ein Produkt aus dem Unilever-Bereich »Bestfoods« in den Mund genommen hat. Und doch wird kaum jemand je daran gedacht haben, dass all diesen Lebensmitteln ein Beigeschmack anhaftet: Die Gewinne, die sie für den Unilever-Konzern abwerfen, wurden nämlich durch den Norderfriedrichskooger Steuerschonwaschgang einige Jahre hindurch so strukturiert, dass keine Gewerbesteuerzahlung fällig wurde.

Aus öffentlich zugänglichen Unterlagen lässt sich das zugrunde liegende Steuerspar-Modell einigermaßen rekonstruieren: Im Sommer 2000 hat Unilever für rund 20 Milliarden Euro den amerikanischen Lebensmittelhersteller Bestfood Inc. gekauft. Durch diesen Schritt ist der Konzern zum weltgrößten Nahrungsmittelproduzenten aufgestiegen. Im Rahmen des damals gestarteten Wachstums- und Restrukturierungsprogramms »Path to Growth« hat die Konzernzentrale auch beschlossen, den in Heilbronn ansässigen Bereich Bestfoods, der neben den oben genannten Markenprodukten auch Mondamin im Sortiment hat, umzumodeln: Seither trägt die Sparte den Namen »Monda Beteiligungs GmbH« und war – bis zur Schließung der Steueroase – in einer ehemaligen Scheune in Norderfriedrichskoog auf Diekstraat 13 ansässig.

Die Stadtgemeinde Heilbronn, so schätzten Insider damals, verlor durch diesen Schritt von einem Jahr auf das andere einen

zweistelligen Millionenbetrag.[20] Die Hamburger Konzernzentrale gab sich auf Nachfragen im Jahr 2002 schmallippig; einem Konzernsprecher konnte die »Süddeutsche Zeitung« nur einen knappen Satz abringen: Unilever sei, so sagte der Mann, »in den Mittelpunkt einer Geschichte geraten, die uns nichts angeht«.
Unilever hat sich offenbar bemüht, die Spuren zu verwischen: So weist das Unternehmen im Jahresabschluss »Unilever Deutschland 2002« wohl diese Monda Beteiligungs GmbH mit Sitz in Norderfriedrichskoog aus. Allerdings ohne eine einzige Geschäftskennzahl. Dafür aber mit einer knappen Anmerkung: »Keine weiteren Angaben gemäß § 286 Abs. 3 Nr. 2 HGB«. Ein Blick ins deutsche Handelsgesetzbuch klärt den Leser unter »§ 286. Unterlassen von Angaben« folgendermaßen auf: Im Jahresabschluss einer Kapitalgesellschaft ist auch das Ergebnis jener Unternehmen auszuweisen, von denen die Kapitalgesellschaft mindestens den fünften Teil besitzt. Es sei denn, und auf diese Passage bezieht sich Unilever, dass diese Veröffentlichungen »nach vernünftiger kaufmännischer Beurteilung geeignet sind, der Kapitalgesellschaft oder dem anderen Unternehmen einen erheblichen Nachteil zuzufügen«.
Man kann getrost davon ausgehen, dass Unilever aus der Sache keinerlei Nachteile erwachsen sind. Im Gegenteil.
Wie viel die Umwandlung aber wirklich erspart hat, lässt sich kaum belegen: Das Norderfriedrichskooger Beteiligungsnetz blühte im Verborgenen, Unternehmenszahlen wurden nicht veröffentlicht. Man kann allenfalls Puzzle-Teile sammeln und sich so ein Bild verschaffen.
Nummer 1: »Das Warengeschäft der Unilever Bestfoods Deutschland«, so steht es in dem der Umwandlung vorausgehenden Geschäftsbericht, »erzielte 2001 Umsatzerlöse in Höhe von 1.101 Mio. Euro.« Es ist durchaus wahrscheinlich, dass die Norderfriedrichskooger Monda im Jahr darauf einen vergleichbaren Umsatz aufwies. Zu beweisen ist es nicht.
Nummer 2: Auch in der Firmendatenbank »Amadeus« sind die Monda-Funde eher spärlich – dort ist nur die Monda Vermögensverwaltung GmbH & Co KG aufgeführt. Die brachte es im Jahr 2000 auf einen Umsatz von 197 Millionen Euro; im Jahr 2001 konnte sie diesen rasant auf das Vierfache steigern: 803 Millionen Euro. Als Eigentümer der Vermögensverwaltung (Geschäftszweck: »Verpachtung des Betriebs zur Herstellung verschiedenster Lebensmittel«) sind die holländische Unilever N.V., die Londoner Unilever PLC sowie die beiden Norderfriedrichskooger Monda Beteiligungsgesellschaft und Monda

GmbH ausgewiesen. Auch das ein Indiz dafür, dass durch dieses Firmennetz durchaus wesentliche Beträge geflossen sind.
Das zugrunde liegende Muster dieser Gestaltungen hat der Landesverband Baden-Württemberg der Gruppe der »Freien Wähler« damals im Ärger über den Unilever-Fall auf seiner Homepage mit folgenden Worten glossiert: »Sie gründen als Besitzer eine neue Firma in Norderfriedrichskoog. Ihre bisherige Firma verpachten Sie an einen neuen (alten) Betreiber, ebenso überlassen Sie diesem Ihren bekannten Firmen- oder Produktnamen, natürlich gegen ordentliche Honorierung, am besten gekoppelt an die Ertragslage. Je besser der Laden am alten Ort läuft (Sie werden natürlich die reale Produktionsstätte aus Kostengründen nicht verlagern), also je besser der Laden läuft, umso höher ist Ihre Einnahme aus Pacht und Namensrecht. Und so kann Ihre alte-neue Firma, am alten beibehaltenen Produktionsort, jedes Jahr Bilanzen ausweisen mit null Ertrag. Kein Ertrag, keine Gewerbesteuer, aber ihre (Schein-)Firma sahnt ab, macht den Reibach, im Ort Norderfriedrichskoog.«
Heute ist in Norderfriedrichskoog von Unilever nichts mehr zu sehen. An der Diekstraat 13, wo die Monda einst zu Hause war, ist noch ein gutes halbes Dutzend Firmen per Schild ausgewiesen. Das Norderfriedrichskooger Monda-Imperium aber – außer den genannten Firmen gab es auch eine Monda IPR (»Geschäftszweig: Die Lizenzierung«) und eine Maizena Grundstücksverwaltung Gesellschaft mit beschränkter Haftung & Co. Offene Handelsgesellschaft – ist auf der Suche nach besseren Bedingungen schon wieder weitergezogen: nach Stavenhagen in die Mecklenburgische Schweiz.

Herr Carstens selbst meldet sich nicht. Weiter hinten im Dorf, auf Koogstraat 12, ist aber sein Bruder Rüdiger anzutreffen. Ein Bauer, blond, in Generationen vom Sturm gegerbt und skeptisch bis in die Knochen. Der Hof, den er hier mit seinen Eltern betreibt, riecht richtig schön nach Hof. In der Küche steht noch ein Topf Suppe, daneben erkaltet ein Stück Wurst. Nur die Wohnzimmereinrichtung – im altdeutschen Stil, aber jüngeren Datums – kündet von bescheidenem Wohlstand. Rüdiger Carstens wird gesprächiger, nachdem ich ihm die Notlüge von der Quartiersuche »im Auftrag einer slowenisch-amerikanischen Investorengruppe« aufgetischt habe. Sein Bruder, der diesen Zweig des Familienunternehmens (»Büroservice Carstens«)

eigentlich betreibe, sei ausgerechnet heute nicht im Dorf anwesend. Er selbst, Rüdiger, würde aber gerne die leer stehenden Büroräume vorführen: ein schlichtes kleines Zimmerchen mit einer ramponierten Bretterdecke aus dem Baumarkt; ein Telefonanschluss; ein Anschluss fürs Breitbandkabel. Das Ganze 13 Quadratmeter groß, jetzt für 500 Euro im Monat zu haben. Oder, hier, gleich nebenan, ähnliche Ausstattung, vergleichbare Schlichtheit, gut 30 Quadratmeter für 900 Euro.

Überall das gleiche Spiel. An den Hauswänden, neben den Türen, in den Vorgärten – allüberall künden Firmenschilder von der Bereitwilligkeit, mit der deutsche und multinationale Unternehmen dem Fiskus Geld vorenthalten: Auf Koogstraat 10 etwa verbirgt sich hinter der Alpha Finanz GmbH der Konzern des Lidl-Markt-Moguls Dieter Schwarz, und hinter dem schlichten Kürzel DIAG steht Beate Uhse.

Überall dieselben Angebote. Kaum öffnet der Spruch von der Quartiersuche bei Bauer Lindenberg auf der Diekstraat die Tür, schon darf man vordringen in zwei Mansardenzimmerchen. Noch geht in denen zwar eine »Secunda Grundstücks GmbH« ihren Geschäften nach; ab 1. Juni aber wären die Räume frei für unsere amerikanisch-slowenische Firmengruppe – und zwar zum Schnäppchenpreis von je 500 Euro. Bereitwillig fertigt die Bäuerin eine Skizze an und fügt beiläufig hinzu, dass sie bislang 1.000 Euro für jedes der – zum Zeitpunkt des Besuchs menschenleeren – Büros genommen hat.

Dass man es dank dieser glücklichen Vermietumstände schnell zu erfreulichem Wohlstand bringen konnte – allzu offen zeigen mag das hier niemand. Die Menschen bewegen sich immer noch mit Traktoren und unauffälligen Autos zwischen den Deichen. Sie tragen Gummistiefel und Latzhosen. Die Häuser sind schlicht renoviert und allenfalls im Inneren mit jenem gutbürgerlichen Komfort versehen, der sonst überall als unauffällig durchgehen würde. Eine Spur ungewöhnlich ist nur das Zweithaus, das sich Frau Dietrichsen, die Gastgeberin der Deutschen Bank, direkt nebenan auf die trockengelegte Wiese hat stellen lassen. »Hier sollen die Direktoren standesgemäß untergebracht werden«, fasst sie ihren Plan in Worte. Oben, unterm Dach, da steht zwar das eine oder andere Notbett. Und eine Küche gibt es auch. Aber fein, fein ist anders. Fein wird es nebenan. »Da können Sie sich wohl fühlen, wenn Sie hier Ihre Vorstandssitzungen machen. Es ist leider noch nicht fertig, aber das kriegen wir schon hin, bis Sie bei uns einziehen.«

Frau Dietrichsen wendet sich wieder unserem Hauptthema zu, der Ansiedlung eines Betriebes. Sie ist gesprächig und zeigt die eine oder andere Unterlage flüchtig als Beweis für das eigene Organisationstalent und ihren Sinn fürs Geschäftliche her. Sie erwähnt als Referenz auch, dass der österreichische Transportunternehmer Augustin in ihrem Haus seine Fuhrparkanschaffungen verwalte und dabei, was die Leistungen ihres Büroservice zum einen und den kostengünstigen Standort zum anderen betreffe, durchaus zufrieden sei.

Nur von der Deutschen Bank ist ihr – so scheint es – vorerst nicht viel mehr geblieben als die Hoffnung. »Die Deutsche Bank hat sich ja jetzt für den Übergang aus Norderfriedrichskoog zurückgezogen«, sagt sie, etwas unsicher darüber, wie die Worte auf jemanden wirken, der überlegt, in ihr Boot zu steigen: »Ich bin sicher, dass die alle wieder zu mir zurückkommen, wenn diese Sache endlich geregelt ist.«

Der Optimismus der umtriebigen Dame lässt staunen. Was sie »diese Sache« nennt, führte vor kurzem zu einem Schreiben, das ihr das Geschäft nachhaltig vermiesen dürfte: Am 1. März 2004 schickte der Amtsvorsteher in Eiderstedt ein Schreiben »an alle in der Gemeinde Norderfriedrichskoog ansässigen Firmen«: »Wie Sie wissen, war es das Ziel der Gemeinde, auch künftig auf Gewerbesteuereinnahmen zu verzichten... Durch das Gesetz zur Änderung des Gewerbesteuergesetzes wurde nunmehr die Pflicht zur Erhebung der Gewerbesteuer eingeführt... Die Gemeindeversammlung hat dementsprechend eine Nachtragshaushaltssatzung verabschiedet, die den Hebesatz für die Gewerbesteuer auf 200 v.H. festsetzt... Damit bietet die Gemeinde im Vergleich zu anderen Gemeinden nach wie vor einen steuerlich günstigen Standort, und ich denke, dass damit alle Voraussetzungen geschaffen wurden, dass Sie ihr aus steuerlichen Gesichtspunkten nicht den Rücken kehren.«

Genau das aber tun viele der großen Konzerne. Und das ist

schwerer Tobak für Frau Dietrichsen: Kaum war öffentlich darüber gerätselt worden, ob und wann die Steueroase, die ihr für ein paar Jahre ein überraschend gutes Geschäft ermöglicht hat, nun dichtgemacht würde, hat sich das Kapital, mobil wie immer, schon wieder auf den Weg gemacht – auf der Suche nach der nächsten Lücke. Frau Dietrichsen aber, durch einen Hof und ein Familienleben an die Scholle gebunden, bleibt staunend zurück.

Schwerer Tobak auch für die Herrschaften von der Deutschen Bank? Nicht wirklich: Die haben, wendig, erfahren und gut beraten, wie sie sind, all die Zeit über wohl gewusst, was auf sie zukommt. Sie konnten, wenn man so will, aus einem Schatz reicher Erfahrungen schöpfen: All jene Firmen, die für ein paar Jährchen in der Koogstraat bei Frau Dietrichsen untergekommen waren, hatten nämlich ihren Sitz früher in der Nähe von Frankfurt/Main. Warum nur in der Nähe? Ganz einfach: Weil die Gemeinde Eschborn bei Frankfurt damals einen für deutsche Verhältnisse sensationell günstigen Hebesatz von 300 Prozent angeboten hat, während in Frankfurt selbst an die 500 Prozent fällig waren. 100 Millionen Euro Gewerbesteuer hat dieses Sonderangebot den Eschbornern Jahr für Jahr in die Gemeindekassen gespült. Heute müssen sie zufrieden sein, wenn ein Drittel davon hereinkommt.

Also: Weil nun die Konzernherren vom Druck der Globalisierung im Allgemeinen und den drängenden Wünschen der Aktionäre im Besonderen dazu bestimmt sind, ihre Unternehmen dort anzusiedeln, wo sie möglichst wenig Steuern zahlen, hat es die Deutsche Bank einst ins steuergünstige Eschborn und ein paar Jahre später ins noch steuergünstigere Norderfriedrichskoog gezogen.

»Das ist nicht Ausdruck von Gier, sondern eine Form von präventiver Gegenwehr«, schrieb der Münchner Wirtschaftsethiker Karl Homann ausgerechnet in einer Weihnachtsausgabe der »Süddeutschen Zeitung«: »Unternehmen verlagern ihren Firmensitz schon allein deshalb, weil sie fürchten müssen, dass die Wettbewerber ihnen zuvorkommen. Wer an die Großkonzerne appelliert, doch bitte wieder Steuern zu zahlen, ist ein ökonomischer Analphabet. Das werden sie nur tun, wenn die Rahmenbedingungen so sind, dass es alle tun müssen.«[21]

Und weil die Politik eben nicht für die entsprechenden Bedingungen sorgt, wiederholt sich jetzt die Geschichte wieder einmal: Da auch die für DB Value, DB Enterprise und DB Valence zuständigen Führungskräfte gelernt haben, nach den günstigsten Bedingungen Ausschau zu halten, haben sie bei Frau Dietrichsen Ende des Jahres 2003 so rechtzeitig gekündigt, dass diese Töchter der Deutschen Bank die Vorteile des Daseins im Koog bis zum letzten Drücker ausnutzen konnten.

Die Deutsche Bank zieht um

Immer deutlicher erweist sich Norderfriedrichskoog so als ein Abbild der Weltwirtschaft. Als ein wahrhaft globales Dorf, in dem sich die Spielregeln des globalen Steuerwettbewerbs im Kleinen studieren lassen. Und so bleibt nur noch zu fragen, wo der Beteiligungs-Teilkonzern der Deutschen Bank nun untergekommen ist.

Aus diversen Handelsregistern ist unter der Rubrik »Neueinträge« die Dramaturgie von Abschied und Neuanfang nachvollziehbar:

- Per 3. Februar 2004 wurde die DB Value GmbH von Norderfriedrichskoog in den Südosten des Landes, nach Sössen bei Halle, verlegt. Ihr Stammkapital ist immer noch mit 25.000 Euro bemessen. Ihr Geschäftszweck wird nun etwas wortreicher so beschrieben: »Gegenstand des Unternehmens ist der Erwerb, die Verwaltung, Nutzung und Verwertung von Beteiligungen aller Art sowie die Vornahme aller damit im Zusammenhang stehenden Geschäfte für eigene Rechnung.«
- Zwei Tage später, am 5. Februar, war auch die DB Valoren GmbH, aus Norderfriedrichskoog kommend, in Sössen untergebracht.
- Am 6. Februar folgte die DB Enterprise GmbH,
- am 17. Februar die DB Enterprise GmbH & Co Zweite Beteiligungs KG
- und am 23. Februar die DB Valence GmbH.

Sössen also. 250 Einwohner. Kleinste Gemeinde im Landkreis Weißenfels, Sachsen-Anhalt. Vergleichsweise verkehrsgünstig gelegen, 30 Kilometer vom Flughafen Leipzig entfernt, angebunden an zwei Autobahnen.

Und vor allem mit dem derzeit niedrigstmöglichen Hebesatz gesegnet: Während die Bundesregierung den Norderfriedrichskoogern im Jahr 2003 geschäftsstörend drohte, die Oase durch eine nach oben offene Erhöhung des Gewerbesteuerhebesatzes zu schließen, reagierte die Konkurrenz in Sössen prompt – und garantierte den Quartiersuchenden einen Satz von 200 Prozent. Damit hatten die unsicheren Kantonisten aus dem Koog endgültig das Nachsehen.

Sehr entwickelt ist die Infrastruktur für Geschäfte dieser Art in Sössen heute zwar noch nicht, doch man weiß sich zu helfen: Die Deutsche Bank hat ihren Teilkonzern in der Scharnhorststraße 40, im Ortsteil Gostau, nicht standesgemäß, dafür aber besonders sicher untergebracht – im Haus der Freiwilligen Feuerwehr Sössen.

Frau Dietrichsen bleibt zurück

Frau Dietrichsen aber will nicht Trübsal blasen. Sie weiß, dass sie unversehens vom Globalisierungsgewinner zum Globalisierungsopfer mutiert ist. Und sie weiß, dass sie, nach all den Investionen ins Haus und in den Zubau zum Zwecke der Direktorenunterbringung, am Ende der Geschichte wieder auf die Seite der Sieger zurückkehren muss. Nur von peanuts, vom Steuersparen in kleinen Tranchen, will sie nun nichts mehr wissen. Jetzt ist sie ernsthaft ins Business eingestiegen. »Wir haben ein recht gutes Geschäft mit der Capital Raising aufgebaut, das in einen Trust in Jersey mündet«, verrät sie die Richtung, in der sie die neuen Ufer vermutet. Dass sie auch zu denen in einem gemeinsamen Boot mit ihren ehemaligen Quartiernehmern aufgebrochen ist, fügt sie nicht ohne Stolz hinzu: »Hier, das sind unsere Neugeschäfte.« Sie zeigt auf eine Reihe von Aktenordnern und Papierstapeln. »Deutsche Bank. Deutsche Industriebank. Aareal Bank. Das läuft recht schön jetzt.«

Dem Handelsregister zufolge ist Gisela Dietrichsen nun nämlich auch noch die Rolle einer Geschäftsführerin der Capital Raising GmbH zugewachsen. Und als solche ist sie an der Erwirtschaftung von Gewinnen beteiligt, die – nur so ist wohl ihr Hinweis auf »Jersey« zu verstehen – in eine andere Steueroase fließen.

Mit einem Blick in die Liste der »Verbundenen Unternehmen« der Deutschen Bank lässt sich diese Vermutung untermauern: Die dort unter der Ordnungsnummer 617 gelistete Capital Raising steht zu 100 Prozent im Eigentum einer Deutsche International Corporate Services Limited (637). Und die wiederum zu 100 Prozent im Eigentum der Deutsche Bank International Limited (623). Beide, 623 und 637, sind, ganz so wie es Frau Dietrichsen ja angedeutet hat, auf der Kanalinsel Jersey untergebracht. In St. Helier. Genau dort also, wo die Deutsche Bank zum Wohle ihrer Aktionäre ein Steuerparadies ungeahnten Ausmaßes aufgebaut hat.

Nachtrag 1:

In wenigen Wochen haben sich die Finanz- und Steuerjongleure der Deutschen Bank bei der Freiwilligen Feuerwehr in Sössen so gut eingelebt, dass sie an eben jener Adresse nun auch eine Emathion GmbH und eine Ethemea GmbH untergebracht haben. In früheren Geschäftsberichten firmierten beide Töchter noch in Eschborn bzw. Frankfurt/Main, wo bekanntermaßen 300 bzw. 490 Prozent Gewerbesteuer-Hebesatz fällig waren. Nun, in Sössen gelandet, können Emathion und Ethemea bei einem Hebesatz von 200 Prozent steuerschonender ihren Geschäften nachgehen. Dazu zählt der »Erwerb von Beteiligungen, Geldforderungen gegen Entgelt, Abschluss von Leasingverträgen, Ausgabe oder Verwaltung von Kreditkarten oder Reiseschecks, Handel mit Finanzinstrumenten für eigene Rechnung und die Beratung anderer bei der Anlage in Finanzinstrumenten«.

Dass mit solchen Dingen Geld zu machen ist, zeigt eine Recherche in der über das Internet zugänglichen Amadeus-Firmendatenbank: Für das Jahr 2003 wird für die Ethemea dort ein Umsatz von 732 Millionen Euro ausgewiesen. Nähere Angaben – etwa zu Gewinn oder Steuerleistung der Ethemea –

sind selbst in dieser exzellenten Quelle nicht zu finden. Nur so viel noch: 17 Mitarbeiter seien für die Ethemea tätig.

Einen davon, den Geschäftsführer Andreas Siewert, kennen wir schon aus den diversen Handelsregisterauszügen in Deutschlands Norden. Ein freundlicher Bürgermeister in der Nachbarschaft von Sössen verrät uns Siewerts Telefonnummer. Wir rufen ihn an, um die rege Reisetätigkeit der ihm unterstellten Unternehmen zu besprechen. Herr Siewert hebt auch prompt in Sössen ab. Nur sagen will und darf er natürlich nichts. Dann ergibt sich doch ein kleines, freundliches Gespräch. »Die Randbedingungen« hätten eben nicht mehr gestimmt in Norderfriedrichskoog, ist Herrn Siewert zu entlocken. Und jetzt? »Jetzt stimmen sie.« So ist das. Und mehr will Herr Siewert nun wirklich nicht sagen.

Dass sich die Steuerstrategen der Deutschen Bank mit Emathion ausgerechnet den Sohn des Tithonos und der Eos als Namenspaten ihrer Unternehmung ausgesucht haben, scheint jedenfalls im Lichte des so ausgeprägten Steuergestaltungswillens der Herrschaften kurios: Emathion hat wohl seinen Bruder Memnon aus der Herrschaft von Äthiopien verdrängt. Zuletzt aber hat es auch ihn erwischt: Er wurde von Herakles erschlagen.

Dass auch Ethemea, eine Nymphe auf der Insel Kos, schrecklich endete – das sollte den Herren in Frankfurt aber doch zu denken geben. Ethemea ist schließlich die umsatzstärkere der beiden Mythen-Töchter.

Nachtrag 2:

Um für den Standort Deutschland im Ausland effektiver zu werben, wurde 1998 erstmals ein Beauftragter der Bundesregierung für Auslandsinvestitionen berufen. Ausgerechnet dieser mit dem Rückhalt des Bundeskanzlers ausgestattete »Commissioner for Foreign Direct Investment« wies in seinen Werbeaussendungen an die Multis dieser Erde explizit auch auf das Potential des Norderfriedrichskooger Steuersparmodells hin: »If you're really determined to cut your corporate tax bill in Germany, head for the hamlet of Norderfriedrichskoog. Dozens of companies have set up offices here. And they're saving millions.«

Der Name des Mannes, der dieses ehrenvolle Amt im Auftrag der Bundesregierung bis Mitte 2003 bekleidete: Hilmar Kopper, einst Vorstandssprecher der Deutschen Bank, derzeit Aufsichtsratsvorsitzender von DaimlerChrysler.

Kopper hat würdige Nachfolger gefunden: Bis zum heutigen Tag ist die Lobpreisung auf der website des Bundesbeauftragten (www.invest-in-germany.de) unter dem Stichwort »Norderfriedrichskoog« zu finden. Heute bürgen Klaus Mangold (Vorstandsvorsitzender DaimlerChrysler Services), Heinrich von Pierer (Vorstandsvorsitzender Siemens AG) und Jürgen Weber (Vorsitzender des Aufsichtsrats Lufthansa AG) als Bundesbeauftragte der Bundesregierung für die Qualität der Norderfriedrichskooger Steueroase.

Das ist, wie das Steuergestalten an sich, nicht verboten. Es ist aber wohl unvereinbar mit dem Amt eines Beauftragten der Bundesregierung, das Vermeiden von Steuern im eigenen Land zu bewerben.

Eine große Nummer wie Herr Kopper würde solche Einwände vermutlich als kleinlich abtun. Peanuts eben. Von der Bundesregierung immerhin wäre zu erwarten, dass sie dem nicht auch noch ihren Segen gibt.

Ein Who's who der in Norderfriedrichskoog tätigen Konzerne

Norderfriedrichskoog, Telefonvorwahl 04864. In dem vermutlich unterhaltsamsten Telefonbuch der Welt verbergen sich deutsche Industrie und multinationale Konzerne hinter dürren Firmenkürzeln. Tief versteckt zwischen der AA Geschäftsführungs GmbH und der Wieb-Pharm Vertriebs GmbH listet das Telefonbuch auch die wenigen Familiennamen der Ureinwohner von Norderfriedrichskoog. Dominant aber sind die Kürzel, hinter denen sich der Mittelstand, die deutsche Großindustrie und der eine oder andere Multi verstecken.

Ganz unverblümt verkündet der amerikanische Pharmariese Lilly seine Präsenz im Koog: Die Lilly Pharma Produktion GmbH

& Co KG sitzt auf Diekstraat 1 und ist unter der Telefonnummer 1003 zu erreichen. Auf seiner Firmenwebsite behauptet das Unternehmen (Deutschland-Umsatz: 370 Millionen Euro) ganz unverblümt, »in Norderfriedrichskoog die Produktion angesiedelt« zu haben. Laut Handelsregister kümmert man sich in der Norderfriedrichskooger Niederlassung um »Forschung sowie Entwicklung, Vertrieb von und Handel mit pharmazeutischen, biologischen und chemischen Produkten einschließlich aller damit zusammenhängender Geschäfte«. Dass für diese doch recht ansehnliche Aufgabenbreite in den Jahren 2000, 2001 und 2002 jeweils nicht mehr als drei (!) Mitarbeiter zuständig waren, deutet entweder auf deren ausgeprägten Leistungswillen oder eben auf eine Konstruktion zur Steuerschonung hin.
Etwas mehr Recherchephantasie braucht die Auflösung des Telefonbuch-Rätsels »DIAG Deutsche Immobilien Aktiengesellschaft« an der Koogstraat 10A. Aus dem Handelsregister ist zunächst ersichtlich, dass sich das Unternehmen um »Erwerb sowie die Vermietung und Verwaltung von Immobilien in Europa und Amerika« kümmert. Etwas tiefer in den Akten liegt ein Verschmelzungsvertrag aus dem Jahre 1999, demzufolge »das Vermögen der Rotermund Beteiligungsgesellschaft mbH mit Sitz in Norderfriedrichskoog« in die DIAG eingebracht wurde. Wer schließlich auf Koogstraat 10a auch noch die Richard Orthmann Immobilien GmbH & Co KG gefunden hat, ist der Lösung nahe: Hier, in einem der jüngeren Bauten des stockkonservativen Bauernweilers, hat das Porno-Imperium der Beate Uhse AG ein wesentliches Standbein.
Der Schweizer Steuerexperte Richard Orthmann ist seit Beate Uhses Tod als Aufsichtsratsvorsitzender für den Sex-Konzern tätig. Die Schweizer Orthmann AG hält 44,86 Prozent der Stimmrechte an der Beate Uhse AG. Mit Orthmann im Aufsichtsrat sitzt Ulrich Rotermund, Beate Uhses Sohn. Die beiden gemeinsam halten 79 Prozent an der DIAG.
Als Aufsichtsratsmitglied dient Orthmann laut Konzernabschluss 2002 obendrein noch der Rotermund Leasing AG, ebenfalls Norderfriedrichskoog. Schließlich finden sich im Umfeld des Uhse-Konzerns noch fast ein Dutzend weiterer Töchter, die in Norderfriedrichskoog ansässig sind: darunter eine eindeutig positionierte »SEX.DE« (Sex Erotik Kontakte Online GmbH & Co KG), eine etwas kuriose AAAAAAAAAAAABO GmbH Online Dienste & Co KG und diverse Gesellschaften, die die Buchstabenfolge »AI Aktuelle Information« im Namen tragen.

Dass neben Orthmann und Rotermund im Aufsichtsrat der Beate Uhse AG mit Detlef Bindert auch der »Group Treasurer« der Deutschen Bank AG tätig ist, schließt den Norderfriedrichskooger Steuersparkreis: Bindert kümmert sich im »Corporate Center« der Deutschen Bank um »die optimale Steuerung von Kapital, Bilanz und Liquidität«, arbeitet also direkt dem Vorstand der Bank zu. Obendrein führt ihn die Deutsche Bank Luxembourg S.A. als Verwaltungsrat. Diesem erlauchten Gremium steht kein Geringerer als Josef Ackermann vor.

Nun lässt sich kaum sagen, wie viel an Gewerbesteuer die Erotik-Unternehmer mit ihrer Norderfriedrichskooger Konstruktion gespart haben. Das Studium der zur Bilanz gehörenden Liste der verbundenen Unternehmen dokumentiert aber nachhaltig, dass die Fachleute in der Beate Uhse AG gestaltungswillig sind – sie verteilen und verschachteln ihre Töchter so steuerschonend zwischen der Schweiz und Holland, dass das Ergebnis schon in seiner veröffentlichten Form tiefen Eindruck hinterlässt: Einem Konzernbilanzgewinn von 6,8 Millionen Euro standen im Jahr 2003 »Steuern vom Einkommen und vom Ertrag« in der Höhe von nur 69.000 Euro gegenüber. Steuerquote demnach: ein Prozent.

Lapidar vermerkt der Geschäftsbericht dazu: »Die Steuern vom Einkommen und vom Ertrag betreffen maßgeblich Körperschaftssteuerbelastungen bei den holländischen Tochtergesellschaften.« Und: »Der Betrag von bislang nicht genutzten steuerlichen Verlustvorträgen liegt bei 15.686.000 Euro.«

Von Beate Uhse wird Herr Eichel wohl auch in den nächsten Jahren nicht viel Geld bekommen.

Auch ein anderer prominenter, allerdings sehr öffentlichkeitsscheuer deutscher Unternehmer ist eng mit Norderfriedrichskoog verbunden. Er wirkt so tief im Verborgenen, dass er selbst beim Eintrag ins Telefonbuch spart: Dieter Schwarz, der Patriarch des Lidl & Schwarz-Imperiums.

In 14 Ländern ist das schwäbische Unternehmen heute schon mit den Geschäften vertreten, die im Namenszug ein schräg gestelltes »i« tragen. Europaweit dürften bald wohl an die 6.000 Filialen tätig sein. Die Osterweiterung betreibt kein Mitbewerber in diesem Segment ernsthafter als Lidl: Extra für diesen Zweck haben die Lidl-Stiftung und die Schwarz Beteiligungs GmbH daher seit dem Jahr 2000 Genussscheine mit einem Volumen von rund 500 Millionen Euro zum Kauf angeboten. Zuletzt, so meldete die Wirtschaftswoche, hat auch eine

in Norderfriedrichskoog ansässige Alpha Finanz GmbH solche Genussscheine für rund 50 Millionen Euro ausgegeben.
Genussscheine können in der Handelsbilanz als Eigenkapital ausgewiesen werden; die darauf anfallenden Gewinnanteile oder Zinsen können vom steuerpflichtigen Gewinn abgezogen werden. Ein gutes Geschäft also für alle Beteiligten – außer den Finanzminister.
Dem Firmenbuch zufolge beschäftigt sich die Alpha Finanz GmbH mit einem ganz einfachen Gewinnumleitungsmodell, nämlich mit der »Übernahme von Beteiligungen an Unternehmen der Unternehmensgruppe Lidl & Schwarz sowie Finanzierung von Gesellschaften, an denen Dieter Schwarz zu mehr als 50 % beteiligt ist«. Nach ebendiesem Muster betreibt Schwarz im Koog auch noch eine Beta und Delta Finanz GmbH. Weil aber Schwarz viel Energie dafür aufbringt, sein Firmenreich möglichst unübersichtlich zu gestalten, bleibt die Zahlenrecherche meist erfolglos: Die Gewerkschafter von Verdi versuchen seit langem, ein Organigramm der Gruppe zu erstellen, um Betriebsräte einsetzen zu können. Doch Schwarz behält die Nase immer vorn: Allein in Neckarsulm, seinem Haupt- und Wohnsitz, soll es mehr als 270 Firmen der Schwarz-Gruppe geben. Vermutlich aber machen die drei in Norderfriedrichskoog angesiedelten Finanzierungsgesellschaften den Kohl der Schwarz-Gruppe erst so richtig fett.

Eine Auswahl der in Norderfriedrichskoog vertretenen Konzerne (samt ihrer in Norderfriedrichskoog angesiedelten Tochterunternehmen)

Beate Uhse
- AI Aktuelle Information GmbH, Agentur für Telekommunikation
- SEX.De Sex Erotik Kontakte Online GmbH & Co. KG
- DIAG Deutsche Immobilien Aktiengesellschaft
- AAAAAAAAAAAABO GmbH Online Dienste & Co. KG.

Deutsche Bank
- DB Valence GmbH
- DB Valoren GmbH
- DB Value GmbH
- DB Enterprise GmbH
- Capital Raising GmbH

E.ON
- VR Telecommunications GmbH & Co.

HypoVereinsBank
- FGB Grund und Boden GmbH & Co. KG
- FGB Grund und Boden Verwaltungs GmbH

Lidl & Schwarz-Gruppe
- Alpha Finanz GmbH
- Beta Finanz GmbH
- Delta Finanz GmbH & Co. KG
- Delta Finanz Beteiligungs-GmbH

Lilly Pharma
- Lilly Pharma Produktion GmbH & Co. KG
- Lilly GmbH

Lufhansa
- LLG Nord GmbH & Co. Bravo KG
- LLG Nord GmbH & Co. Charlie oHG
- Lufthansa Leasing GmbH & Co. Alfa-Golf KG
- Lufthansa Leasing GmbH & Co. Alfa-Mike KG
- Lufthansa Leasing GmbH & Co. Alfa-November KG
- Lufthansa Leasing GmbH & Co. Alfa-Tango KG
- Lufthansa Leasing GmbH & Co. Bravo-Juliett KG
- Lufthansa Leasing GmbH & Co. Bravo Mike KG
- Lufthansa Leasing GmbH & Co. Bravo November KG
- Lufthansa Leasing GmbH & Co. Fox-Yankee oHG
- Lufthansa Leasing GmbH & Co. Golf-Lima oHG
- Lufthansa Leasing GmbH & Co. Golf-Mike oHG

RWE
- VR Telecommunications GmbH & Co.
- NBG Nord Beteiligungs GmbH & Co. KG
- NBG Nord Beteiligungs Gesellschaft Geschäftsführungs GmbH
- RL Beteiligungsverwaltung beschr. Haft. OHG
- Gesellschaft für Energiebeteiligung mbH

Unilever
- Monda Beteiligungs GmbH
- Monda IPR GmbH & Co OHG
- Monda Vermögensverwaltungs GmbH & Co OHG
- Maizena Grundstücksverwaltung GmbH & Co. OHG

Im Namen der Gerechtigkeit – warum börsennotierte Konzerne so wenig Steuern zahlen

Lorenz Jarass. Ein Mann, ein Programm. In dutzenden Studien und Artikeln hat Jarass sein Großthema, ein sinnvolles und gerechtes Steuersystem, immer im Fokus behalten. »Geheimnisse der Unternehmenssteuern« – so hat er nun seine jüngste Studie überschrieben. Penibel belegt Prof. Jarass darin, wie die Dividenden der börsennotierten Unternehmen steigen, während ihre Steuerleistung in Deutschland immer weiter absinkt.

Lorenz Jarass gehört zu jener Sorte Mensch, die sich jahrelang auf eine Frage konzentrieren können. Am Ende zählt für sie nur, ob sie die Antwort herausgepuzzelt haben. Und so hat sich der engagierte Steuerexperte immer tiefer in die volkswirtschaftliche Gesamtrechnung vergraben. Dieses Buchhaltungssystem der Statistiker legt offen, welche Güter-, Geld- und Leistungsströme die Unternehmen, den Staat und die privaten Haushalte miteinander verbinden. Beim Studium dieser nicht ganz leicht verdaulichen Kontensammlung ist Jarass dann der Antwort auf seine Frage immer näher gekommen: Wie kommt es, dass die Konzerne so viel Gewinn machen und doch immer weniger Steuern zahlen? Denn eigentlich müssten die Gewinnsteuern ein Zwei- bis Dreifaches des tatsächlich in Deutschland erzielten Steueraufkommens erbringen. Woher rührt nun die Differenz?

Jetzt, nach der Publikation seiner Studie, kann Jarass behaupten, die Frage beantwortet zu haben (siehe Kasten: »Das Geheimnis der Unternehmenssteuern«).

Das Motiv für seinen Forschungseifer legt Jarass bereitwillig offen: »Die sehr niedrigen Steuerzahlungen der Konzerne führen zu riesigen Haushalts- und Gerechtigkeitsproblemen.« Punkt. Und weil sich daran dringend etwas ändern muss, forscht er eben gegen diesen Missstand an.

Im Internet betreibt er diesen Kampf für mehr Steuergerechtigkeit über seine eigene Homepage (www.jarass.com). An der

Fachhochschule Wiesbaden ist er als Professor für Wirtschaftswissenschaften darum bemüht, »junge Leute so gut auszubilden, dass sie unseren Standort Deutschland wirklich stärken können«. Beinahe regelmäßig wird er als Experte in Steuerfragen von der EU-Kommission nach Brüssel, vom Europäischen Parlament nach Straßburg, von der OECD nach Paris und vom Deutschen Bundestag nach Berlin eingeladen. Kein Wunder, dass er dort gleich auch in die »Kommission zur Reform der Unternehmensbesteuerung« berufen wurde – der Mann ist in Sachen Steuergestalten und -vermeiden eben ein wandelndes Lexikon.

Effizient und schnell hilft der mit diversen akademischen Graden deutscher und amerikanischer Universitäten Ausgezeichnete auch bei journalistischen Recherchen. Bereitwillig stellt er sich im Gespräch dem endlosen Nachfragen. Dass er seine Antworten dann wie eine Maschinengewehrsalve herausfeuert, liegt zum einen wohl am Typ; es belegt aber auch, dass Jarass durch das jahrelange Studium der Konzerne in die Materie eingearbeitet ist wie sonst kaum einer, der nicht im Auftrag dieser Konzerne tätig ist.

Dass der Steuerprofessor keine Pausen verträgt und daher umstandslos ins Thema springt, während man selbst noch eine Aufwärmfrage formulieren möchte – auch gut.

»Interessant finde ich immer«, kommt Jarass also der Einleitung zuvor, »interessant finde ich, dass man heute so viel über Steueroasen spricht, ohne eine genaue Vorstellung zu haben, wie die Sache eigentlich funktioniert. Der Laie geht ja davon aus, dass eine Steueroase jener Ort ist, an den die großen Konzerne ihre Gewinne gegen den Willen des Staates transferieren. Gegen den Willen des Staates, wohlgemerkt. Nun, genau das ist falsch: Unsere Politik toleriert diese Transfers. Sie unterstützt diese Entwicklung sogar – wohlwissend, dass sie dadurch deutsche Unternehmen entlastet.«

Original-Jarass. Schnell, bündig, verbindlich. Nächstes Thema, bitte.

Mit immer neuen Rechnungen und Zahlenspielen belegt Jarass seit Jahren, dass die Unternehmensgewinne der Kapitalgesellschaften steigen, während das Aufkommen der Steuern auf solche Unternehmenseinkommen sinkt und sinkt und sinkt. So hat er auch herausgefunden, dass sich die Steuerbelastung der Unternehmen im Vergleich zur Belastung der Arbeitnehmerentgelte seit 1980 mehr als halbiert hat.

Frage: *Was läuft da falsch, Herr Jarass?*
Jarass: Den zentralen steuerpolitischen Ansatz aller vier Parteien im deutschen Bundestag kann man auch als Religion verstehen. Eine Religion, der übrigens auch George W. Bush und viele, viele andere huldigen. Das Credo lautet: Entlastet die Kapitaleinkommen, sowohl bei der Erwirtschaftung, also beim Unternehmen, als auch bei den Eigentümern der Unternehmen, bei den Unternehmern, bei den Besitzern also. Egal ob das nun Multimillionäre oder kleine Sparer sind – entlastet sie alle. Indem man die entlastet, so besagt diese in den sechziger Jahren begründete Religion, wird das Wachstum angeregt. Und wenn das Wachstum angeregt wird, dann wird der Gesamtkuchen größer. Und wenn der Gesamtkuchen größer wird, nutzt das letztlich allen – auch denjenigen, die man im ersten Moment leider ausplündern muss, nämlich die kleinen Arbeitnehmer.

Nun zeigt sich aber, dass das so nicht funktioniert, weil sich die beiden Seiten immer weiter auseinander entwickeln.
Diesen Theoretikern ist das ja auch kein Problem. Die gestehen sogar zu, dass sich Einkommens- und Vermögensverteilung auseinander entwickeln. Sie sagen immer: Man darf nicht die Reichen mit den weniger Reichen vergleichen. Man muss stattdessen fragen, wie würde der normale Arbeitnehmer dastehen, wenn man seine Einkünfte von Anfang an weniger stark besteuert und die Einkünfte der Kapitaleigner stärker besteuert hätte. Dann, so lautet deren Argument, dann würde die Wirtschaft weniger stark wachsen, womit am Ende der Gesamtkuchen deutlich kleiner wäre – worunter ja auch der Arbeitnehmer leiden würde.

Und, was ist dran an dieser Religion?
Sie beruht auf einem entscheidenden Fehler: Man denkt dabei an die Situation beim Neuaufbau einer Volkswirtschaft, wie

das nach dem Zweiten Weltkrieg in fast allen europäischen Ländern der Fall war. Man denkt also über eine Situation nach, die heute noch in vielen Entwicklungs- und Schwellenländern gegeben ist – nämlich, dass man eine große Knappheit an Investitionskapital hat. Das gilt für die Slowakei, für Tschechien, für Polen, für Estland, für die Ukraine insbesondere. In unseren westeuropäischen Ländern aber ist das schon lange nicht mehr der Fall. Wir haben viele Probleme, aber ein Problem haben wir sicher nicht: eine Knappheit an anlagesuchendem Finanzkapital. Davon gibt es mehr als genug bei uns.

Und trotzdem glauben unsere Politiker heute noch, alles tun zu müssen, um aus dem Ausland Finanzkapital hereinzubekommen. Wenn das nicht gelänge, so heißt es, dann wäre das Wirtschaftswachstum im eigenen Land behindert. Aber das ist Quatsch: In Deutschland und auch in Österreich gibt es so viel eigenes Kapital, da müsste kein Ausländer investieren.

Warum begreift das die Politik nicht, warum begreift es die rot-grüne Koalition nicht?

Wenn Sie mit Spitzenpolitikern in Berlin sprechen, dann werden die sagen, das klingt alles schlüssig. Aber wenn wir die Steuerbelastung für Unternehmer in Deutschland wieder erhöhen würden, dann gehen die Unternehmer noch schneller nach Estland, nach Tschechien und in die Slowakei. Und deshalb müssen wir generell die Steuersätze senken. Aber wo wird das hinführen? Wir sehen ja gerade, dass Finnland die Unternehmenssteuersätze von bisher 29 Prozent weiter senken will, weil Estland, wo die Menschen ja teilweise Finnisch sprechen, auf null Prozent gesenkt hat. Wir erleben gerade, dass Österreich den Steuersatz auf 25 Prozent senkt. All das wird in Deutschland dazu führen, dass wir auf unter 30 Prozent senken werden.

So kann das kleine Österreich also dem großen Deutschland das Tempo vorgeben.

Ein kleines Land kann sich als Steuerhinterzieherland gerieren. Österreich ist ja ein Hort der Steuerhinterzieher. Und Österreich kann sich das deshalb erlauben – wir sprechen über Finanzkapital, nicht über echtes Investitionskapital –, weil es erstens ein sehr schönes Land ist und zweitens sehr nahe an den Wirtschaftszentren des süddeutschen Raumes liegt. Wenn sich also jetzt Herr Beckenbauer in Kitzbühel ansiedelt, dann zahlt er in Zukunft kaum Erbschaftssteuer und er zahlt dramatisch niedrige Steuern, obwohl sein Einkommen nach wie vor großteils in Deutschland erwirtschaftet wird. Wenn der Herr Beckenbauer nach Österreich geht, nutzt er also Österreich als Steuervermeidungsland. »Steuerhinterziehung« – das wäre zu hart, weil er ja nicht hinterzieht, sondern sich völlig legal verhält. Er zahlt kaum Erbschaftssteuer in Österreich, er kommt in den Genuss erheblicher Freibeträge für unternehmerische Einkünfte und erheblicher Sonderregelungen für ausländisches Vermögen.

Gut für ihn, gut für Österreich, schlecht für Deutschland. Aber warum ist das so?
Der deutsche Politiker sagt, ich will die Arbeitsplätze hier behalten – das ist der Grund. Wenn ich jetzt den Österreichern und Osteuropäern nicht folge, wenn ich jetzt nicht die Steuersätze senke, dann verliere ich Arbeitsplätze. Das ist aber der falsche Weg. Man müsste stattdessen fragen: Was kann Deutschland für sich selbst machen? Und da könnte Deutschland eine Menge tun. Es könnte zum Beispiel aufhören, den Export von Arbeitsplätzen zu subventionieren. Derzeit fördert Deutschland die Verlagerung von Arbeitsplätzen ins Ausland, indem es zulässt, dass die gesamten Kosten für so eine Verlagerung steuermindernd geltend gemacht werden können. Alle Fremdfinanzierungszinsen, die deutsche Konzerne für die Investition in der Slowakei oder anderswo bezahlen müssen, sind in Deutschland von der Steuer absetzbar. Wir subventionieren auf diese Art also selbst den Export unserer Arbeitsplätze.

Dazu kommt noch, dass wir in Deutschland eine Regelung haben, die den Konzernen ein sehr großzügiges Verrechnen von Gewinnen und Verlusten erlaubt. Das führen die Österreicher mit dem Jahr 2005 – in noch stärkerem Maße – auch ein. Die Folge ist, dass die Unternehmen hohe Gewinne machen können, ohne nennenswert Steuern zu zahlen.

Wie kommt so eine Regelung zustande?
Die Politik sagt: Wir wollen Firmen haben, die keinen Dreck machen, die die Umwelt schonen, die wenig Infrastruktur brauchen, die bei uns aber laufend fett Steuern zahlen. Das wäre der ideale Steuerzahler. Das ist die Idee der so genannten Holding. Man versucht heute möglichst viele Holdings, also internationale Kapital- und Konzernverwaltungen, ins Land zu holen.

Die Holländer führen uns vor, wie das funktioniert.
Genau. Oder auch die Schweizer. Die Holländer haben gesagt: Wir nehmen nicht mehr 40 Prozent Steuern von diesen Konzernen, wir nehmen nur mehr sechs Prozent. Sechs Prozent ist ja auch eine ganze Menge, wenn der Staat dafür praktisch keine Kosten hat. Holland hat solche Holdings mit vielen Steuerprivilegien angelockt. Und Deutschland hat in dieser Hinsicht inzwischen aufgeholt: Hier gibt es mittlerweile die allergrößten Holdingprivilegien. Deshalb entstehen in Deutschland so viele Holdings.

Hat man sich damit nicht verkalkuliert?
Man hat ursprünglich gesagt, es ist egal, wenn diese Holdings auch Verluste machen. Das Problem ist aber, dass diese Verluste in Deutschland mit den in Deutschland erwirtschafteten Gewinnen verrechnet werden können. So verliert der Fiskus nun nicht nur die Steuerzahlungen der Holdings, sondern obendrein auch noch die der Gewinn bringenden Unternehmen, die zu dieser Holding gehören oder von dieser gekauft werden.

Wer Ihre Bücher und Aufsätze liest, stößt immer wieder auf ein abstrakt klingendes Thema: das Ersetzen von Eigenkapital durch Fremdkapital. Erläutern Sie doch bitte einmal, wie die Konzerne damit Steuern sparen.
Dem Staat entgehen heute ja nach und nach die Steuerzahlungen der normalen deutschen Firmen. Wenn Sie nun den Wirtschaftsteil Ihrer Zeitung ausführlich verfolgen, dann werden Sie fast jeden Tag eine passende Meldung finden: Da werden Unternehmen, die derzeit noch Steuern zahlen, von … nein, Fi-

nanzspekulanten soll man ja heute nicht mehr sagen... von private equity funds aufgekauft. Wir werden demnächst erleben, dass diese jetzt aufgekauften Unternehmen in Deutschland keine Steuern mehr zahlen werden. [Siehe »Steuergeschäfte mit hohen Kreditzinsen«, S. 119 ff.]

Gibt es eine Grenze, an der die Steuern nicht mehr weiter sinken können?
Ja, die haben wir schon erreicht. In Deutschland zahlen die Konzerne praktisch keine Steuern mehr. Bis zum Jahr 2000 hat der Staat Jahr für Jahr etwa 25 Milliarden Euro an Körperschaftssteuer eingenommen. Im Jahr 2002 war es minus 0,5 Milliarden. Im Jahr 2003 waren es 7 Milliarden. Dabei muss man aber berücksichtigen, dass die Firmen heute ja viel mehr verdienen als damals, als es 25 Milliarden Steuern im Jahr waren.

Warum hat der deutsche Staat den Konzernen in den vergangenen Jahren Milliarden an Körperschaftssteuern zurückgezahlt?
Weil man bei der Steuerreform 2001 die Steuersätze gesenkt hat, ohne dabei die alten Schlupflöcher dicht zu machen. So hat sich der Staat selbst verpflichtet, an die 36 Milliarden Euro – angebliche – Steuerguthaben an die Konzerne zurückzuzahlen. Die schwedische Regierung war da viel klüger als die deutsche. Die Schweden hatten ein ähnliches Steuersystem wie wir in Deutschland und haben gesagt, wir senken die Steuersätze drastisch, aber alles, was früher an Steuern bezahlt worden ist, ist bezahlt und weg. Es gibt keine Rückerstattung.

Das Geheimnis der Unternehmenssteuern – gelüftet von Lorenz Jarass

Am Anfang seiner Studie (die er mit seinem Kollegen Gustav M. Obermair erarbeitet und 2004 im Marburger Metropolis-Verlag veröffentlicht hat[21]) steht eine simple Überlegung: Offiziell müssen Unternehmen von ihrem Bruttogewinn etwa 40 Prozent Steuern zahlen – damit bleiben als Nettogewinn 60

Prozent übrig, also das Eineinhalbfache der Steuerzahlung. Der von den Unternehmen an Aktionäre ausgeschüttete Gewinn – die Dividende – kann auf lange Sicht also nicht höher sein als der eineinhalbfache Betrag, der an Steuern bezahlt wurde.

Auf dieser Grundlage hat sich Jarass die Geschäftsberichte von 30 wichtigen deutschen Unternehmen vorgenommen – den Dax-30-Unternehmen, deren Kurse den wichtigsten deutschen Börsenindikator prägen, den Deutschen Aktienindex DAX. Dazu zählen DaimlerChrysler, die Deutsche Bank, die Deutsche Telekom ebenso wie Siemens, ThyssenKrupp und Volkswagen.

Dabei ist Jarass auf folgendes »Geheimnis« gestoßen: Die Dividenden sind deutlich höher als das Eineinhalbfache der Steuerleistung. Bis zum Jahr 2000 lagen sie doppelt so hoch wie die jährliche Steuerleistung und seit 2001 sogar mehr als viermal so hoch.

Einzig möglicher Schluss: Wenn mehr Dividende übrig bleibt, sind zu wenig Steuern gezahlt worden. Die DAX-30-Unternehmen nutzen die erheblichen Lücken und Defizite bei der Besteuerung im großen Stil. Ob Adidas-Salomon, Allianz, BASF oder Bayer. Ob Henkel, Infineon, Linde oder Lufthansa. Ob MAN, Metro, TUI oder RWE. Alle greifen bereitwillig zu den Instrumenten, die ihnen die Politik zum Steuersparen an die Hand gibt. Geschäftsbericht um Geschäftsbericht, Konzern um Konzern hat sich Jarass durch diese DAX-30 gewühlt. Dank dieser Arbeit lässt sich nun belegen, welche Freiräume die Politik diesen Konzernen auf Kosten der Allgemeinheit geschaffen hat:

Sie dürfen selbst bei steuerfreien Erträgen noch Aufwendungen steuermindernd absetzen.

Sie dürfen Verlustvorträge unbegrenzt zum Verkleinern der Gewinne nutzen.

Sie dürfen das erwirtschaftete Ergebnis in dauerhaft unversteuerte, so genannte stille Reserven umschichten.

Und sie dürfen – getarnt als Schuldzinsen und Lizenzgebühren – einen guten Teil der steuerlichen Bemessungsgrundlage in Steueroasen verschieben.

Weil Deutschlands Konzerne so viel dürfen, bleibt dem Fiskus kaum etwas übrig: Bei den DAX-30-Unternehmen geht gerade einmal ein Viertel des ökonomischen Gewinns als zu versteuerndes Einkommen in die Steuerklärungen ein. Der große Rest – eben drei Viertel des ökonomischen Gewinns – verschwindet durch jenen Vorgang, den man schönfärberisch als Steuergestaltung beschreibt, in den Taschen der Aktionäre.

Phantasiepreise – das Steuerrezept der Pharmakonzerne

Von Hans Weiss

Wenn Sie davon träumen, reich zu werden, wirklich reich, und außerdem wenig Steuern zu zahlen; wenn Sie keine Skrupel haben und nicht davor zurückschrecken, den Staat und die Sozialsysteme zu betrügen; wenn es Ihnen nichts ausmacht, Ärzten das Blaue vom Himmel herunter zu versprechen und schlechten Argumenten mit Bestechung und gefälschten Untersuchungsergebnissen nachzuhelfen – dann sollten Sie eine Pharmafirma gründen. Denn damit haben Sie die besten Chancen, Ihre Träume zu verwirklichen.

Flieder, Aspirin, Steuersätze

Derartige Praktiken – von der Täuschung bis zum systematischen Betrug – werden den Pharmakonzernen vorgeworfen. Und zwar nicht irgendwelchen kleinen Firmen, sondern den weltweit Größten der Branche – Pfizer, GlaxoSmithKline, Bayer und vielen anderen. Wer ihnen das vorwirft? Nicht irgendwelche missgünstigen Kapitalismuskritiker oder forsche Gegner der Schulmedizin, sondern Staatsanwälte in den USA, in Italien, in Deutschland.

Die Tricks, mit denen internationale Konzerne ihre Steuern klein schreiben, spielen sich üblicherweise im Rahmen der gesetzlichen Möglichkeiten ab. Das gilt für die Autoindustrie, die Nahrungsmittelindustrie, die Handelsriesen und selbst für den Bankenbereich, den Energiesektor und die Telekommunikation. In der Pharmabranche hingegen herrschen andere Bräuche, da wird die gesetzliche Grenze gelegentlich auch überschritten.

Unter Finanzbeamten gelten Pharmakonzerne als absolute Meister in der Disziplin, hohe Gewinne zu erwirtschaften und niedrige Steuern zu zahlen.

Wie schaffen sie das? Welche Tricks wenden sie an?

Mit Hilfe eines Finanzfahnders, einer Pharmamanagerin und einer Wirtschaftsdatenbank, die so exklusiv und teuer ist, dass selbst Finanzfahnder keinen Zugang dazu haben, gelang es uns, den Großen der Pharmabranche auf ihre Schliche zu kommen.

Der Reihe nach: Es begann mit einem Treffen in einem Gartenhaus Ende des Jahres 2003. Ich habe versprochen, weder den Ort noch die näheren Umstände zu beschreiben.

Ein hochrangiger Finanzfahnder hatte sich bereit erklärt, mir das Steuer-Einmaleins der Pharmakonzerne zu erklären. Er hatte eine geradezu paranoide Angst davor, mit mir gesehen zu werden, und verlangte, dass ich meinen Wagen in einer Entfernung von mehreren hundert Metern parkte und das Haus zu Fuß aufsuchte.

Der Flieder lockte, die Vögel prahlten, aber ich hatte keinen Sinn für die Schönheit der Natur, ich wollte Zahlen und Daten hören.

Es gibt, so begann er, keinen Industriebereich, der so hohe Gewinne erzielt wie die Pharmaindustrie. In Deutschland und Österreich veröffentlichen die Pharmakonzerne jedoch Bilanzen, aus denen man schließen müsste, das Geschäft mit Medikamenten sei ein Defizitgeschäft und sie seien schon längst bankrott – was natürlich ganz und gar nicht der Fall ist. Im Gegenteil. Sie machen hier ebenso fabelhafte Geschäfte wie in anderen Ländern, die als Steuerparadiese bekannt sind.

Kann man Bilanzen so einfach manipulieren? Wie funktioniert das?

Es handle sich, antwortete der Finanzfahnder, um ein ganz simples Rezept: Die Pharmakonzerne verrechnen zwischen den einzelnen Tochterfirmen Medikamentenpreise, die Außenstehende – Finanzbeamte oder Krankenkassen – auch bei intensivem Nachforschen nicht nachvollziehen können. Da habe, so fährt er resigniert fort, niemand eine Chance. Das Geheimnis der tatsächlichen Medikamentenpreise sei nur wenigen Personen innerhalb eines Konzerns bekannt. Um das zu lüften, müsste man Zugang zu den allergeheimsten Papieren in den Panzerschränken haben.

Er erklärte mir das System der wundersamen Preisgestaltung an einem anschaulichen Beispiel: Angenommen, ich will mein Auto verkaufen. Ist die Käuferin meine arme, arbeitslose Schwester, verlange ich dafür wenig Geld. Ist die Käuferin aber meine zweite Schwester, die sehr reich ist und mich auch gerne unterstützt, werde ich sehr viel Geld dafür verlangen.

Genauso funktioniert es mit den Tochterfirmen der Pharmaindustrie. Die Preise, die sie untereinander verrechnen, können innerhalb des Konzerns mehr oder weniger beliebig festgelegt werden. Wie soll man als Finanzfahnder kontrollieren, ob die Herstellung von 20 Aspirintabletten 3 Euro oder 3 Cent kostet? Das ist nicht möglich. Und je nachdem stehen dann in den Geschäftsberichten gute oder schlechte Zahlen.

In Deutschland und Österreich stehen meistens schlechte Zahlen – schlecht aus der Sicht des Finanzamtes.

Der Finanzfahnder: »In Deutschland und Österreich sind die offiziellen Steuersätze sehr hoch. Wenn die Firma in Deutschland 38 Prozent ihres Geschäftsgewinns ans Finanzamt bezahlen muss, in Österreich 34 Prozent und in Irland nur 12 Prozent – wo wird sie dann versuchen, Gewinn zu machen? Natürlich in Irland und nicht in Deutschland oder Österreich! Sonst wäre sie ja dumm. Und den Pharmakonzernen kann man vieles vorwerfen, aber ganz gewiss nicht, dass sie dumm sind. In dieser Hinsicht gehören sie zu den Klügsten.«

Amadeus

Mein nächster Schritt: Ich wollte wissen, ob das, was mir der Finanzfahnder erzählt hatte, auch tatsächlich an den Geschäftszahlen ablesbar ist, und nahm mir den weltgrößten Pharmakonzern vor. Es handelt sich um die US-Firma Pfizer, die durch das Erektionsmittel Viagra berühmt wurde.

Pfizer erzielte im Jahr 2002 einen Umsatz von 27,8 Milliarden Euro und einen Gewinn von 7,8 Milliarden Euro, also einen Gewinnanteil von 28 Prozent des Umsatzes. Davon können Autohersteller wie BMW oder VW nur träumen.

Die Frage lautete also: Sind die Gewinne und Steuerleistungen von Pfizer in Deutschland und Österreich kleiner als in anderen Ländern mit niedrigen Steuersätzen?

Ich suchte zunächst im Internet und landete zufällig einen Glückstreffer – den probeweisen, kostenlosen Zugang zu einer Datenbank, die den klangvollen Namen Amadeus trägt. Da geht es aber nicht um Musik, sondern um detaillierte Informationen über alle europäischen Firmen, große und kleine, Konzernzentralen und Tochterfirmen. Mit einem Passwort öffnet sich eine geheime Welt. Wer per Internet ein Jahr lang einen vollen Zugang zu diesen Daten haben will, muss dafür 56.000 Euro bezahlen. Dieser hohe Preis sorgt dafür, dass nur internationale Konzerne oder die Creme de la Creme der Finanzwelt diesen Service kennen und nutzen.

Amadeus ermöglichte es mir, für jedes einzelne Land in Europa und für jede einzelne Tochterfirma von Pfizer nachzusehen, wie hoch der Umsatz ist, wie hoch der Gewinn ist, wie hoch die Steuerleistung ist. Und zwar Jahr für Jahr, über viele Jahre hinweg.

Das Ergebnis ist ganz so, wie es der Finanzfahnder beschrieben hatte: Der Gewinnanteil von Pfizer beträgt beispielsweise für das Jahr 2000 in Deutschland etwa 2 Prozent des Umsatzes, in Österreich etwa 7 Prozent. Das sind lächerliche Zahlen im Vergleich zu den 33 Prozent, die Pfizer für Europa insgesamt an Gewinn ausweist!

In den Folgejahren liegen die Gewinne in Europa noch höher: bei 64 Prozent im Jahr 2001 und bei 52 Prozent im Jahr 2002. Ein Desaster sind hingegen die Gewinnzahlen für Deutschland und Österreich: Sie fallen prozentual sogar noch ab!

Als naiver Beobachter fragt man sich nun, was mit den Milliardengewinnen geschieht, die Pfizer in bestimmten Ländern erzielt. Nun, sie werden als Vermögen gehortet. Und zwar hauptsächlich in Holland (rund 27 Milliarden Euro) und in Irland (rund 8 Milliarden Euro). Beide Länder sind als Steueroasen bekannt.

Wir können uns nun gemeinsam mit Hilfe der Datenbank Amadeus ansehen, wie viel Steuern Pfizer in Irland und in Holland bezahlt. Die Zahlenangaben für diese beiden Länder sind leider ein wenig lückenhaft; vielleicht auch deshalb, weil der Konzern kein großes Interesse daran hat, dass derartige Informationen bekannt werden.

Die holländische Firma »Pfizer Global Holdings B. V.« erzielte 1999 mit einem einzigen Mitarbeiter einen Gewinn von 193 Millionen Euro und verbuchte dafür keine Steuerzahlung, sondern eine Steuer*einnahme* von 18 Millionen Euro. Gut für Pfizer, denn dadurch erhöht sich der Gewinn natürlich noch.

Die ähnlich klingende holländische Firma »Pfizer Holdings B. V.« erzielte im Jahr 2000 mit einem einzigen Mitarbeiter einen Gewinn von 773 Millionen Euro und zahlte dafür lediglich 2 Millionen Euro Steuern.

Die irische Firma »Pfizer Holdings Europe« erzielte 1999 mit einem einzigen Mitarbeiter einen Gewinn von 141 Millionen Euro. Steuerleistung 0. In Worten: null. Im Jahr darauf wird ein Gewinn von 107 Millionen Euro verbucht und eine Steuerleistung, die erneut null beträgt.

Wir könnten hier für viele andere europäische Länder noch Hunderte ähnlicher Belege aufzählen und sie würden alle dieselbe Tendenz zeigen:

- Pfizer erzielt hohe Gewinne und zahlt wenig bis gar keine Steuern in Ländern, in denen die offiziellen Steuersätze niedrig sind – also in Irland und Holland
- Pfizer erzielt niedrige Gewinne und zahlt deshalb in absoluten Zahlen wenig Steuern in Ländern, in denen die offiziellen Steuersätze hoch sind – also in Deutschland und Österreich

Das große Gewinnspiel

Nicht nur Pfizer, sondern auch andere Pharmakonzerne trieben dieses System im Lauf der Zeit so auf die Spitze, dass selbst dem Dümmsten klar wurde: Mit den Bilanzen kann etwas nicht stimmen. Schließlich traf die österreichische Finanzbehörde mit den Konzernen ein Arrangement, das der Behörde half, das Gesicht zu wahren, und den Firmen erlaubte, weiterhin nur wenig Steuern zu zahlen. Lassen wir dazu den Finanzfahnder selbst zu Wort kommen:

»In der Bilanz von Pfizer Österreich sieht man etwas sehr Interessantes, nämlich den Posten ›Rückvergütung Werbeaufwand‹. Nur Eingeweihte wissen, was das bedeutet! Offiziell ist es nämlich so, dass Pharmakonzerne in Österreich nur Verluste machen und das seit Jahrzehnten. Ein normaler Unternehmer sagt in diesem Fall: Das ist ein Defizitgeschäft, das kann ich mir nicht leisten, ich mach den Laden dicht! Die Pharmafirmen machen aber nicht dicht. Warum? Weil sie solche Menschenfreunde sind? Nein, es hat andere Gründe. Die offiziellen Bilanzzahlen sind alle manipuliert.«

Jedenfalls, so erzählt der Finanzbeamte, schrieben die Pharmakonzerne in Österreich bis Mitte der neunziger Jahre nur Verluste und bezahlten natürlich auch keine Steuern.

Dann aber passierte eine Art Betriebsunfall: Eine österreichische Finanzbeamtin, zuständig für die Prüfung von Pharmafirmen, veröffentlichte Mitte der neunziger Jahre einen Artikel in der österreichischen Steuerzeitung, wo sie den Verdacht äußerte, mit den Geschäften der Pharmakonzerne könne etwas nicht stimmen. In den Bilanzen stehe nämlich immer ein Defizit. Und das bedeute: null Steuereinnahmen für den Staat. Merkwürdig, merkwürdig.

Der Artikel war sowohl für die Steuerbehörde als auch für die Konzerne unangenehm. Denn nun konnte keine Seite mehr stillschweigend über die Sache hinwegsehen.

Was tun? Die Beteiligten erfanden für die Bilanz einen neuen, trickreichen Posten, nämlich die »Rückvergütung Werbeaufwand«. Das ist eine Zahlung der Konzernzentrale an die österreichische Tochterfirma, die diese als Einnahme verbucht und damit ein positives Ergebnis erzielt. Jetzt endlich werden auch Steuern bezahlt. Nicht viel, um Gottes willen. Aber nun kann niemand mehr behaupten, es ist gar nichts.

Und so sind am Ende alle zufrieden, der Staat und die Konzerne. Wie hoch die »Rückvergütung« ist, bleibt der Zentrale überlassen. Jedenfalls ist es eine ideale Möglichkeit für die Pharmakonzerne festzulegen, wie hoch der Gewinn und damit die Steuerzahlung ausfällt.

»Aber«, wende ich ein, »das sieht doch ein Blinder, dass trotzdem etwas faul ist an der Sache. In der Bilanz von Pfizer Österreich für das Jahr 2001 steht, dass die Firma für Werbung 10,2 Millionen ausgegeben hat, aber von der Zentrale eine Rückvergütung von 23 Millionen erhalten hat. Warum kriegen die 23 Millionen, obwohl sie nur 10,2 ausgegeben haben?«

»Das ist eben die gute österreichische Lösung«, erklärt der Finanzfahnder. »Mit dieser Zahlung kann die Zentrale exakt festlegen, wie hoch der Gewinn sein wird und wie viel Steuern bezahlt werden. So etwas nennt man Gestaltungskraft.«

Ich werde Export-Import-Händler

Gestaltungskraft! Kommen wir noch einmal zurück auf die Ausgangsfrage: Wie hoch sind die tatsächlichen Kosten eines Medikaments?

Ich frage – vertraulich – eine Managerin des schweizerischen Pharmakonzerns Novartis, ob sie mir weiterhelfen kann, vielleicht sogar mit Firmenunterlagen. Sie könnte, will aber nicht. Denn damit würde sie ihren Job riskieren. Sie hat jedoch eine interessante Idee. Ich soll mich als Export-Import-Händler ausgeben und bei den Herstellern von Medikamenten-Wirkstoffen Preisangebote einholen. So erfahre ich, wie hoch die tatsächlichen Kosten sind. »Sie werden überrascht sein, wie billig Wirkstoffe sind«, prophezeit sie und nennt mir die Namen einiger Hersteller, die auch für renommierte Pharmakonzerne produzieren.

Meine Verwandlung erfordert keinen großen Aufwand. Ich behalte meinen Namen und meine Adresse und gebe mich als Export-Import-Händler aus – in der ersten E-Mail, die ich am 29. Februar 2004 an die Hefei Scenery Chemical Co. Ltd in der Volksrepublik China schicke. Zunächst will ich wissen, wie viel die Herstellung des Viagra-Wirkstoffes Sildenafil kostet.

Hier ist die Übersetzung der E-Mail:

Betreff: Sildenafil citrate bulk order

Sehr geehrte Damen und Herren,
ein Geschäftsfreund aus Großbritannien hat mich auf Ihr hervorragendes Angebot aufmerksam gemacht. Ich bin Export-Import-Händler mit Sitz in Wien (Österreich/Europa) und Rumänien (Osteuropa).
Ich würde gerne von Ihnen die pharmazeutische Substanz Sildenafil kaufen; zunächst in einer Menge von 10 Kilogramm und in Zukunft regelmäßig innerhalb der nächsten zwei Jahre in einer Menge von 100 bis 150 Kilogramm pro Jahr.
Ich würde Sildenafil von Ihnen nach Großbritannien liefern lassen und es offiziell dort importieren, um sicherzustellen, dass keinerlei Patentrechte anderer Firmen verletzt werden. Selbstverständlich werde ich Ihnen alle schriftlichen Garantien liefern, die Sie benötigen.
Würden Sie mir bitte Ihre Lieferbedingungen mitteilen (Preise, Bezahlungsmodus und so weiter) und mir Details über die Qualität Ihrer Produktion angeben?
Falls Ihr Angebot zufriedenstellend ausfällt, würde ich zunächst gerne eine kleine Testmenge von Sildenafil untersuchen lassen.
In Erwartung Ihres Angebots und mit freundlichen Grüßen,
Dr. Hans Weiss

Schon am Tag darauf schickt mir Xu Feiquan von der Hefei Scenery Chemical Co. Ltd ein interessantes Angebot:

Lieber Dr. Hans Weiss,
danke für Ihre E-Mail.
Betrifft: Garantie-Erklärung. Wir liefern Ihnen unsere Produkte als Muster, nur gedacht für Tests und Forschung.
Betrifft: Preise, Zahlungsmodus und so weiter. Unser Preis beträgt 650 Euro pro Kilogramm plus Transportkosten. Normalerweise verwenden wir einen Kurier. Für die Zahlung akzeptieren wir »t/t advance«. Wenn es sich

um eine kleine Menge handelt (weniger als 1 Kilogramm), ist der Preis wahrscheinlich sehr hoch.
Betrifft: Qualitätsstandard. Bitte beachten Sie das angehängte Analyseergebnis.
Betrifft: Testmenge. Bitte teilen Sie uns mit, wie viel Sie benötigen.
Grüße,
Xu Feiquan

Jetzt weiß ich, wie viel der Viagra-Wirkstoff kostet: 650 Euro pro Kilogramm. Damit kann man 20.000 Viagra-Tabletten herstellen. Wenn man für jede Tablette den üblichen Preis von 12 Euro verlangt, ergibt das in Summe 240.000 Euro.[23]

Wenn man sich ansieht, wie hoch der Kostenanteil des Viagra-Wirkstoffes am Verkaufspreis des Medikaments ist, dann wird klar, warum die Pharmakonzerne so hohe Gewinne machen. Bei Viagra sind es lediglich 0,26 Prozent!

Ein Vergleich mit dem Goldpreis ergibt folgendes Ergebnis: Viagra ist 20-mal teurer als Gold. Aber die Forschungskosten!, ruft im Hintergrund der vielstimmige Chor der Pharmakonzerne, die Forschungskosten sind extrem hoch und die müssen eben über die Medikamentenpreise bezahlt werden.

Dieses Argument ist oft an den Haaren herbeigezogen. Viagra ist ein gutes Gegenbeispiel, denn Viagra enthält keinen neuen Wirkstoff. Es handelt sich um ein bereits bekanntes Medikament, das ursprünglich gegen Herz-Kreislauf-Probleme entwickelt wurde. Als während der Testverfahren auffallend viele Patienten über starke Erektionen berichteten, änderten die Forscher das Untersuchungsziel. Die Nebenwirkung »Erektion« wurde zur Hauptwirkung erklärt, und nun testete Pfizer an 3.000 Patienten eben diese.

Schließlich wurde Viagra 1998 in den USA als Erektionsmittel zugelassen, und seither sprudelt für den Konzern eine unerschöpfliche Geldquelle. Bei geschätzten Forschungskosten von 30 Millionen Euro erzielte Pfizer bisher mehr als 7 Milliarden Euro Einnahmen. In den USA läuft der Patentschutz erst im Jahr 2011 ab. Bis dahin hat Pfizer ein Vermarktungs- und Preismonopol.

Was kostet Aspirin?

Da ich inzwischen als Medikamentenhändler etabliert war, weitete ich meine Geschäftstätigkeit aus und holte weitere Preisangebote ein. Zum Beispiel für den Aspirin-Wirkstoff Acetylsalicylsäure, der bereits vor mehr als 100 Jahren in Deutschland entwickelt wurde, von einer Vorgängerfirma des Pharmakonzerns Bayer. Von Forschungskosten für die Entwicklung, die über den Medikamentenpreis hereingespielt werden müssen, kann bei Aspirin heute keine Rede mehr sein.

Was kostet Aspirin und was kostet der Aspirin-Wirkstoff? Auch in diesem Fall sind chinesische Anbieter unschlagbar günstig. Ich stieß auf die Firma »Shandong Xinhua Pharm«, die auch den US-Markt beliefert.

Lieber Herr An Quing, liebe Frau Zhou Hui,
ich bin Export-Import-Händler mit Sitz in Wien (Österreich/Europa). Ich würde von Ihrer Firma gerne Acetylsalicylsäure von der Qualität USP 24 *kaufen, und zwar regelmäßig 50 Kilogramm pro Monat. Bitte teilen Sie mir Ihre Geschäftsbedingungen mit (Preis pro Kilogramm, Transportkosten, Zahlungsmodus und so weiter).*
Mit freundlichen Grüßen,
Dr. Hans Weiss

Antwort von Frau Zhou Hui:
Wir möchten Sie freundlicherweise darüber informieren, dass die Mindestbestellung 2 Tonnen beträgt.
Beste Grüße,
Zhou Hui

Ich erhöhte die gewünschte Bestellmenge und erhielt kurz darauf per Fax folgendes Angebot:
»Acetyl salicylic acid BP2002/ USP27 20–60 MESH
USD1.72/KG CIF VIENNA
25 KGS carton or fibre drum
Ppt shipment
T/T in advance«.

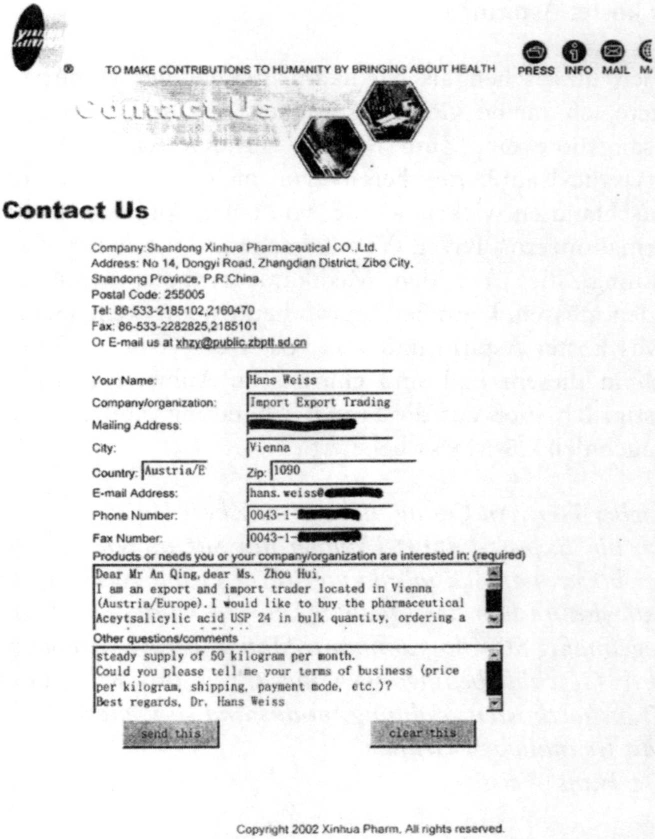

TO MAKE CONTRIBUTIONS TO HUMANITY BY BRINGING ABOUT HEALTH

PRESS INFO MAIL M.

Contact Us

Company:Shandong Xinhua Pharmaceutical CO.,Ltd.
Address: No 14, Dongyi Road, Zhangdian District, Zibo City, Shandong Province, P.R.China
Postal Code: 255005
Tel: 86-533-2185102,2160470
Fax: 86-533-2282825,2185101
Or E-mail us at xhzy@public.zbptt.sd.cn

Your Name: Hans Weiss
Company/organization: Import Export Trading
Mailing Address: [redacted]
City: Vienna
Country: Austria/E
Zip: 1090
E-mail Address: hans.weiss@[redacted]
Phone Number: 0043-1-[redacted]
Fax Number: 0043-1-[redacted]

Products or needs you or your company/organization are interested in: (required)

Dear Mr An Qing, dear Ms. Zhou Hui,
I am an export and import trader located in Vienna (Austria/Europe). I would like to buy the pharmaceutical Aceytsalicylic acid USP 24 in bulk quantity, ordering a

Other questions/comments

steady supply of 50 kilogram per month.
Could you please tell me your terms of business (price per kilogram, shipping, payment mode, etc.)?
Best regards, Dr. Hans Weiss

send this | clear this

Es war nicht schwer, diese Botschaft zu entschlüsseln. Ein Kilogramm des Aspirin-Wirkstoffes kostete 1,72 US Dollar (= 1,38 Euro). Ein lächerlicher Betrag.

Ich begann wieder zu rechnen. Aus einem Kilogramm Aspirin-Wirkstoff konnte ich 100 Packungen »Aspirin direkt Kautabletten« zum Verkaufswert von insgesamt 675 Euro herstellen. Das ergab einen Kostenanteil von 0,2 Prozent des Verkaufspreises.

Recherchen zu weiteren Medikamenten bestätigen diesen Trend. Die Kosten für die Herstellung von Medikamenten sind so niedrig, dass sie bei der Preiskalkulation bedeutungslos sind:

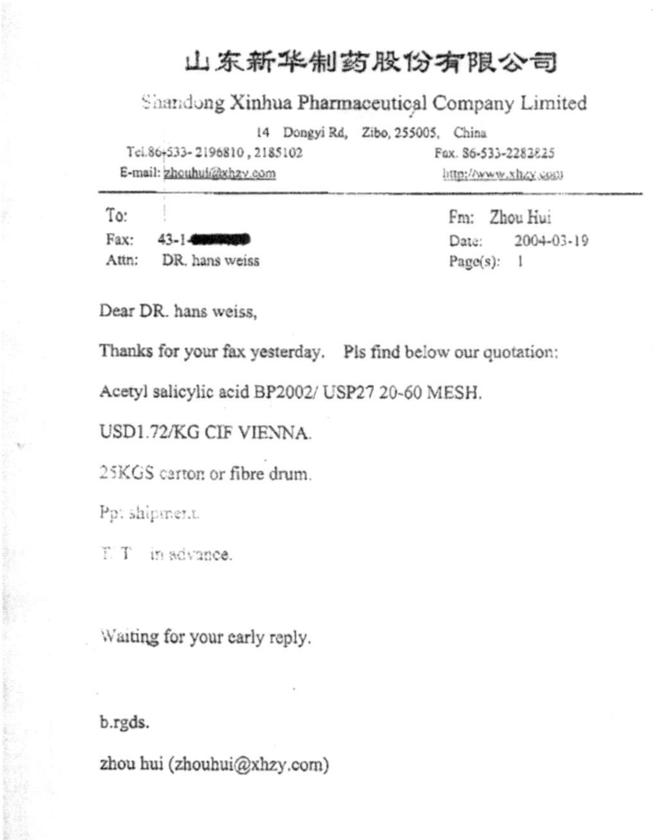

山东新华制药股份有限公司

Shandong Xinhua Pharmaceutical Company Limited

14 Dongyi Rd, Zibo, 255005, China

Tel.86-533-2196810, 2185102 Fax. 86-533-2283825

E-mail: zhouhui@xhzy.com http://www.xhzy.com

To: Fm: Zhou Hui

Fax: 43-1[redacted] Date: 2004-03-19

Attn: DR. hans weiss Page(s): 1

Dear DR. hans weiss,

Thanks for your fax yesterday. Pls find below our quotation:

Acetyl salicylic acid BP2002/ USP27 20-60 MESH.

USD1.72/KG CIF VIENNA.

25KGS carton or fibre drum.

Pp: shipment.

T. T in advance.

Waiting for your early reply.

b.rgds.

zhou hui (zhouhui@xhzy.com)

- Adalat – ein Herz-Kreislauf-Mittel von Bayer: 1,1 Prozent Kostenanteil
- Sortis – ein Cholesterinsenker von Pfizer, der sich zum umsatzstärksten Medikament in Deutschland entwickelte: 2,9 Prozent Kostenanteil
- Celebrex – ein Rheumamittel von Pfizer: 2,1 Prozent Kostenanteil
- Taxol – ein Krebsmittel des US-Konzerns BristolMyers-S-quibb: 3 Prozent Kostenanteil
- Diovan – ein Hochdruckmittel des schweizerischen Konzerns Novartis: 6 Prozent Kostenanteil

Novartis – zugeknöpft wie eine Schweizer Bank

Mit dem letzten Beispiel – Diovan – sind wir bei einem interessanten Hersteller angelangt. Novartis ist der fünftgrößte Konzern der Welt, mit ähnlich hohen Gewinnraten wie Pfizer: Jahr für Jahr 20 bis 24 Prozent vom Umsatz.[24]

Gewinnzahlen und Steuerleistungen der Tochterfirmen in Deutschland und Österreich werden geheim gehalten. Selbst die sonst so ergiebige Datenbank Amadeus enthält nur Umsatzzahlen. Auf eine Anfrage antwortete die Presseabteilung von Novartis Austria: »Wir veröffentlichen ausschließlich unsere Umsätze.« Schließlich erhielt ich die Zahlen aber doch noch – von der Novartis-Managerin. Sowohl bei der deutschen als auch bei der österreichischen Tochterfirma zeichnet sich derselbe Trend ab wie bei Pfizer: stark steigende Umsätze, aber auffallend niedrige Gewinn- und Steuerraten.

Dass die offiziellen Medikamentenkosten mit den tatsächlichen Kosten wenig zu tun haben, ergibt sich auch aus einem Stoß geheimer Marketingunterlagen, die ich ebenfalls der Novartis-Managerin verdanke. Ihre ursprünglich abwehrende Haltung hatte sie im Verlauf mehrerer Treffen aufgegeben und einiges aus dem Panzerschrank des Konzerns mitgebracht.

Die zur Verfügung gestellten Unterlagen belegen, dass Novartis einen großen Teil seiner Medikamente an Apotheken verschenkt. Ja, schlichtweg verschenkt! Geschätzter Wert: allein in Österreich 50 Millionen Euro pro Jahr! Und das bei einem ausgewiesenen Gewinn von nicht einmal einer Million Euro.

Tennisplatz, Fußballmatch, Mikrowelle

Eine interessante Lektüre im »Geschenkpaket« der Novartis-Managerin waren die »Richtlinien für Werbeausgaben«, die von Novartis-Ärztevertretern als Anleitung im Umgang mit Ärzten verwendet werden. Da steht zum Beispiel:

- »*Keine Mikrowelle, Computer etc.*« – Aber jede Regel hat ihre Ausnahmen, denn gleich anschließend daran heißt es in den Richtlinien: »*Ausnahmefälle über* TL/ADL«

– *»Wissenschaftliches Programm – Freizeitaktivitäten als nebensächlich darstellen!«*
– *»Nicht abzugsfähige Repräsentationskosten wie z. B. Theaterkarten, Karten für Fußballmatch, Tennisplatzmiete müssen mit der Bemerkung ›Produktpräsentation‹ versehen werden«*
– *»Prinzipiell ›Fortbildung‹ oder ›Präsentation Produkt XY‹ auch bei Weihnachtsfeier, Geburtstagsfeier, Praxiseröffnung, Christbaum-Aktion«*

RICHTLINIEN FÜR

"WERBEAUSGABEN"

--- Honorarnoten - es sind ausschließlich die Vordrucke "mit Steuer" zu verwenden

--- keine Mikrowelle, Computer, etc. Ausnahmefälle über TL / ADL (über Honorarnote - Honorar versteuern)

--- Wissenschaftliches Programm bei VA 4-5 Stunden (abends Kamingespräche, Morgensession, Diskussionsabend bei Abendessen etc.,) Freizeitaktivitäten als nebensächlich darstellen !

Was hat das mit unserem Buchthema zu tun? Sehr viel. Es geht hier letztlich um Steuern. Denn solche als »Werbeausgaben« getarnten illegalen Zuwendungen an Ärzte verringern den Gewinn und damit die Steuerleistung. Theaterkarten, Mikrowellenherde, Christbäume und andere Kleinigkeiten summieren sich zu Millionenbeträgen.

Allein der britische Pharmakonzern GlaxoSmithKline soll laut Ermittlungsergebnissen der italienischen Finanzpolizei im Zeitraum 1990 bis 2002 Computer, Kameras, Ferienaufenthalte oder einfach Bargeld im Wert von insgesamt 228 Millionen Euro an Ärzte verteilt haben. Firmenintern wurden diese Geschenke als »sonstige Verkaufsförderung« verbucht. Als Gegenleistung verschrieben die Ärzte vermehrt Medikamente des Konzerns. Im Juni 2004 wurde bekannt, dass die italienische Staatsanwaltschaft deshalb Anklagen gegen mehr als 4000 Ärzte vorbereitet.[25]

Sind die Italiener besonders korrupt? Überhaupt nicht! Die englische Pharma-Marketing Firma »PMLive« schreibt: »Industrieexperten weisen darauf hin, dass die von italienischen Finanzprüfern aufgedeckten Praktiken der Pharmakonzerne in ganz Europa angewendet werden – von der gesamten Pharmabranche.«[26]

Anfang des Jahres 2004 brachte der US-Generalstaatsanwalt in Washington eine Klage gegen 13 Pharmakonzerne ein, neben den drei weltgrößten Pfizer, GlaxoSmithKline und AstraZeneca auch gegen die deutschen Konzerne Bayer und Boehringer Ingelheim. Ihnen wird vorgeworfen, den Staat durch überhöhte Medikamentenpreise um »Hunderte von Millionen Dollar« geschädigt zu haben.[27] Zusätzlich forderte die US-Steuerbehörde vom britischen Konzern GlaxoSmithKline Anfang 2004 eine Summe von umgerechnet 4,2 Milliarden Euro ein. Der Vorwurf: Umgehung von Steuerzahlungen durch falsche Preisangaben bei Medikamenten. Experten schätzen, dass die von der US-Steuerbehörde eingeforderte Summe auf 5,6 Milliarden Euro anwachsen könnte.

In Deutschland ermittelt die Staatsanwaltschaft bereits seit 1990 wegen Geschenkverteilungsaktionen von Pharmafirmen. Inzwischen sind 71 Ärzte und Dutzende Firmenmitarbeiter wegen Bestechung angeklagt.

Rufe nach schärferen gesetzlichen Bestimmungen weist die deutsche Pharmaindustrie mit dem Hinweis zurück, der Verein »Freiwillige Selbstkontrolle für die Arzneimittelindustrie e. V.« sorge dafür, dass Ärzte nicht unlauter beeinflusst werden.[28] Regelverstöße werden mit maximal 250.000 Euro Strafe und einer Rüge geahndet.

Die Frage ist, ob sich milliardenschwere Konzerne davon beeindrucken lassen.

Das unmögliche Möbelhaus – wie Ikea mit dem Lizenzmodell in aller Welt Steuern spart

April 2004. Für ein paar Stunden schien es so, als ob Ingvar Kamprad der reichste Mann der Welt sei: Der Ikea-Gründer, so hatte ein schwedischer Journalist behauptet, sei durch die Kursentwicklung des Dollar am bis dahin reichsten Mann, Bill Gates, vorbeigezogen. Kamprad, so der Journalist, sei nun sagenhafte 43 Milliarden Euro schwer, Bill Gates hinke mit 38 Milliarden nach.

Wenige Stunden später kam ein Dementi aus der schwedischen Ikea-Zentrale: Alles falsch, Herr Kamprad sei ja nicht Alleineigentümer des Ikea-Konzerns.

Mag sein, dass all das – knapp – falsch war. Richtig ist allerdings, dass der in der Schweiz lebende Ingvar Kamprad mithilfe penibler Steuergestaltung im Lauf von 50 Jahren aus dem Nichts zu einem der reichsten Männer der Welt wurde.

Ikea steht – steuertechnisch gesehen – im Wesentlichen auf drei starken Säulen: Da gibt es die Ikea-Gruppe mit rund 180 Möbelhäusern in 30 Ländern der Welt. Jeder dieser Läden und auch die Konzernmutter in Dänemark führen drei Prozent ihrer Umsätze ab. Ikea meldet dazu wortkarg: »Im Geschäftsjahr 2003 betrug der Umsatz 11,3 Milliarden Euro.«

Wenn man davon ausgeht, dass drei Prozent dieser Umsätze als Lizenzgebühren[29] abzuführen waren, dann muss der zu versteuernde Gewinn der Ikea-Gruppe schon alleine durch diesen Kunstgriff um rund 350 Millionen Euro verringert worden sein. Eingenommen werden diese Lizenzgebühren von der zweiten Säule, der in Holland beheimateten »Inter Ikea Systems BV«, die die Rechte an Namen und Konzept besitzt und verwaltet.

Die Muttergesellschaft aller Unternehmen der Ikea-Gruppe ist die Ingka Holding B.V. Die wiederum steht im Eigentum der Stichting Ingka Foundation, der holländischen Privatstiftung von Ingvar Kamprad. Was bei »Inter Ikea Systems« in Holland passiert, ist aufgrund dieser Konstruktion und eines individuell mit den holländischen Finanzbehörden ausgehandelten Steuerdeals nicht im Detail nachvollziehbar. Klar ist nur so viel: Die in Holland maximal steuergeschonten Gewinne dieser Säule werden schließlich weitergeleitet an die »Inter Ikea Holding B.V« – ansässig in Curacao auf den niederländischen Antillen.

Als dritte Säule hat Kamprad die Ikano-Gruppe aufgebaut: Sie fungiert als Holding für die Bank-, Versicherungs- und Immobiliengeschäfte des Ikea-Imperiums. Dass die Ikano, die sich auch zu einem der größten Kreditkarten-Verteiler der Welt entwickelt hat, nicht in einem Hochsteuerland beheimatet ist, versteht sich von selbst: Ikano spart in Luxemburg und im schweizerischen Zug mit diversen Firmenkonstruktionen.

Ingvar Kamprad ist mittlerweile 78 Jahre alt – das hindert ihn aber nicht daran, an den Steuersparaktivitäten seines Reiches regen Anteil zu nehmen: Mehrfach schon hat er versucht, seine drei Söhne Peter (40), Jonas (37) und Matthias (35) in die hohe Schule des Geschäfts einzuführen. Bislang hat der Alte das Ruder aber immer wieder selbst in die Hand genommen. Bezahlt gemacht hat sich das in jedem Fall: Das Schweizer Wirtschaftsmagazin »Bilanz«[30] taxierte ihn auf neun Milliarden Euro persönliches Vermögen. Der reichste Schweizer ist also ein Schwede.

Firma hin, Firma her – die Steuertricks des Unilever-Konzerns

Von Hans Weiss

Ich hatte Peter vor 25 Jahren auf einer Party in London kennen gelernt. Er hatte damals eine Manager-Karriere in der Unilever-Zentrale begonnen, war voller Begeisterung und erzählte ausführlich von seinem Job. Eine Woche später traf ich mich mit ihm, und wir unternahmen eine Tour durch einige Londoner Lokale. Es war ein schöner Abend, wir verabschiedeten uns und verloren uns aus den Augen.

Als wir mit den Recherchen zu diesem Buch begannen, erinnerte ich mich an ihn. Mit Hilfe der Suchmaschine Google gelang es mir, seinen gegenwärtigen Wohnsitz ausfindig zu machen. Inzwischen gehörte er zum oberen Management von Unilever und war überraschenderweise bereit, sich mit mir zu treffen. Da er gelegentlich in Deutschland zu tun hatte, verabredeten wir uns im »Frankfurter Hof«. Ich brachte ein Foto mit, das ich während der Lokaltour in London gemacht hatte, und erzählte von diesem Buchprojekt. Er hörte interessiert zu und lachte: »Du hättest gerne, dass ich dir ein paar Firmengeheimnisse preisgebe!«

»Wie kommst du nur auf diese Idee?«

Er schüttelte den Kopf. »Warum sollte ich das tun? Nein, tut mir Leid!«

Ich sprach das Thema nicht mehr an, und es wurde ein langer, angenehmer Abend.

Beim Verabschieden zögerte er einen Moment und sagte: »Ich kann dir bei deinem Buchprojekt nicht helfen, aber ich gebe dir einen Tipp. Geh zum Handelsregister in Wien und schau dir die Unilever-Unterlagen an. Vielleicht findest du etwas, was dir weiterhilft.«

Das Wiener Handelsregister ist ein elegantes Hochhaus am östlichen Rand des Stadtzentrums, mit einer hellen, lichtdurchfluteten Vorhalle und zuvorkommenden Angestellten hinter dem offenen Informationsschalter. Jeder Besucher muss eine Sicherheitsschleuse passieren und sich durchsuchen lassen.

Die Unilever-Akte umfasst mehrere hundert Seiten und ich habe Mühe, mich zurechtzufinden. Plötzlich fällt mir auf, dass die Firma *Unilever Österreich* an einem einzigen Tag – am 30. September 2002 – mehrfach den Besitzer gewechselt hat.

Ein merkwürdiger Vorgang.

Warum wird ein Unternehmen mit einem Jahresumsatz von 470 Millionen Euro und einem Gewinn von 24 Millionen Euro an einem einzigen Tag mehrere Male von einem Besitzer zum nächsten geschoben, um am Ende wieder zum ursprünglichen Besitzer zurückzukehren?

In welcher Reihenfolge die Besitzer wechseln, lässt sich aus den Unterlagen nicht nachvollziehen. Ich nehme ein Blatt Papier zur Hand und versuche Ordnung in die zahlreichen Vorgänge zu bringen. Am 30. September 2002 erscheinen folgende Firmen als Einzelbesitzer von *Unilever Österreich*:

- KHE Investment B. V. Rotterdam – wie ich später herausfinde, handelt es sich hier um eine holländische Tochterfirma des Unilever-Konzerns
- Unilever N. V. Rotterdam – die Muttergesellschaft des Konzerns
- Marga B. V. Rotterdam – eine weitere Tochterfirma
- Mixhold B. V. Rotterdam – ebenfalls eine Tochterfirma von Unilever

Die Sache wird aber noch komplizierter. Am selben Tag, am 30. September 2002, wird eine zweite österreichische Unilever-Tochterfirma – die Knorr Nahrungsmittelfabrik – mit *Unilever Österreich* verschmolzen. Und in den Monaten vor und nach diesem Datum stoße ich auf weitere auffallende Ereignisse wie Kapitalerhöhungen und Kapitalverminderungen.

Ohne Peters Hilfe komme ich nicht weiter. Ich rufe ihn an und erkläre ihm, was ich gefunden habe.

»Im Jahr 2002? An einem Tag mehrere Male den Besitzer gewechselt? Da kann ich dir nicht weiterhelfen! Tut mir leid, in dieser Sache kenne ich mich nicht aus.«

Ich will nicht aufgeben, suche erneut das Handelsregister

auf und lasse mir eine Unilever-Akte heraussuchen, die im Computer als »nicht mehr aktuell« gekennzeichnet ist.

Die Erschaffung von ADAM

Es sind mehrere tausend Seiten Papier, in denen ich blättere, ohne zu wissen, wonach ich suche. Irgendwann stoße ich auf den Firmennamen »ADAM«, fange an zu lesen, und schließlich entsteht vor meinen Augen folgende Geschichte:

Am 21. Juli des Jahres 2000 begibt sich Dr. Ernst Klicka, Vorstandsdirektor der Firma Österreichische Unilever AG, ins Büro der Notarin Dr. Hertha Schimmelpfennig in der Simmeringer Hauptstraße in Wien. Dort legt er mehrere Papiere vor. Unter anderem eine Vollmacht der holländischen Unilever-Tochterfirma Marga B. V. Rotterdam, die ihn als »Machthaber« ausweist, und ein ähnliches Machthaber-Papier einer zweiten holländischen Unilever-Tochterfirma, der Saponia B. V. Rotterdam.

Diese Unterlagen werden von der Notarin überprüft, und dann gründet Dr. Klicka in ihrer Anwesenheit eine Aktiengesellschaft namens »ADAM«, mit Sitz in Wien. Das Kapital dafür kommt von den beiden holländischen Tochterfirmen in Form von Aktien. Wert: 70.000 Euro.

Der Zweck von ADAM: »Der Erwerb von und die Beteiligung an in- und ausländischen Unternehmen einschließlich der Verwaltung von Unternehmensanteilen«. Oder, wie es mein Unilever-Freund Peter später etwas unverblümter ausdrücken wird: »Eine schöne Möglichkeit, um Steuern zu sparen.«

Dr. Klicka bestimmt zunächst – alles muss seine gesetzliche Ordnung haben – drei Aufsichtsräte der Firma ADAM: Diplomkaufmann Erich Buxbaum – er ist Generaldirektor der Österreichischen Unilever AG – einen Wirtschaftsjuristen und eine kaufmännische Angestellte.

Diese drei Personen treffen sich am selben Tag – am 21. Juli 2000 – in den Räumen der Österreichischen Unilever GmbH in der Wienerbergerstraße und halten die erste Sitzung von

ADAM ab. Sie »wählen« nun – so heißt es im Wortlaut – den Unilever-Direktor Dr. Ernst Klicka und den Unilever-Finanzdirektor Dr. Günther Riessland zu Vorständen der Firma ADAM. »Machthaber« Klicka wird somit auch »Vorstand«.

Die Gründung kostet 74.632 österreichische Schilling (= 5.380 Euro), und den Großteil dieser Summe streicht die Notarin ein, nämlich 65.000 öS (= 4.724 Euro). Ein unbedeutender Betrag im Verhältnis zu dem, was Unilever damit einsackt.

Weil ich neugierig bin und wissen möchte, in welcher Umgebung die milliardenschweren Geschäfte des Weltkonzerns Unilever stattfinden, fahre ich eines Abends zur Kanzlei der Notarin Schimmelpfennig. Und erlebe eine Überraschung.

Ich betrete ein altes, schäbig wirkendes Wohnhaus und nehme denselben Weg, den Dr. Klicka geht, streife meine Schuhe an zerrissenen Teppichen ab. Das Stiegenhaus ist sauber, aber ärmlich. Es gibt keinen Lift, und so gehe ich zu Fuß in den zweiten Stock zum Eingang der Notarin Dr. Hertha Schimmelpfennig.

Da sind Töpfe, aus denen riesige Pflanzen wuchern. Um zur Tür zu gelangen, muss man sich bücken. Hier also, hinter dieser unscheinbaren Tür, finden Milliardendeals statt.

Der Machthaber

Sechs Wochen nach der Gründung von ADAM sucht Herr Dr. Klicka erneut die Kanzlei der Notarin auf und hält in ihrer Anwesenheit eine »außerordentliche Hauptversammlung« der Firma ADAM ab.

Klicka tritt bei dieser Hauptversammlung nicht als Vorstand auf, sondern als »Machthaber«. Anhand der von ihm selbst mitgebrachten Unterlagen stellt er fest, dass inzwischen die Marga B. V. Rotterdam alleinige Besitzerin von ADAM ist – die zweite holländische Unilever-Tochterfirma Saponia B. V. Rotterdam hat ihren Anteil an die Marga B. V. Rotterdam abgegeben. »Machthaber« Klicka beschließt nun im Beisein der Notarin Folgendes:

- Die Österreichische Unilever AG mit der Firma ADAM zu verschmelzen und den Vertrag zu »genehmigen«. Und zwar rückwirkend zum 31. Dezember des Vorjahres;
- das Grundkapital der ADAM von 70.000 Euro auf 10 Millionen Euro zu erhöhen (die Aktien dafür kommen wiederum von der Marga B.V. Rotterdam);
- die Satzung von ADAM zu ändern;
- festzustellen, dass mit Ende dieser Sitzung alle drei Aufsichtsräte ihre Funktion zurückgelegt haben. – Bei diesem Vorgang könnte sich der Eindruck einstellen, Aufsichtsräte seien nützliche Idioten – aber das ist gewiss nicht der Fall. Laut Gesetz sind Aufsichtsräte dazu da, alle wesentlichen Entscheidungen des Vorstandes zu kontrollieren.

Am Ende »beschließt« Dr. Klicka, vier neue Personen in den Aufsichtsrat zu »wählen«. Von »wählen« im üblichen Sinn kann hier natürlich keine Rede sein, aber schließlich schreibt das Gesetz für diesen Vorgang eine »Wahl« vor. Einer der vier Aufsichtsräte ist Universitätsprofessor Dr. Helmut Kramer, Leiter des renommierten »Wiener Instituts für Wirtschaftsforschung«.

Jedenfalls herrscht am 8. September 2000 in der Kanzlei der Notarin Dr. Hertha Schimmelpfennig ein reges Kommen und Gehen. Dr. Klicka ist bemüht, den Überblick über all die Papiere zu behalten, die er der Notarin in der richtigen Reihenfolge vorlegt und unterschreibt. Einmal geschieht dies in seiner Funktion als »Machthaber« von Unilever Österreich, dann als »Machthaber« von ADAM, dann wieder als Vorstandsdirektor, als Aktionärsvertreter oder als Spezialbevollmächtigter.

Weil alles seine gesetzliche Ordnung haben muss, schreibt die Notarin: »Der Aktionärsvertreter Herr Doktor Ernst Klicka stellt fest, dass im Aktienbuch der Gesellschaft die Marga B.V. als alleinige Aktionärin der Österreichischen Unilever AG mit Aktien im Nominale von 70.000 Euro eingetragen ist. Da die Marga B.V. durch ihn ordnungsgemäß vertreten ist und er mit der Abhaltung dieser Hauptversammlung einverstanden ist, erscheint diese Hauptversammlung auch ohne Einhaltung von Formvorschriften beschlussfähig.«

Das ist schön formuliert, aber letztlich geht es hier schlicht und einfach ums Geld oder besser gesagt darum, wie Unilever Steuern spart.

ADAM wird nicht lange leben. Die Firma wird am 21. Juli 2000 gegründet und mit viel Geld ausgestattet, um am 8. September die Firma Unilever Österreich zu schlucken. Der Name »Unilever Österreich« verschwindet an diesem Tag für wenige Minuten oder Stunden zugunsten von ADAM – und noch am selben Tag wird ADAM wieder zurückgetauft in »Unilever Österreich«. Seither ist ADAM verschwunden und bis heute nicht wieder aufgetaucht, jedenfalls nicht im Reich von Unilever Österreich. Das klingt ein wenig nach Hokuspokus – wie wenn der Zauberer ein Kaninchen aus dem Hut zieht und es dann vor aller Augen wieder verschwinden lässt.

Hin und her, hin und her

Erst bei näherem Hinsehen fällt mir auf, dass im Rahmen der Namensänderung von Unilever zu ADAM und wieder zu Unilever noch ein weiteres kleines Namensspielchen passiert ist: von »Unilever GmbH« zu »Unilever AG« und wieder zurück in »Unilever GmbH«. Dass es sich um einen Irrtum handeln könnte, der wieder rückgängig gemacht wird, kann man ausschließen, denn aus einer dazugehörigen Rechnung, die mir vorliegt, sehe ich, dass allein die Umwandlung der GmbH in eine AG Notariatskosten von rund 25.000 Euro verursacht hat. Aus Jux und Tollerei gibt ein Weltkonzern wie Unilever sicher nicht so viel Geld für eine Notarin aus.

Die Umwandlung der Unilever GmbH in eine AG wird am 8. August 2000 von Klicka in einer Generalversammlung beschlossen, bei der nur er selbst und die Notarin Schimmelpfennig anwesend sind.

Am 2. Oktober 2000 geht dann alles wieder retour. An diesem Tag »versammelt« sich nämlich Herr Doktor Klicka in der Kanzlei der Notarin Schimmelpfennig und »beschließt« in einer »außerordentlichen Generalversammlung« die Rückverwandlung der Österreichischen Unilever AG in eine GmbH. Klicka tritt als »Machthaber« der Marga B. V. Rotterdam auf

– die ist zu diesem Zeitpunkt Eigentümerin der Österreichischen Unilever AG.

Die üblichen Formalitäten werden festgehalten: Die Eigentümerin ist durch Klicka bei dieser »Generalversammlung« ordnungsgemäß vertreten, er ist mit der Abhaltung der Hauptversammlung einverstanden, und da er der »Machthaber« ist, verzichtet er großzügig auf die Einhaltung der Formvorschriften. Je weniger Personen an solchen Vorgängen beteiligt sind, umso schneller geht es. Vor den Augen der Notarin muss er noch ein paar Papiere unterschreiben – einen Gesellschaftsvertrag; eine Bestätigung, dass die vier Aufsichtsratsmitglieder der Unilever AG auch Aufsichtsräte der GmbH sind und dass die Vorstände der AG nunmehr Geschäftsführer der GmbH sind.

Am Ende fertigt die Notarin noch ein Protokoll an, das von Klicka »gelesen, genehmigt und unterfertigt« wird.

Warum das alles? Was steckt dahinter? Ich versuche erneut, von Peter eine Antwort zu erhalten. Wider Erwarten lässt er sich zu einem weiteren Treffen überreden, und so sitze ich mit ihm irgendwann im Frühjahr 2004 im feinen Restaurant des Hotels Dorchester im Zentrum Londons. Ich habe die kopierten Unterlagen aus dem Wiener Handelsregister mitgebracht und breite sie vor Peter aus.

Zu meiner großen Überraschung erklärt er, dass er ebenfalls einige Papiere mitgebracht habe. Zufällig, ganz zufällig kenne er sich bei dieser ADAM-Sache ein wenig aus. Aber bevor wir weiterreden, müsse ich schwören, seine Identität niemals zu verraten. Und dass im Buch keine Hinweise erscheinen, die ihn gefährden könnten.

Einige Details dieser Geschichte sind also verändert. Es war nicht London, es war nicht das Dorchester; es war auch nicht Frankfurt, und es war nicht der Frankfurter Hof. Und Peter ist nur ein Deckname. Aber das sind belanglose Details in dieser Geschichte.

»Also«, beginnt er, »bei ADAM ging es um Folgendes: Unilever Österreich war eine Firma, die damals, im Jahr 2000, sehr hohe stille Reserven besaß. Das ist Vermögen, das nicht so ohne weiteres sichtbar ist, jedenfalls nicht in der Bilanz. Das ist zum Beispiel Know-how! Jedenfalls wollte die Unilever-Zentrale diese stillen Reserven von Österreich nach Holland schaffen, und zwar möglichst steuerschonend. Wie macht man so etwas?

Man gründet eine neue Firma mit geringer Eigenkapitalausstattung – die ADAM. Die erwirbt dann Unilever Österreich, und zwar – das ist der Trick an der Sache – mit einem teuren Darlehen, das von der Unilever-Zentrale kommt. Danach werden die beiden Tochterfirmen – ADAM und Unilever Österreich – miteinander verschmolzen. Grob ausgedrückt könnte man sagen: ADAM frisst Unilever Österreich. Aber das ist nur ein kurzfristiger Deckname, der nach der Verschmelzungsaktion nicht mehr gebraucht wird. Danach wird ADAM sofort wieder in Unilever Österreich umgetauft.

Das Raffinierte an diesem Vorgang sind noch ein paar kleine Puzzlestücke, die nicht im Firmenbuch stehen. Die kriegst du jetzt von mir.«

Peter zieht einige Kopien aus der Innentasche seines Jacketts, entfaltet sie und legt sie vor mich hin. »Hier! Das ist der Vertrag, mit dem ADAM alle Aktien der Unilever Österreich zum Kaufpreis von 4.785.000.000 österreichischen Schillingen [= 350 Millionen Euro] erwirbt. Der Vertrag ist datiert auf den 23. beziehungsweise 28. August des Jahres 2000. Das Geld für diesen Kauf kommt von einem Darlehen, das die Londoner Zentrale Unilever PLC der ADAM gibt, mit Datum vom 4. Oktober 2000.«

Peter übergibt mir auch Kopien dieses Vertrags. Daraus geht hervor, dass es sich um eine Summe von 4.345.502.740 österreichischen Schillingen handelt (= 315 Millionen Euro).

Peter fährt mit seinen Erklärungen fort: »Der Trick bei dieser Sache ist: Durch die Verschmelzung von Unilever mit ADAM können die Zinsen für das Kaufdarlehen steuerlich abgesetzt werden. Das verringert die Steuerleistung in Österreich. Die entsprechenden Zinseinnahmen des Darlehens, die meine Firmenzentrale hier in London verbucht, fallen steuerlich nicht ins Gewicht. Denn England ist für derartige Vorgänge eine Steueroase.«

»Habe ich das richtig verstanden?«, frage ich. »Die Firma Unilever Österreich kauft sich selbst und bezahlt dafür einen sehr hohen Preis – durch die hohen Zinsen für das Darlehen.«

»Genauso ist es! Finanzfachleute nennen so etwas einen upstream-merger. Auf diese Art und Weise fließt Vermögen von Unilever Österreich langsam und steuerfrei nach England.«

Unsere Unterhaltung wird unterbrochen durch den Kellner, der das Essen serviert. Ich habe noch eine Frage auf der Zunge: »Verrat mir noch, wie hoch die Zinsen sind, die insgesamt bezahlt wurden!«

»Nein!« Peter hebt abwehrend die Hände. »Ich hab dir genug gesagt. Das genügt.«

»Wie viel Steuern hat sich Unilever Österreich mit ADAM erspart?«

Peter schüttelt den Kopf: »Nein! Keine weiteren Fragen mehr. Lass uns jetzt einfach das Essen genießen! Sollen wir noch Wein bestellen? Der ist gut, findest du nicht?«

Den Beschäftigten der Firma Unilever, um die es hier eigentlich geht, können alle diese Vorgänge ziemlich egal sein. Sie erfahren nichts von dem, was in Rechtsanwaltskanzleien, Notariaten und anderen Räumlichkeiten ausgeheckt und mit viel Papier besiegelt wird. Sie arbeiten wie eh und je, und die vielen komplizierten Vorgänge sind höchstens für das Finanzamt von Interesse, falls das Finanzamt überhaupt begreift, was da gespielt wird. Schließlich hat ja alles seine Ordnung. Und dass alles so kompliziert ist, ist durchaus beabsichtigt.

Ich will von Peter noch wissen, ob Unilever solche Tricks auch in Deutschland anwendet.

Er weicht aus: »Auch in Deutschland gibt es komplizierte gesetzliche Bestimmungen zur Umgründung von Unternehmen.«

Das Handelsregister in Hamburg

Ich fahre zum Handelsregister nach Hamburg. Aber dort herrschen andere Regeln als in Wien. Ein Großteil der Akten, die ich telefonisch vorbestellt habe, bekomme ich gar nicht zu sehen. »Das ist nicht mehr aktuell«, wird mir erklärt.

»Warum haben Sie mir das nicht am Telefon gesagt?«

Die Angestellte zuckt die Schultern. »Sie können diese Akten ja bestellen, aber ich sage Ihnen gleich: Das wird viele Wochen dauern, bis wir das herausgesucht haben.«

Es klingt, als wolle sie sagen: Geben Sie es auf, diese Akten kriegen Sie nie zu sehen.

Sie fertigt mich ab: »Was wollen Sie? Das hier ist das größte Handelsregister Deutschlands. Wir haben Wichtigeres zu tun, als alte Akten herauszusuchen.«

Die »alte« Akte stammt aus dem Jahr 2003.

Obwohl ich also nur einen kleinen Teil der deutschen Handelsregister-Unterlagen zur Verfügung habe, stoße ich auch hier auf Umgründungsvorgänge und auf dieselben Unilever-Tochterfirmen wie bei den österreichischen Unterlagen:

Als Besitzer der Bestfoods Markenartikel GmbH tauchen wieder die bekannten holländischen Unilever-Tochterfirmen Mixhold B. V. und Marga B. V. auf.

Und aus einem Prüfbericht der Beratergesellschaft PricewaterhouseCoopers vom Januar 2004 geht hervor, dass am 1. Oktober 2003 die Firma Unilever Deutschland GmbH mit der Firma Bestfoods Markenartikel GmbH verschmolzen wurde.

Unilever Deutschland GmbH hatte zum Zeitpunkt der Verschmelzung gegenüber anderen Unilever-Firmen insgesamt 9,9 Milliarden Euro Schulden. Eine riesige Summe, aus der sich enorm hohe Zinszahlungen ergeben. Im Prüfbericht von PricewaterhouseCoopers wird allein für den Zeitraum 1. Januar bis 30. September 2003 eine Zinssumme von mehr als 335 Millionen Euro genannt.

Am Beispiel der Firma ADAM haben wir beschrieben, welche Folge solche Zinszahlungen haben: eine Steuerverminderung im Land der Unilever-Tochter, die Zinsen bezahlen muss. Und eine steuergünstige Gewinnerhöhung im Land jener Unileverfirma, die die Zinsen kassiert.

Man kann vermuten, dass es im Fall der deutschen Unilever-Firmen nicht anders ist.

Fragen an einen Finanzfahnder

Weil Peter mir nicht erklären konnte oder wollte, warum Unilever Österreich an einem einzigen Tag, am 30. September 2002, dreimal den Besitzer wechselte, nehme ich über Umwege vertraulichen Kontakt mit einem hochrangigen Steuerfahnder auf.

Er weiß es auch nicht: »Tut mir Leid, ich bin nicht bewandert in Firmenumgründungen. Das ist etwas für Spezialisten. Ich zeige Ihnen etwas!«

Er geht zu einem Schrank, öffnet die Türe und holt vier dicke, gebundene Bücher heraus. »Das ist das Firmenumgründungsgesetz samt praktischen Beispielen und Interpretationen. 3000 Seiten! Es ist so kompliziert, dass nur ganz wenige Personen sich wirklich auskennen, vielleicht drei, vielleicht fünf.« Er schlägt eine Seite auf und ich sehe nur Paragraphen. Er liest mir einen beliebigen Absatz vor:

»UmgrStG §9 idF BgBl I 2001/144, 3. Teil Übergangs- und Schlussbestimmungen

6. a) § 2 Abs. 5, §3 Abs. 4, §4 Z.1, §5 Abs. 7 Z. 1, § 8 Abs. 5, § 9 Abs. 4 Z. 1, § 10 Z. 1 lit. A, § 12, §13 Abs. 1, §16 Abs. 5 Z. B. 3, § 17 Abs. 2, § 18 Abs. 3, § 18 Abs. 4 Z. 1, § 19 Abs. 2 Z 5, § 20 Abs 7, § 21 Z. 1, § 23 Abs 1, § 24 Abs. 1, § 28 und § 30 Abs. 3, jeweils in der Fassung des Bundesgesetzes BGBl, Nr. 797/1996, sind erstmalig auf Umgründungen anzuwenden, denen ein Stichtag nach dem 31. Dezember 1996 zugrunde liegt.«

Er lacht: »Verstehen Sie das? Das ist Absicht! Niemand außer ein paar wenigen Spezialisten soll begreifen, worum es hier geht. Dieses vierbändige Werk haben zwei Leute geschrieben: Werner Wiesner – er ist Ministerialrat im Finanzministerium in Wien und als Abteilungsleiter zuständig für das Umgründungssteuerrecht – und Walter Schwarzinger, er ist ein prominenter Steuerberater und gilt als Guru bei Umgründungen. Wenn Sie Firmenvermögen ganz legal an der Steuer vorbeischleusen wollen, dann müssen Sie zu dem gehen. Der kennt sich wirklich aus.«

»Aber«, wende ich ein, »warum gibt es Gesetze, die so etwas erlauben? Welchen Vorteil hat der Staat dadurch?«

Da sei, erklärt mir der Steuerfahnder, wohl etwas schief gelaufen – wie das eben bei vielen Steuergesetzen passiere. Und er erläutert die Hintergründe:

Das Gesetz zur Umgründung von Firmen wurde Anfang der neunziger Jahre geschaffen. Es sollte verhindern, dass eine Firma zugrunde geht, wenn sie innerhalb der Familie weitervererbt wird. Herausgekommen ist aber etwas ganz anderes: eine unglaubliche Förderung von Konzernen, nachdem bekannte Wirtschaftskanzleien mit Umgründungen ein großes Steuerverringerungsspiel in Gang gesetzt haben.

Mit Hilfe von Umgründungen schafft man es, immaterielles Firmenvermögen in Form von Lizenzen und Know-how steuerschonend an eine ausländische Tochterfirma zu verkaufen, die in einem Steuerparadies angesiedelt ist; üblicherweise Holland oder Irland. Die stellt das der österreichischen Gesellschaft dann wieder zur Verfügung, natürlich gegen eine hohe Lizenzgebühr.

Das bedeutet: In Österreich ist die Lizenzgebühr eine Betriebsausgabe und damit gewinn- und steuermindernd. Für die holländische oder irische Tochterfirma wird die Lizenzgebühr als Einnahme verbucht. Aber weil man dort fast keine Steuern zahlt, fällt das nicht ins Gewicht. Es vergrößert sich der Gewinn – der bleibt aber in der Familie.

»In diesem Fall also beim Unilever-Konzern?«, frage ich.

»Ich weiß nicht, ob in diesem Fall eine Lizenz oder Know-how verschoben wurde. Das kann ich aus diesen Unterlagen nicht herauslesen. Aber was immer der Zweck dieser Umgründungen war – Unilever hat vermutlich sehr viel Geld damit gewonnen.«

»Ist dieses Hin- und Herschieben an einem einzigen Tag gesetzlich erlaubt? Als naiver Mensch hat man den Eindruck: Da ist irgendetwas faul an der Sache!«

»Das ist alles legal. Die Firmen müssen sich nur an die Regeln halten. Die sind natürlich sehr kompliziert, und dazu braucht man Spezialisten, die alle Details aushecken und in entsprechende Verträge umsetzen. Damit alles juristisch wasserdicht gemacht wird, gibt es Seminare mit Spezialisten, wo das alles besprochen und verfeinert wird.« (Siehe »Insidertipps«, S. 195 ff.)

Ein Unilever-Vorstandsdirektor droht

Ich möchte wissen, was Unilever Österreich zu den Umgründungen zu sagen hat, und schicke eine E-Mail an die verantwortliche Pressefrau:

»Ich arbeite an einem Sachbuchprojekt zum Thema Steuerpolitik und Steueroptimierung von Konzernen in Europa. In diesem Zusammenhang bin ich auf Umgründungsvorgänge von Unilever Österreich gestoßen, zum Beispiel auf Firmenverschmelzungen und Eigentümerwechsel im September 2003 sowie auf eine Verschmelzung von Unilever Österreich mit der neu gegründeten Firma ADAM im Sommer des Jahres 2000.

Aus den im Firmenbuch Wien aufliegenden Unterlagen entnehme ich, dass Ihr Syndikus Herr Dr. Ernst Klicka eine maßgebliche Rolle bei diesen Vorgängen gespielt hat. Ich ersuche um einen Interviewtermin mit Herrn Dr. Klicka zu diesem Thema.«

Eine Woche später habe ich immer noch keine Antwort erhalten. Ich rufe die Pressefrau an, und nach einigen Umwegen meldet sich Dr. Klicka. Seine Stimme ist voller Empörung: »Ich sage Ihnen gar nichts, weder schriftlich noch telefonisch! Diese Dinge gehen Sie überhaupt nichts an. Über konzerninterne Angelegenheiten geben wir keine Auskunft. Wie kommen Sie überhaupt zu diesen Informationen? Das ist alles geheim!«

»Die Umgründungsvorgänge stehen in der Handelsregister-Akte, und die ist öffentlich zugänglich.«

Die Stimme Klickas wird lauter: »Jedenfalls sage ich Ihnen nichts. Über finanzpolitische oder strategische Entscheidungen gebe ich keine Auskunft.«

»Ich finde es interessant, dass die Firma Unilever Österreich im Jahr 2002 an einem einzigen Tag dreimal den Besitzer wechselt. Ich möchte Sie fragen, warum.«

»Das stimmt überhaupt nicht, wie kommen Sie darauf? Ich mache Sie darauf aufmerksam, dass Sie sich sehr gut überlegen sollten, was Sie schreiben.«

»Ist das eine Drohung? Wenn Sie keinen Kommentar dazu abgeben wollen, ist das Ihre Sache. Dann schreibe ich das eben.«

»Dann schreiben Sie das eben. Aber Sie werden die Konsequenzen zu tragen haben!«

Der Direktor des österreichischen Wirtschaftsforschungsinstitutes, Professor Helmut Kramer, sitzt nebenberuflich im Aufsichtsrat von Unilever Österreich und ist im Gegensatz zu Dr. Klicka ohne weiteres bereit, ein Interview zu geben.

Warum wechselt Unilever Österreich am 30. September des Jahres 2002 mehrfach den Besitzer?

Professor Kramer: »Das hatte eindeutig steuerliche Gründe. Das wurde im Aufsichtsrat ja besprochen. Es ging um die Übernahme der Firma Knorr durch Unilever. Ich gehe davon aus, dass alles ganz legal abgelaufen ist. Wenn ich mich richtig erinnere, war Unilever einen Tag lang eine AG und wurde dann wieder eine GmbH. Es gab keine sachliche Motivation dafür, sondern nur eine steuerliche. Wenn das eine Möglichkeit ist, Steuern zu sparen – warum nicht? Die Politik erlaubt das! Alle Konzerne nützen diese Möglichkeiten.«

»Zwei Jahre vorher gründete Unilever eine Firma mit Namen ADAM. Zu welchem Zweck?«

»Ach, die ADAM … das war eine Eintagsfliege! Das hatte ausschließlich steuerliche Gründe. Alle im Aufsichtsrat waren informiert, auch die Betriebsräte.«

Auch die Betriebsräte!

Strohmänner – der Elektronikkonzern Canon zeigt, wie es bei den Steuern noch tiefer geht

Wasser fließt immer abwärts. Die Steuern der Konzerne scheinen einer ähnlichen Gesetzmäßigkeit zu folgen: immer abwärts, immer tiefer, egal, in welchem Land. Aus einer ergiebigen Geldquelle ist ein dünnes Rinnsal geworden, das nur noch wenig zur Finanzierung der gesellschaftlichen Infrastruktur beiträgt.

Wer glaubt, noch weniger sei kaum möglich, irrt. In Deutschland und Österreich sorgen Dutzende von hoch bezahlten Spezialisten dafür, den Konzernen ständig neue Steuersparmodelle schmackhaft zu machen.

1 bis 5 Prozent Gewinn

Einer dieser Spezialisten ist der österreichische Wirtschaftsprüfer Dr. Herbert Greinecker von der internationalen Beraterfirma PricewaterhouseCoopers. Er hält Seminare darüber ab, wie man Tochterfirmen internationaler Konzerne von einer Vertriebs- in eine Kommissionärsstruktur umwandelt.

Eine Vertriebsstruktur ist die herkömmliche Art, Waren zu verkaufen. Beispielsweise kaufte die deutsche Tochterfirma des Elektronikkonzerns Canon ihre Ware von einer anderen Canon-Tochterfirma im Ausland ein und verkaufte sie in eigener Verantwortung auf dem deutschen Markt weiter. Damit erzielte Canon üblicherweise Gewinne zwischen 1 und 5 Prozent des Umsatzes und versteuerte den Gewinn in Deutschland.

Weil aber der offizielle Steuersatz für diesen Gewinn relativ hoch ist – in Deutschland inklusive Gewerbesteuer durchschnittlich 38 Prozent, in Österreich 34 Prozent (ab dem Jahr 2005 nur noch 25 Prozent), haben sich Canon und viele andere Firmen überlegt, wie man den Gewinn und damit die Steuer in Ländern wie Deutschland und Österreich noch weiter herunterschrauben kann.

Steuerspezialisten empfehlen eine verblüffend einfache Lösung, die bereits in den neunziger Jahren von US-Konzernen entwickelt wurde.

Deutsche und österreichische Tochterfirmen machen beim Vertrieb nicht mehr alles selber, sondern verlagern bestimmte Aufgaben in Länder mit niedrigeren Steuersätzen.

> Als günstige Standorte für die zentrale Steuerung bestimmter Firmenaufgaben nennen Steuerspezialisten den Kanton Zug in der Schweiz (17 Prozent Steuern), Irland (12,5 Prozent Steuern), Malta (4,17 Prozent Steuern) oder Zypern (4,25 Prozent Steuern). Wer die Gewinne dorthin verlagert, verringert auch die Steuern.

Wie geschieht diese Gewinnverlagerung? Das ist im Prinzip eine einfache Sache: Man wandelt die deutsche (oder österreichische) Tochterfirma von einer Vertriebsfirma in eine Servicegesellschaft um. Diese verkauft in eigenem Namen, aber auf Rechnung der Konzernzentrale. Zu derartigen Umstellungen gehört auch, dass es plötzlich keine deutsche Telefonzentrale mehr gibt, sondern ein Callcenter in Irland oder Indien. Und als Kunde wundert man sich, dass da jemand am Apparat ist, der mit einem fremden Zungenschlag spricht.

Das Kapital sucht sich eben jene Orte, wo es am besten blüht und gedeiht.

Nach außen hin – für die Kunden – ändert sich kaum etwas, außer dass im Schadensfall Reparaturen länger dauern, weil die Ware an die Zentrale im Ausland verschickt werden muss. Aber, Hauptsache, man erhält die Waren, die man haben möchte, zu einem möglichst günstigen Preis.

Egal ob die Tochterfirma eines internationalen Konzerns nun mit einer Vertriebs- oder Kommissionärsstruktur verkauft: Am Umsatz ändert sich jedenfalls kaum etwas.

»Die Umstellung auf Kommissionärsstrukturen war in den neunziger Jahren bei US-Multis sehr in Mode«, schreibt der Steuerspezialist Shaun Murphy von der internationalen Beraterfirma KPMG in der Zeitschrift »Tax Monitor«. Er erklärt ganz ungeschminkt, worum es dabei geht: »Wenn Sie mit einem Kommissionär Geschäfte machen, glauben Sie, dass Sie nur mit ihm zu tun haben. Er wird Ihnen nicht sagen, dass die Waren, die er Ihnen verkauft, gar nicht ihm gehören und dass er nur eine Art Strohmann ist. Er trägt bei diesem Geschäft keinerlei Risiko und deshalb hat er auch keine hohen Gewinne. Er erhält nur eine Prämie. Die Gewinne werden dort gemacht, wo das Risiko liegt – und dafür sucht sich ein multinationaler Konzerne ein Land, wo die Steuern niedrig sind.«[31]

Alle internationalen Beraterfirmen bieten Hilfe bei der Umstellung auf Kommissionärsstrukturen an und weisen auf die steuerlichen Vorteile hin:

- Die Steuerspezialisten der Beraterfirma Ernst & Young haben sich überlegt, wie ihre Kunden, die multinationalen Konzerne, ihre Gewinne steuerschonend in die neuen EU-Länder transferieren können: »Eine Lösung ist die Verwendung von Kommissionärsstrukturen.«[32]
- Die Steuerabteilung der Beraterfirma PriceWaterhouseCoopers in einem Angebot an Konzerne in Osteuropa:[33] »Wir haben langjährige Erfahrungen bei der Umstellung auf steuereffiziente Kommissionärsstrukturen. Wir helfen Ihnen bei der Analyse aller Bedingungen, die notwendig sind, um einen geschäftlichen Erfolg zu gewährleisten.«
- Und die Beraterfirma Deloitte & Touche weist in ihrem Newsletter darauf hin, dass es bei der Umstellung auf Kommissionärsstrukturen auch darum geht, die Zahlung von Mehrwertsteuer zu vermeiden.[34]

0,1 bis 0,5 Prozent Gewinn

Ein hochrangiger Finanzfahnder machte uns darauf aufmerksam, dass besonders die großen Elektronikfirmen dabei sind, ihre Vertriebsfirmen auf diese Art umzustellen. Die größten dieser Branche heißen Sony, Samsung, Panasonic, Sharp. Und Canon – ein japanischer Konzern, der sich vor allem mit Kameras und Kopiergeräten einen Namen gemacht hat.

In einer Firmenunterlage der europäischen Zentrale von Canon aus dem Jahr 2002 heißt es nüchtern: »Canon Europa plant eine paneuropäische Reorganisation ihres Vertriebssystems innerhalb ihrer Tochtergesellschaften. Das gegenwärtige Einkaufs- und Vertriebssystem für Konsumgüter [wird] durch eine Kommissionärsstruktur ersetzt. Hierbei übernehmen die Tochtergesellschaften die Rolle von Verkaufskommissionären. Canon Europa übernimmt die direkte Verantwortung für die Belieferung der Kunden und die Rechnungsstellung.«[35]

Diese Umstellung wird, so versichert Canon, »keine wesentlichen Auswirkungen auf Management, Mitarbeiter und Kunden« haben. Also nur eine kleine Namensänderung ohne große Bedeutung. Statt »Vertrieb« heißt es nun »Kommission«.

Für die Finanzämter wird diese kleine Änderung allerdings dramatische Auswirkungen haben, prophezeit unser Finanzfahnder. Denn die Gewinne und damit die Steuerleistungen der Tochterfirmen werden in Ländern wie Deutschland und Österreich dramatisch sinken. Wurden bisher Gewinne von 1 bis 5 Prozent des Umsatzes erzielt, werden es nach der Umstellung nur noch 0,1 bis 0,5 Prozent sein. Und im selben Ausmaß werden die Steuern sinken.

In welchem Land aber bleiben die Gewinne dann hängen? Denn Canon führt diese Umstellung ja nicht durch, damit am Ende und insgesamt kleinere Gewinne erzielt werden. Dreimal darf man raten. Es ist ein europäisches Land, das bei Konzernen als eine der besten Steueroasen gilt – Holland.

Nicht zur Veröffentlichung bestimmt

Machen wir die Probe aufs Exempel. Wenn es stimmt, was der Finanzfahnder erzählt hat, dann müssen die Gewinne der europäischen Tochterfirmen von Canon drastisch sinken und die Gewinne der Zentrale Canon Europa N. V. in Holland drastisch steigen. Ein Blick in die Datenbank AMADEUS bringt eine Enttäuschung. Für die deutschen und österreichischen Tochterfirmen gibt es nur Umsatzzahlen, aber weder Gewinnzahlen noch Angaben zur Steuerleistung.

Und der Weg zu den Handelsregistern in Krefeld (für Canon Deutschland) und Wien (für Canon Österreich) führt uns auch nicht weiter. Die letzten Bilanzen stammen aus dem Jahr 2001. Die Umstellung von Vertrieb auf Kommission erfolgte in Deutschland erst im Jahr 2003. Wann sie in Österreich erfolgte – oder erfolgen wird –, wissen wir nicht.

Was tun? Wir versuchen zunächst auf offiziellem Weg, an neuere Daten heranzukommen, und schicken eine Anfrage an die Öffentlichkeitsabteilung von Canon Deutschland. Ergebnis: »Vielen Dank für Ihr Interesse an unserem Unternehmen. Leider können wir Ihnen keine Gewinn- und Verlustrechnung zukommen lassen, da wir als GmbH diese nicht zur Veröffentlichung erstellen.«

Das entspricht nicht ganz den Tatsachen. Denn die Gewinn- und Verlustrechnung der Canon Deutschland GmbH wird selbstverständlich veröffentlicht. Zwar nicht in einer Zeitung, aber immerhin wie vorgeschrieben als Bilanz beim Handelsregister in Krefeld. Und dort kann jeder, der sich dafür interessiert, Einsicht nehmen und Kopien anfertigen – übrigens auf einem sündteuren Canon-Kopiergerät. Jede Kopie kostet 35 Cent.

Angestellte der Handelsregister in Krefeld und auch in Wien machen uns darauf aufmerksam, dass wir einen Antrag auf Einsichtnahme der Bilanzen 2002 und 2003 stellen können. Das ermöglicht dem Handelsregister eine Einmahnung dieser Unterlagen bei der Firma. Bis die darauf reagiert, kann es allerdings noch viele Wochen oder Monate dauern. Zu spät für dieses Buch.

Unsere Insider-Kontakte halfen uns in dieser Sache auch nicht weiter. Mehr Glück hatten wir im Internet. Wir fanden heraus, dass die englische Tochterfirma von Canon ebenfalls bereits auf ein Kommissionärssystem umgestellt und auch Daten zur Gewinnentwicklung und Steuerleistung veröffentlicht hat. Und damit konnten wir die Voraussage des Finanzfahnders überprüfen.

Die englische Tochter von Canon, Canon UK Limited, führte das Kommissionärssystem bereits im Jahr 2002 ein. Dazu schreibt die Firma:

»In unserem Jahresbericht veröffentlichen wir keine detaillierte Gewinnanalyse, weil das nach Meinung der Firmendirektoren nachteilig für uns wäre.«[36]

Das, was veröffentlicht wurde, genügt jedoch für unsere Beweisführung. Im Jahr 2001, vor Einführung der Kommissionärsstruktur, wurde ein Umsatz von 801 Millionen Euro und ein Gewinn von 33,4 Millionen Euro erzielt. Im Jahr 2002 wurde mit Hilfe der Kommissionärsstruktur ein Umsatz von rund 638 Millionen Euro, aber nur noch ein Gewinn von 1,4 Millionen Euro erzielt.

Ein voller Erfolg

Der drastisch gesunkene Gewinn bedeutet in Wirklichkeit einen enormen Erfolg für die europäische Zentrale Canon Europa N.V. in Holland – eine Steueroase für internationale Holdinggesellschaften. Zwar fiel auch dort der Umsatz aufgrund der Wirtschaftslage geringfügig, von 7,4 Milliarden Euro im Jahr 2001 auf 7,2 Milliarden Euro im Jahr 2002. Aber im Gegensatz zur englischen Tochterfirma stieg der Gewinn rasant an und vervierfachte sich beinahe, von 40 Millionen Euro auf 150 Millionen. Die Steuerleistung von Canon hatte sich aber nur verdoppelt, von 35 Millionen Euro auf 65 Millionen Euro.

Und da Holland unter bestimmten Bedingungen eine Steueroase ist, war für Canon am Ende des Jahres 2002 alles eitel Wonne. Große Konzerne können in Holland mit der Steuerbehörde einen Steuersatz aushandeln, der wesentlich unter dem offiziellen Satz liegt.[37]

Die Umstellung auf Kommissionärsstrukturen, die Canon im Jahr 2001 begonnen und noch nicht für alle Tochterfirmen abgeschlossen hat, scheint für den Gesamtkonzern in Japan ein voller Erfolg zu sein. Die Gewinnkurve zeigt steil nach oben.[38] Für das Jahr 2004 rechnet die Konzernzentrale in Japan mit einem Gewinn von 499 Milliarden japanischen Yen (= 3,7 Milliarden Euro). Eine Steigerung gegenüber dem Vorjahr um 14,7 Prozent.

Die Steuerbehörden in Deutschland und Österreich werden an diesem Kuchen wohl nicht mitnaschen.

Steuergeschäfte mit hohen Kreditzinsen – das Modell Celanese

»Lesen Sie den Wirtschaftsteil«, rät der Steuer-Professor Lorenz Jarass (siehe »Im Namen der Gerechtigkeit«, S. 74 ff.) allen einschlägig Interessierten: »Da konnten Sie zum Beispiel jüngst erfahren, dass ein amerikanisches Unternehmen namens Rockwood eine sehr große deutsche Firma, nämlich Dynamit Nobel von der Frankfurter MG Technologies AG, gekauft hat. Aufgekauft wurde Dynamit Nobel für 2,25 Milliarden Euro. Finanziert wurde diese Übernahme durch zwei Private-Equity-Gesellschaften. Grundsätzlich war Dynamit Nobel eine profitable Firma, die auch Steuern gezahlt hat in Deutschland. Wir werden sehen, dass die in absehbarer Zeit keine Steuern mehr zahlen wird.«

Da heißt es also abwarten – und kurz erklären, was eine Private-Equity-Gesellschaft so macht: Unter »private equity« verstehen die Fachleute grundsätzlich jenes Kapital, das in ein Unternehmen investiert wird, das nicht mehr ganz am Anfang steht, das also seine so genannte Start-up-Phase inklusive der ersten Finanzierungsrunden erfolgreich hinter sich gebracht hat. Die Finanzierungsgesellschaft spekuliert mit diesem Einsatz darauf, den Wert des Unternehmens so in die Höhe zu treiben, dass sie nach einem erfolgreichen Börsengang durch den Verkauf ihrer Aktien einen kräftigen Gewinn bei diesem Unternehmenshandel macht.

Und hier setzt nun der Wiesbadener Steuerexperte Jarass wieder ein: »Ich mache Sie noch auf ein weiteres Beispiel dieser Kategorie aufmerksam. Da können Sie erkennen, wie diese Private-Equity-Funds ihr Geschäft abwickeln. Merken Sie sich den Namen Celanese. Und dann prägen Sie sich das folgende simple Muster ein: Die Private-Equity-Gesellschaft kauft ein Unternehmen auf; in der Folge wird diesem Unternehmen das Eigenkapital entzogen und ins Ausland transferiert. Schließlich refinanziert man das Unternehmen mit ausländischem Fremdkapital. Damit hat man mit einem Schlag eine wahnsinnige Zinsbelastung und weist dadurch keinen Gewinn mehr in Deutschland aus. Die Folge: null Steuern. Das läuft immer nach dem gleichen Schema. Wenn Sie beobachten, was man mit diesen beiden Unternehmen in der Zukunft macht, dann werden Sie sich an unser Gespräch erinnern.«

Nun, das Muster ist so weit klar. Daher Licht an und Vorhang auf für – Celanese.

In Rüdiger Liedtkes Standardwerk »Wem gehört die Republik? Die Konzerne und ihre Verflechtungen« kann man die interessante Geschichte dieses Unternehmens nachlesen. Da erfahren wir, dass der Chemiker Henri Dreyfus 1912 eine »Cellonit Gesellschaft Dreyfus & Co« in Basel gründete. Das Unternehmen produzierte Filmmaterial und unentflammbare Lacke für deutsche Flugmaschinen und Zeppeline. Ab 1916 wurden die Lacke auch in England im Rahmen der Tochtergesellschaft »British Celanese & Chemical Manufacturing Co.« erzeugt. 1917 wurde eine Tochterfirma in New York gegründet, die zu einem der größten amerikanischen Chemieproduzenten aufstieg und nach dem Zweiten Weltkrieg auch ins Petrochemie-Geschäft einstieg. In den siebziger und achtziger Jahren übernahm die Hoechst AG nach und nach Celanese und verschmolz sie zur Hoechst Celanese Corporation. 1999 wurde die Celanese AG (Standort: Kronberg im Taunus) von der Hoechst AG abgespalten und gilt seither als eines der weltweit führenden Unternehmen der industriellen Chemie.

Nun zur jüngeren Geschichte, die in den Wirtschaftsteilen erzählt wird: Im April 2004 wurde Celanese vom amerikanischen Finanzinvestor Blackstone übernommen. »Private-Equity-Gesellschaften wie Blackstone sind anspruchsvolle Geldgeber«, erläuterte die »Süddeutsche Zeitung« damals das Geschäft: »Von ihren Beteiligungen erwarten sie jährliche Renditen von 20 bis 25 Prozent; das ist bei Blackstone nicht anders.«

So weit das Motiv des Geldgebers.

Den Hintergrund dieses Geschäfts fanden wir gut versteckt in den Tiefen der Celanese-Homepage (www.celanese.com), in einer Stellungnahme des Aufsichtsrats an die Aktionäre: Für den Erwerb der Celanese-Aktien habe man »eine Fremdkapitalfinanzierung in Höhe von 2.180 Millionen Euro arrangiert. Zusätzlich wird Blackstone 690 Millionen Euro Eigenkapital bereitstellen.«

Weiter unten im Text werden die Karten dann ganz offen auf den Tisch gelegt: »Der Vorstand erwartet«, so heißt es da, »dass aufgrund des dann hohen Verschuldungsgrades der Celanese Gruppe das Unternehmensrating niedriger und der Zinsaufwand erheblich höher als heute sein werden. Der Vorstand geht in seiner Stellungnahme davon aus, dass die Bestimmungen des neuen Darlehensvertrages restriktiver und die Zinssätze im Rahmen der Fremdfinanzierung höher sein werden als die der derzeitigen Fremdkapitalfinanzierung der Gesellschaft. Er erwartet, dass dies negative Auswirkungen auf die Höhe der Zinsaufwendungen der Celanese Gruppe haben wird.«

Tja. Und was hier als »negative Auswirkungen« beschrieben ist, wird sich am Ende für die neuen Eigentümer als steuersparend erweisen: Wenn die Zinsen für das Fremdkapital dereinst den in Deutschland anfallenden Gewinn auffressen, dann hat Professor Jarass einmal mehr Recht behalten.

Auf einem ganz anderen Blatt steht, dass bei Celanese auch schon 2003 keine Steuern angefallen sind. Auch dieser Umstand illustriert die Analyse von Lorenz Jarass treffend: Der Celanese-Unternehmensbericht für 2003 weist im Kleingedruckten darauf hin, dass – der Regierung Schröder sei Dank – in diesem Jahr schon äußerst steuerschonend gewirtschaftet werden konnte: »Ertragssteuern fielen keine an nach einer Steuergutschrift von 56 Millionen Euro im Jahr 2002. Im Geschäftsjahr 2003 konnte der Celanese-Konzern einen Jahresüberschuss von 131 Millionen Euro ausweisen.«

Celanese, so könnte man mit Jarass sagen, Celanese hat das Geheimnis der Unternehmenssteuern offenbar schon bislang recht gut gekannt.

PS: »Lesen Sie den Wirtschaftsteil!« Wenige Tage nachdem Lorenz Jarass den Hinweis auf Celanese gegeben hat, erscheint eine Studie des Analyseinstitutes »Initiative Europe«, über die in deutschen Zeitungen knapp berichtet wird. Hier der Bericht der »Süddeutschen Zeitung«: »Auf außerbörsliche Beteiligungen (Private Equity) spezialisierte Finanzinvestoren haben im ersten Quartal verstärkt deutsche Unternehmen aufgekauft. Das Geschäft wird den Zahlen zufolge vom Aufkauf etablierter Unternehmen dominiert, den so genannten Buyouts. Zwar ging der Wert dieser Transaktionen in Europa insgesamt zurück. In den deutschsprachigen Ländern Deutschland, Österreich und der Schweiz stieg das Volumen der Buyouts jedoch.«

Vodafone ist kein Einzelfall – das lukrative Geschäft mit Verlusten

Verlustvorträge – da geht es nicht um schöne Sonntagsreden, sondern um richtig fettes Geld, das die Konzerne sparen, indem sie Gewinne mit Verlusten so aufrechnen, dass am Ende keine Steuern mehr zu zahlen sind.

Insgesamt haben die Konzerne in Deutschland rund 450 Milliarden Euro an Verlusten auf die hohe Kante gelegt, um sie nach Bedarf jederzeit einsetzen zu können – »bis in alle Ewigkeit«, wie der ehemalige Verfassungsrichter Paul Kirchhoff kritisierte.

Entwickelt haben das Modell zwei Steuerspezialisten, die sich als trojanische Pferde der deutschen Großindustrie entpuppten (siehe S. 236 ff.). Verkauft wurde es von der rot-grünen Regierung als große Steuerreform. Alle großen Unternehmen in Deutschland stricken nach diesem Muster. Wir bringen dazu fünf anschauliche Konzern-Beispiele: Siemens, Bayer, DaimlerChrysler, Deutsche Telekom und Vodafone.

Siemens

Der luxemburgische Premierminister Jean-Claude Juncker war da, der Vizedirektor der Deutschen Bundesbank Jürgen Stark war da, der Deutsche-Bank-Chef Josef Ackermann war da, der Chefredakteur der Börsenzeitung war da, insgesamt mehr als 350 einflussreiche Männer waren da – beim exquisiten »Luxemburger Finanzmarktforum«, das am Dienstagabend, dem 22. Oktober 2002, begann und am nächsten Tag fortgesetzt wurde. Und wir waren auch da – allerdings nur virtuell: Ein Insider hat uns einige der Reden zugespielt, die dort gehalten wurden, und uns mit Informationen versorgt.

Dummerweise hatten wir diesen wichtigen Termin versäumt. Wir hatten die 750 Euro Tagungsgebühr nicht auf das Konto der Deutschen Bank Luxembourg S. A. eingezahlt und wir waren auch nicht der Empfehlung der Deutschen Bank gefolgt, ein Zimmer im Sheraton Aerogolf zu »Vorzugskonditionen« zu reservieren.

Eigentlich schade. Denn manches von dem, was die hohen Herren miteinander beredeten, könnte für Aufregung sorgen, wenn es an die Öffentlichkeit gelangt. Immerhin können wir uns an die Reden halten.

Die Zusammenkunft war gut vorbereitet. Am Tag der Eröffnung wurde der Chef der Deutschen Bank, Josef Ackermann, vom luxemburgischen Premierminister Jean Claude Juncker in der Regierungsresidenz empfangen. Ein offizielles Foto wurde aufgenommen, und dann sprachen die Herren unter vier Augen. Gleich anschließend an Ackermanns Besuch verschickte Juncker ein Glückwunschschreiben an »Seine Exzellenz Herrn Gerhard Schröder: Sehr geehrter Herr Bundeskanzler, zu Deiner Wiederwahl als deutscher Bundeskanzler gratuliere ich Dir sehr herzlich.«[39]

Herr Ackermann machte sich gegen Abend auf den Weg zur Deutschen Bank Luxembourg S. A. So wie jedes Jahr hatte diese Bankfiliale gemeinsam mit der Börsenzeitung zum Finanzmarktforum eingeladen, und so wie jedes Jahr fand die Zusammenkunft im »europäischen Zuhause für die private Geldanlage« statt, wie die Banker diesen Firmensitz selbst beschreiben.

Man war hier stolz auf die Architektur, stolz auf die Kunstsammlung (deutsche Kunst nach 1945 und junge österreichische Kunst), stolz auf die Kunstausstellungen (Gerhard Richter in der Kundenhalle), stolz auf das jährlich in der Bank stattfindende Weihnachtskonzert, stolz auf die Teilhabe an einem Netzwerk von Steueroasen wie Cayman Islands, Jersey oder Mauritius (siehe dazu auch S. 155 ff.), stolz auf das angesammelte Vermögen (51 Milliarden Euro im Jahr 2002) sowie die fabelhaft niedrigen Steuerzahlungen (lächerliche 33 Millionen Euro im Jahr 2002). Und eben stolz auf das alljährliche »Finanzmarktforum«.

Welche bedeutenden Männer – es waren immer Männer! –

hatten hier schon Reden gehalten: der Boss der Europäischen Zentralbank Willem F. Duisenberg, der Boss der Lufthansa AG Jürgen Weber, der Boss des Metro-Konzerns Hans-Joachim Körber, der Deutsche-Telekom-Finanzvorstand Karl-Gerhard Eick und so weiter und so weiter.

Jedenfalls eröffnete Josef Ackermann um 18 Uhr die Tagung und sprach eine halbe Stunde lang über »Herausforderungen für globale Finanzdienstleister am Beispiel der Deutschen Bank«.

Übergehen wir seine Rede, sie ist nicht besonders wichtig für unser Thema. Mischen wir uns kurz unter die Gäste des anschließenden Empfangs und genießen wir die feinen Speisen und Getränke, die serviert werden. Der kommende Tag sollte bedeutsamer werden – da war der Finanzchef des deutschen Paradekonzerns Siemens an der Reihe, Heinz-Joachim Neubürger, ein ehrgeiziger, aufstrebender Manager, der zu Höherem berufen scheint. Seit Ende Mai 2004 sitzt er auch im Kontrollgremium der viertgrößten Bank der Welt, Merrill Lynch. Neubürger durchlief eine Bilderbuchkarriere: Ausbildung an einer Elitehochschule in Fontainebleau/Frankreich, Tätigkeit bei der renommierten amerikanischen Investitionsbank J.P. Morgan, seit 1989 bei Siemens und seit 1997 Finanzchef dieses Konzerns.

Der Titel von Neubürgers Rede in Luxemburg lautete »Finanzierung in schwierigem Umfeld«. Er begann mit Dankesworten an die Veranstalter und einigen Allgemeinplätzen über die Schwierigkeiten eines Industrieunternehmens. »Nur erfolgreiche Unternehmen können zukunftsträchtige Arbeitsplätze für ihre Mitarbeiter bereitstellen, sie erhalten und schaffen. Und nur ein gesundes Unternehmen kann seinen Beitrag zum Steueraufkommen einer Volkswirtschaft leisten.« Schöne Worte, auf die wir später noch zurückkommen werden.

Ein weltweiter wirtschaftlicher Abwärtstrend sei erkennbar, »und in Deutschland werden Steuererhöhungen und steigende Sozialabgaben leider negativ zu dieser Entwicklung beitragen«.

Neubürger hat leider nicht die Gabe seines Vorredners Juncker, komplizierte Dinge in einfachen Sätzen auszudrücken. Deshalb drehen wir jetzt sein Mikrofon leiser und übersetzen die wichtigsten Passagen wie folgt[40]:

Siemens ist ein weltweit tätiger deutscher Konzern. Wir sind in 190 Ländern geschäftlich aktiv und (erzielen) rund 80 Prozent unseres Umsatzes außerhalb Deutschlands – mit nur 60 Prozent aller Beschäftigten. Das ist einer der Gründe, warum unsere inländische Steuerposition so ist, wie sie ist. Wir steuern unseren Konzern immer noch von Deutschland aus. Noch! Weil hier die offiziellen Steuern sehr hoch sind, gestalten wir das deutsche Betriebsergebnis durch Verlustabschreibungen so, dass wir kaum einen Gewinn oder sogar einen Verlust machen (»niedrigeres oder zeitweilig sogar negatives inländisches Ergebnis«). So zahlen wir in Deutschland keine Steuern. Wenn die deutsche Politik das durch eine Steuerreform ändern will, werden wir das zur Kenntnis nehmen und entsprechende Konsequenzen ziehen.

Wir verordnen dem Finanzvorstand von Siemens eine kurze Redepause und sehen uns einige Bilanzzahlen an. Herr Neubürger hätte uns diese Zahlen natürlich gleich nennen können. Er hätte sie sicher aus dem Ärmel geschüttelt. Hat er aber nicht, und so müssen wir uns an die Arbeit machen.

Sehen wir uns an, wie viel Steuern Siemens in den vergangenen Jahren in Deutschland bezahlt hat. Aber wo finden wir diese Zahlen? Das ist gar nicht so einfach. In der Siemens-Bilanz und auch in der Datenbank Amadeus werden wir zunächst nicht fündig.

Erst eine umfangreiche Mitteilung der Siemens-Zentrale an die US-Börsenaufsicht SEC in Washington am 5. Dezember des Jahres 2003 hilft uns auf die Sprünge. Den strengen Amerikanern sei Dank. Hier sind Steuerleistungen getrennt nach Deutschland und Ausland aufgezählt und dankenswerterweise auch die Verlustabschreibungen.[41]

Wir können also ausrechnen, wie viel Steuern Siemens in Deutschland hätte bezahlen müssen, wenn der Konzern nicht Verluste abgeschrieben hätte; und wie viel Steuern tatsächlich bezahlt wurden.

Die Zahlen bestätigen Herrn Neubürger. Zusammengerechnet über die letzten drei Jahre – von September 2001 bis September 2003 – hat Siemens in Deutschland keine Ertragssteuern bezahlt. Im Gegenteil: Siemens hat in diesem Zeitraum vom deutschen Staat sogar 119 Millionen Euro erhalten. Respekt! Nicht zu Unrecht gilt Konzernchef Heinrich von Pierer als einer der besten und angesehensten Manager in Deutschland.

Möglich wurde diese negative Steuerleistung – wie soll man das sonst nennen? – durch die Abschreibung von Verlusten. Jeder Geschäftsmann weiß ja, wie leicht Verluste auftreten können. Pay collect – ein Verlustgeschäft! Straßenbahnen vom Typ Combino – ein Verlustgeschäft! Haben wir etwas vergessen? Ach ja, da gab es doch noch den Versuch von Siemens, modische Handys über Kaufhäuser zu vermarkten! Schwamm drüber.

Wie viel Steuern hat Siemens im selben Zeitraum – 2001 bis 2003 – im Ausland bezahlt? Auch das können wir vorrechnen: Es sind 1,234 Milliarden Euro. Natürlich hat Siemens auch im Ausland Verluste abgeschrieben (insgesamt 675 Millionen Euro), aber es hatte eben nicht gereicht, um den ausländischen Finanzämtern zu entkommen.

Nach diesem kleinen Zwischenspiel lassen wir nun Neubürger wieder im Originalton weiterreden: »Unerwartete Steuererhöhungen, ob direkt oder indirekt zum Beispiel durch Beschränkung der Nutzung von Verlustvorträgen oder durch Erhöhung der Lohnnebenkosten, sind zum momentanen Zeitpunkt kontraproduktiv. Auch eine Rücknahme der Steuerbefreiung beim Verkauf von Kapitalbeteiligungen wäre fatal.

Siemens war bisher im Übrigen kein Nutznießer dieser Regelung.«

Aber, aber, Herr Neubürger! Zwar wird die Bilanz erst ein halbes Jahr später fertig; Nutznießer dieser Regelung war Siemens im Jahr 2002 aber sehr wohl. Haben Sie selbst ein so schlechtes Gedächtnis oder rechnen Sie mit dem schlechten Gedächtnis Ihrer Zuhörer?

In der bereits zitierten Kontrollmitteilung von Siemens an die US-Börsenaufsicht vom 5. Dezember 2003 heißt es unmissverständlich: »Unsere Steuerleistung im Jahr 2002 wurde positiv beeinflusst durch den steuerbefreiten Verkauf von Infineon-Anteilen.« Als Finanzchef von Siemens hat das Neubürger vermutlich sogar selbst formuliert. Um wie viel Geld ging es da? 936 Millionen Euro.

Auf alle Fälle hat Siemens derzeit ein so hohes Verlustpolster zum Abschreiben, dass in den nächsten Jahren wahrscheinlich nur wenig Steuern in Deutschland zu zahlen sind: insgesamt 5,132 Milliarden Euro, per 30. September 2003. Davon können 4,210 Milliarden bis in alle Ewigkeit abgeschrieben werden und der Rest bis zum Jahr 2021. Falls Siemens bis dahin als deutscher Konzern überhaupt noch existiert. Konzerne können ja manchmal ein schnelles Ende nehmen, siehe Mannesmann.

Bayer

Als der deutsche Konzern Bayer im Jahr 2001 wegen 100 Todesfällen bei Patienten, die den Cholesterinsenker Lipobay eingenommen hatten, ins Schlingern geriet und sich hohe Schadenersatzforderungen und damit Verluste abzeichneten, wussten sich die Firmenmanager zu helfen.

Für den finanziellen Schaden würde die Allgemeinheit, nämlich der deutsche Steuerzahler aufkommen. Bayer tischte den Steuerbehörden den erwarteten Verlust als Gegenrechnung für Steuerforderungen auf und – schwupps! – verringerte sich die Steuerforderung. An den deutschen Standorten des Konzerns wurden die Stadtkämmerer per Fax aufgefordert, bereits bezahlte Gewerbesteuern wieder zurückzuüberweisen.

Das finanzielle Risiko für Geschäfte trägt in solchen Fällen eben nicht die Firma, sondern die Allgemeinheit.

Hatte der Bayer-Konzern im Jahr 2000 weltweit noch rund 1,2 Milliarden Euro Steuern bezahlt, waren es 2001 nur noch 154 Millionen. Im Jahr 2002 konnte sich der Konzern über Steuererstattungen in der Höhe von 107 Millionen Euro freuen. Obwohl Bayer im Jahr 2002 956 Millionen Euro Gewinn machte.

Das sind eben die offenen Geheimnisse des deutschen Steuerrechts.

DaimlerChrysler

»Steuerliche Verlustvorträge stellen wegen der künftig verminderten Steuerzahlungen einen wirtschaftlichen Nutzen dar.« Diese klare Botschaft steht so im DaimlerChrysler-Finanzbericht 2002. In Deutschland sind Verluste für kleine Geschäftsleute ein Desaster, für Konzerne jedoch kein Grund für Sorgenfalten.

Steuerspezialisten basteln im Handumdrehen aus einem Verlustgeschäft eine Abschreibung, die die Steuerleistung vermindert. Unter Umständen auf Jahre hinaus.

Vor der Eheschließung zwischen dem deutschen Konzern Daimler und dem amerikanischen Konzern Chrysler überlegten die Daimler-Manager, den Konzernsitz von Stuttgart in die USA zu verlegen. Angeblich gab das deutsche Steuerrecht – vor allem die Möglichkeit, Verluste der verschiedenen Konzerntöchter fast unbegrenzt gegen Gewinne aufrechnen zu können – den Ausschlag dafür, dass der Konzern seinen Sitz in Deutschland behielt.[42]

Die deutsche Postgewerkschaft verwies im Jahr 1999 darauf, dass DaimlerChrysler mit Hilfe von Verlustvorträgen seit Mitte der neunziger Jahre in Deutschland überhaupt keine Steuern bezahlt hatte.

Zehn Jahre lang, von 1993 bis 2003, bezahlte DaimlerChrysler keine Gewerbesteuern an den Produktionsorten Stuttgart oder Sindelfingen.[43] Möglich war das, indem Verluste aus der Beteiligung am nicht mehr existierenden Unternehmen AEG gegen Gewinne verrechnet wurden und am Ende eben null Gewerbesteuer herauskam. Im Oktober 2003 kündigte der Konzern an, dass er erstmals wieder zahlen wolle.

Aus Kontrollmitteilungen von DaimlerChrysler an die Börsenaufsicht SEC in Washington vom 19. Februar 2004 und 20. Februar 2003 geht hervor, dass der Konzern Ende des Jahres 2001 4,7 Milliarden Euro Verlustabschreibungen zur Verfügung hatte, 2002 rund 5,2 Milliarden und Ende des Jahres 2003 noch rund 3 Milliarden.[44] Damit lassen sich in Deutschland noch eine Zeit lang gut Steuern sparen. In manchen Jahren hat DaimlerChrysler nicht nur Steuern gespart, sondern

Steuern eingenommen. Beispielsweise im Jahr 2001. Da erhielt DaimlerChrysler vom deutschen Staat 777 Millionen Euro Steuern erstattet.[45]

Deutsche Telekom

Auch die Deutsche Telekom nützt Verluste, um diese in Gewinne zu verwandeln. Eine Buchung hin, eine Buchung her und schon wird aus einem Plus ein Minus. So einfach geht das.

So senkte die Deutsche Telekom ihre Steuern im Jahr 2000 um umgerechnet über 6,5 Milliarden Euro. Das ARD-Magazin »plusminus« hat das anschaulich dargestellt:

Für umgerechnet 1,5 Milliarden Euro kaufte die Telekom im Jahr 1996 Aktien des US-Mobilfunkbetreibers Sprint. Weil alle Welt glaubte, das sei ein gutes Geschäft, schossen die Sprint-Aktienkurse rasant in die Höhe, auf 8,2 Milliarden Euro. Drei Jahre nach dem Kauf, im Jahr 1999, übertrug die Telekom alle Sprint-Aktien an eines ihrer Tochterunternehmen, die »Nordamerikanische Beteiligungs-Holding«, eine Art Briefkastenfirma mit zwei Mitarbeitern und Sitz in der deutschen Telekom-Zentrale. Nach Abzug des ursprünglichen Kaufpreises von 1,5 Milliarden Euro verblieb ein satter Gewinn in der Höhe von 6,7 Milliarden Euro.

Aber der war nur von kurzer Dauer. Denn wie das halt so ist mit Aktienkursen: Sie gehen einmal rauf und dann wieder runter, je nachdem, wie gut die Manager wirtschaften und wie gut die allgemeine Stimmung ist.

Jedenfalls fielen die Kurse im Jahr 2000 wieder zurück auf das ursprüngliche Niveau im Jahr 1996. Für private Aktienbesitzer hieße es in diesem Fall: Das Geld ist weg.

Das Geld war aber nicht weg. Denn die Telekom war nicht von gestern. Sie wusste: Es gab einen Helfer in dieser Not. Und der war nicht irgendein Kredithai, sondern das deutsche Finanzamt. Den Kursverlust in der Höhe von 6,7 Milliarden Euro konnte die Telekom ganz legal und ohne irgendeinen Trick und ohne doppelten Boden beim Finanzamt steuerlich als Verlust geltend machen, und zwar in voller Höhe. Die Konzerntochter Nordamerikanische Beteiligungs-Holding schrieb eine Hälfte des »Verlustes« ab und die Konzernmutter die andere Hälfte. Zur Kasse gebeten wurde nicht nur der Staat, sondern auch das Land Nordrhein-Westfalen. Der zahlte an den Konzern umgerechnet 700 Millionen Euro Steuervorauszahlungen zurück. Gewusst wie!

Laut Geschäftsbericht vom 31. Dezember 2003 verfügt die Deutsche Telekom derzeit über Verlustvorträge von fast 18 Milliarden Euro, mit denen die Körperschaftssteuer vermindert, und über Verlustvorträge von 5,5 Milliarden Euro, mit denen die Gewerbesteuer vermindert wird. Etwa die Hälfte dieser Summen kann bis zum Jahr 2023 genutzt werden.

Dieses bewährte Modell versucht nun der englische Vodafone-Konzern nachzuahmen – indem er die Kursverluste nach dem Aufkauf und der Zerschlagung des Mannesmann-Konzerns dem deutschen Steuerzahler berechnet.

Vodafone

Verluste werden zu Gewinnen, Gewinne werden zu Verlusten, und Gewinne werden zu Gewinnen. Für Konzerne bleiben am Ende jedenfalls fast immer Gewinne übrig – vorausgesetzt, sie planen langfristig voraus.

Der englische Mobilfunkkonzern zeigt, wie man bestehende Steuergesetze in Deutschland optimal nützt und wie man aus einem spektakulären Verlustgeschäft einen schönen Gewinn erzielen kann. Der Dumme dabei ist der deutsche Normalbürger. Kein Wunder, dass nach Bekanntwerden der Fakten in allen Medien wütende Kommentare veröffentlicht wurden. Skandal, Ärgernis, Beutezug, Perversion – Politiker aller Farben empörten sich.

In der Internet-Ausgabe der »FAZ« wurde ein Sprecher des Finanzministeriums mit den Worten zitiert, »es könne nicht sein, dass ein Unternehmen seine Steuerschuld klein rechnet und am Ende der deutsche Steuerzahler dies bezahlen soll«.

Die Herrschaften sollten sich selbst an die Nase fassen, denn wer, wenn nicht das Finanzministerium, hat die Gesetze entworfen, die das ermöglichen? Vodafone tut nichts Illegales. Man kann von einem Konzern vieles verlangen, aber ausgerechnet moralisches Verhalten? Damit haben sich Konzerne noch nie einen Namen gemacht.

Es geht um eine alte Geschichte. Anfang des Jahres 2000 kaufte Vodafone den deutschen Traditionskonzern Mannesmann. Ob dabei alles mit rechten Dingen zugegangen ist, ist derzeit Gegenstand eines Gerichtsverfahrens in Düsseldorf, bei dem ehemalige Spitzenmanager von Mannesmann wegen Untreue oder Beihilfe zur Untreue vor Gericht stehen. Sie waren am Ende mit enorm hohen Geldprämien belohnt worden (siehe S. 240 ff.).

Während der Übernahmeschlacht war der Wert der Mannesmann-Aktie enorm in die Höhe gestiegen, sodass Vodafone einen hohen Preis bezahlen musste. Einen viel zu hohen Preis, wie wir heute wissen.

Mitverantwortlich für das Desaster war ein Mann, der zunächst bei Mannesmann und anschließend bei Vodafone im Aufsichtsrat saß, von Mai 2000 bis Februar 2002 – Josef Ackermann, Chef der Deutschen Bank.[46] Laut »FAZ« erklärte der Sprecher von Vodafone Deutschland, Jens Kürten, dass die Abschreibungen vom Konzern bereits im Jahr 2001 geltend gemacht wurden. Wenn Ackermann seine Aufsichtsratspflichten ordentlich wahrgenommen hat, dann wusste er darüber Bescheid. Schließlich hat er dafür jährlich knapp 100.000 Euro kassiert.

Außerdem geht es ja nicht um Kleinigkeiten, sondern um enorme Summen.

Die Prämienzahlungen an den Mannesmann-Chef Esser und eine Reihe weiterer Manager hatte er mit dem Argument verteidigt, es habe sich um »eine außergewöhnliche Anerkennung für eine außergewöhnliche Leistung« gehandelt.

Denn der Aktienkurs sei aufgrund des hinhaltenden Widerstands von Mannesmann-Chef Esser gewaltig gestiegen – »ein in der deutschen Unternehmensgeschichte nie da gewesener Erfolg«.

Es war nur eine kurze Seifenblase. Eineinhalb Jahre später war der Aktienkurs von 353 Euro auf 200 Euro abgesackt. Vodafone macht nun gegenüber dem Finanzamt in Düsseldorf einen enormen Wertverlust geltend: 50 Milliarden Euro! Da Mannesmann-Aktien seit Beginn des Jahres 2000 nicht mehr an der Börse gehandelt werden, kann Vodafone den Preis dafür auf der Grundlage von selbst bestellten Gutachten relativ eigenmächtig festlegen. Und ein schöner Verlust lässt sich auf diese Art und Weise in einen schönen Gewinn umlenken, vorausgesetzt, es werden noch ein, zwei Tochterfirmen in das Spiel mit eingebunden. In diesem Fall eine Vodafone-Tochterfirma in der Steueroase Luxemburg und die deutsche Vodafone GmbH, wo das arg ramponierte Aktienpaket zum Schluss landete.

Einen kleinen positiven Aspekt hat die Sache doch. In Zukunft sind derartige Verlustabschreibungen auf Aktien nicht mehr möglich. Außerdem hat die deutsche Regierung Ende 2003 beschlossen, Verlustvorträge für Unternehmen zu beschränken. Seit Beginn des Jahres 2004 müssen mindestens 40 Prozent der Gewinne ohne Verlustabschreibung versteuert werden.

Wenn eine Privatperson mit Aktien spekuliert und dabei einen Verlust erleidet, hilft ihr keiner. Bei Konzernen ist das anders. Wenn Vodafone alles richtig gemacht hat, sorgen die deutschen Steuergesetze dafür, dass der gesamte Wertverlust vom deutschen Steuerzahler ausgeglichen wird. Und die von Esser & Co. kassierten Millionenprämien für die »außergewöhnliche Leistung« werden auf diese Art und Weise letztlich ebenfalls vom Steuerzahler finanziert. Leistung lohnt sich eben.

Möglich ist allerdings auch, dass aus den Mannesmann-Verlustabschreibungen ein weiterer großer Gerichtssaal-Krimi entsteht. Falls die Düsseldorfer Finanzbehörde auf die Idee kommt, die deutsche Vodafone GmbH könnte von vornherein geplant haben, einen zu hohen Preis an die luxemburgische Vodafone-Tochter zu zahlen, um die Steuern zu drücken. Das wäre ein Fall von verdeckter Gewinnausschüttung und strafbar.

Armani – die maßgeschneiderte Minimallösung

Ein Telefonat. Unser Gesprächspartner ist Betriebsprüfer in Deutschland. Lange Jahre war er in Düsseldorf tätig, mittlerweile ist er wieder nach Süddeutschland übersiedelt. Wir haben ihn im Rahmen einer anderen Recherche kennen gelernt. Jetzt wollen wir herausfinden, ob er auch diesmal behilflich sein kann. Wir erreichen Herrn F. offenbar zur rechten Zeit.

Frage: … *und da müssten Sie doch der richtige Mann sein: Steuergestaltung, Steuervermeidung durch multinationale Konzerne. Fällt Ihnen dazu etwas ein?*
Antwort: »Ja sicher. Sie treffen mich an einer wunden Stelle. Es gibt da einen Fall, der mich beschäftigt. Der liegt schon einige Zeit zurück, jetzt musste ich für einen Vergleichsfall aber noch einmal die Unterlagen studieren. Ich schicke Ihnen später ein Fax, da können Sie das in Ruhe nachlesen.«

Worum geht es denn?
»In unseren Kreisen ist die Sache als Fall Armani bekannt. Es geht dabei um Folgendes: Die deutsche Tochter einer italienischen Mutter hat in Deutschland Kleidung verkauft und jahrelang nur Verluste erzielt. Ein fremder Dritter würde so ein Geschäft nie machen. Jahrelang nur Verluste. Nun hat man in der Öffentlichkeit die Vorstellung, dass wir Betriebsprüfer solche Missstände aufdröseln können. Man meint, der Fall liegt klar auf der Hand: Hier sind die Einkaufspreise zu hoch.

Doch nichts ist klar: In diesem simplen Fall wurde sieben oder acht Jahre hindurch beim Bundesfinanzhof (BFH) gestritten, wer welche Beweise vorzulegen hat. Müssen Betriebsprüfer beweisen, dass der Einkaufspreis zu hoch ist? Oder muss die ausländische Mutter Unterlagen vorlegen, um zu dokumentieren, warum die Preise so hoch sind?

Wir haben bei unseren Recherchen diese Amadeus-Datenbanken zu Rate gezogen, wir haben Verrechnungspreise verglichen, haben Gewinn-Umsatzrelationen errechnet: Das lag alles völlig daneben. Darauf haben wir den Verdacht einer verdeckten Gewinnausschüttung gestützt: Wir mussten annehmen, dass zu viel Geld ins Ausland gegangen ist und auf diese Weise solche riesigen Verluste zustande kamen. Damit sind wir zum Finanzgericht gegangen. Und dort sind wir abgeblitzt: Unser Vergleich mit anonymisierten Fällen, die wir aus den Wirtschaftsdatenbanken recherchiert haben, dieser Vergleich ist nicht zugelassen.«

Sie haben also gegen Armani verloren. Und Armani hat viel Steuern gespart.
»Ja. Da sind uns Millionen durch die Lappen gegangen. Und darüber hinaus hatte das Auswirkungen auf andere Fälle: Wir waren bis dahin ja der Auffassung, dass wir eine ausreichende gesetzliche Norm für unser Vorgehen hatten. Es hieß ja, wenn das Unternehmen die entsprechenden Unterlagen nicht vorlegt, dann geht das zu Lasten des Unternehmens, dann dürfen wir schätzen. Und diese Basis hat uns der Bundesfinanzhof mit seiner Entscheidung entzogen.«

Und jetzt?
»Jetzt haben wir endlich eine neue gesetzliche Norm bekommen: Jetzt müssen diese Verrechnungspreise zum ersten Mal korrekt dokumentiert werden. Das ist enorm wichtig für uns.«

Die Gerichtsunterlagen, die Herr F. im Anschluss an unser Telefonat faxt, liefern die Details zum Steuergestaltungsmodell Armani. In dem Urteil des Bundesfinanzhofs vom Oktober 2001 (I R 103/00) wird penibel beschrieben, wie die deutsche Armani-Tochter sechs Jahre lang nur Verluste und anschließend jahrelang auffällig bescheidene Gewinne produziert hat. Warum das der Fall war, wird in einem vor kurzem im Bundessteuerblatt[47] veröffentlichten Spruch so erläutert: Die deutsche Tochter habe »an ihre in Italien ansässige Muttergesellschaft unangemessen hohe Einkaufspreise für die von dort gelieferten Bekleidungsartikel« bezahlt.

Jahr	Umsatz in DM	Gewinn/Verlust in DM
1980	1.864.000	- 49.000
1981	7.713.000	-1.536.000
1982	16.935.000	-2.810.000
1983	23.462.000	- 375.000
1984	17.555.000	- 3.116.000
1985	17.855.000	- 1.275.000
1986	28.863.000	+ 679.000
1987	31.156.000	+ 1.656.000
1988	38.816.000	+ 1.300.000
1989	45.981.000	+ 1.824.000
1990	42.645.000	+ 753.000

Abgesehen davon, dass es höchst ungewöhnlich ist, wenn ein Unternehmer sechs Jahre lang so krasse Verluste trägt, schienen den Prüfern auch die Zahlen der folgenden Jahre untersuchenswert. So stellten sie für 1986 fest, dass die an ein »nahe stehendes Unternehmen gezahlten Lizenzgebühren verdeckte Gewinnausschüttungen« waren. In der Folge wurde der ursprünglich auf null lautende Steuerbescheid für 1986 aufgehoben: Allein für dieses Jahr seien, so das zuständige Finanzamt nach der Prüfung, 1,5 Millionen DM (rund 766.000 Euro) fällig.

Armani klagte – und bekam Recht: Dass die ausländische Mutter den Prüfern gegenüber die Verrechnungspreis-Gestaltung nicht erläutern wollte, sei rechtens. Der Versuch der Prüfer, diesen Datenmangel durch die Recherche von Vergleichspreisen zu beheben, sei hingegen nicht zulässig.

Der Betriebsprüfer ist frustriert: »Wir haben zehn Jahre lang gestritten, welche Unterlagen ein Unternehmen zur Verfügung stellen muss. Und was ist dabei herausgekommen? Nichts. Wenn wir behaupten, die Preise sind nicht angemessen, dann müssen wir das belegen. Punkt. Aber wie denn?«

Der Betriebsprüfer sieht im Fall Armani die Grundlage seiner Tätigkeit in Frage gestellt: »Unser Zugang ist nicht mehr zeitgemäß. Schauen wir einmal den Entwicklungsbereich bei einem Produkt wie Mercedes an. Da wird 24 Stunden am Tag über eine Internet-Plattform in aller Welt daran gearbeitet. Können Sie mir sagen, wie ich den Anteil festlegen soll, der in Deutschland geschaffen wurde? Früher war das einfach, da fuhr ein LKW vom Land A ins Land B. Das konnte man nachvollziehen. Aber heute?

Versuchen Sie heute mal, einen Kochtopf zu kaufen. Dann fragen Sie den Verkäufer, welcher der bessere von den beiden ist. Was wird der Ihnen antworten? ›Das kann man nicht vergleichen.‹ Ja, so ist es. Aber wir sollen hochkomplexe Produkte in ihrem Herstellungsprozess vergleichen. Wir müssen zur Kenntnis nehmen, dass wir auf dem kürzeren Ast gelandet sind. Daran werden wir in unserer Arbeit ja beinahe täglich erinnert. Und genau das zeigt uns auch der Fall Armani.«

Triste Bilanz für Städte und Gemeinden – wenn die Steuereinnahmen wegbrechen

Ein Lokalaugenschein bei den Opfern der Steuergestaltung

Ruhrgebiet im Frühjahr 2004. Die Lage ist, wohin man auch blickt, trist. Dort blättert der Putz. Hier blüht das Unkraut. Da rostet der Handlauf einer zur Straßenbahn führenden Treppe vor sich hin. Es soll Bürgermeister geben, die in den leer stehenden Wohnungen ihrer Stadt Vorhänge aufhängen lassen, um den Niedergang zu verschleiern.

Wir fahren nach Gelsenkirchen und Essen. Beiden Städten, so hat man uns gesagt, sei der Niedergang deutlich anzusehen. Und in beiden Städten würden wir Gesprächspartner finden, die erzählen können, warum das so ist.

Gelsenkirchen

Gelsenkirchen ist eine traditionsreiche Stadt mit 280.000 Einwohnern. Hier ist der Bundesligaclub Schalke 04 zu Hause. Früher, vor vielen Jahren, war Gelsenkirchen ein Schwerpunkt der Kohleförderung. Aber Kohle ist Vergangenheit. Heute gibt es dafür viele Arbeitslose, 18 Prozent, sagt die Statistik. Auf dem Weg in die Stadt, noch im Zug, klingelt das Handy. »Willkommen bei Vodafone«, steht auf dem Display.

In Gelsenkirchen steigen wir aus. Ärmliche Menschen stehen am Bahnhofsvorplatz herum, bewegen sich langsam und ziellos. Wir steigen in die U-Bahn. Die vorüberziehenden Häuser und Straßen und auch die Menschen vermitteln den Eindruck, dass die Zeit hier irgendwann stehen geblieben ist. Alles wirkt müde und schwer.

Das Rathaus in Gelsenkirchen ist ein düsterer, mächtiger Bau. Wir nehmen im Zimmer von Oberbürgermeister Oliver Wittke Platz und beginnen, unsere Fragen zu stellen. Die Antworten bestätigen den dunklen Eindruck, belegen ihn mit Zahlen. Wittke ist ein aufmerksamer, überlegt wirkender, zielstrebiger Mann, Mitglied der CDU.

Frage: *Ist Gelsenkirchen eine Steueroase?*
Wittke: »Ganz Deutschland ist eine Steueroase für international agierende Unternehmen geworden, die es sich leisten können, große Steuerabteilungen zu führen, und die die Möglichkeit haben, über Tochtergesellschaften im Ausland Steuern zu optimieren.«

Ist es verwerflich, wenn große Konzerne wenig Steuern zahlen?
»Die Firmen verhalten sich, wenn sie möglichst wenig Steuern zahlen, gesetzestreu. Meine Kritik setzt bei der Politik ein, die bei Unternehmen steuerliche Gestaltungsmöglichkeiten zulässt, die wirtschaftlich gut dastehen und damit einen Beitrag zur Finanzierung des Gemeinwesens leisten können.«

War das immer so oder hat sich das verändert?
»Das hat sich durch zwei Dinge verändert: zum einen durch die beschleunigte Globalisierung der Wirtschaft. Zum anderen ist es aber auch die Folge einer falschen Steuerpolitik, die seit 1998 in Berlin gemacht wird und fast ausschließlich große Kapitalgesellschaften begünstigt, während sie mittelständische Unternehmen und Personengesellschaften sträflich benachteiligt. Die Ursache liegt wahrscheinlich darin, dass die handelnden Personen alle durch Großunternehmen geprägt waren.

Der damalige Staatssekretär im Finanzministerium, der für die Steuerpolitik zuständig war, Herr Zitzelsberger, war vorher Finanzvorstand bei Bayer. Der Bundeswirtschaftsminister, Herr Müller, 1998 frisch ins Amt gekommen, war vorher Vorstandsmitglied in verschiedenen Gesellschaften des E.ON-Konzerns und des RWE-Konzerns – also auch großen Kapitalgesellschaften. Und der Bundeskanzler wird nicht umsonst der ›Genosse der Bosse‹ genannt. Er ist zweifellos nicht der Genosse des Einzelhändlers oder des Handwerkers oder des Geschäftsführers einer kleinen Firma.« (Siehe dazu ›Die Trojanischen Pferde der Konzerne‹, S. 236 ff.)

Welche Großunternehmen gibt es in Gelsenkirchen? Ist deren Steuerleistung in den vergangenen Jahren zurückgegangen?

»Ich kann Ihnen nicht sagen, wie die Gewerbesteuerzahlung der letzten Jahre für einzelne Firmen war, ich muss das Steuergeheimnis wahren.«

Für Journalisten gibt es Mittel und Wege, auch das Steuergeheimnis aufzudecken. Oberbürgermeister Oliver Wittke hatte bei seiner Bemerkung wohl E.ON und dessen Vorläufer- und Tochterfirmen vor Augen. E.ON ist erst im Jahr 2000 entstanden, aus dem Zusammenschluss von VEBA – deren Tochter VEBA Öl mit damals 14 Milliarden Euro Umsatz die größte in Gelsenkirchen ansässige Firma war – und dem Energie- und Telekommunikationskonzern VIAG. Inzwischen wurde die VEBA Öl an den britischen Erdölkonzern BP verkauft.

Mit einem Umsatz von 74,4 Milliarden Euro und einem deklarierten Gewinn von 3,9 Milliarden Euro zahlten E.ON beziehungsweise deren Tochterfirmen im Jahr 2001 in Gelsenkirchen null Euro Gewerbesteuer. Die Stadt hatte in ihrem Haushalt einen Betrag von 36 Millionen eingeplant, die ihr aufgrund der Steuerreform plötzlich fehlten.

E.ON bekam im Jahr 2001 vom deutschen Staat insgesamt 761 Millionen Euro erstattet (bei einem ausgewiesenen Gewinn von 3,9 Milliarden Euro), im Jahr davor sogar 2,5 Milliarden (bei einem ausgewiesenen Gewinn von 6,6 Milliarden Euro)!

Oberbürgermeister Wittke beschreibt anhand von nüchternen Zahlen, wie die Steuerwende im Jahr 2000 über die Stadt hereinbrach und zu einem Minus von 46 Prozent bei der Gewerbesteuer führte.

Gewerbesteuereinnahmen in Gelsenkirchen – steil bergab[48]

1999	95,9 Millionen Euro
2000	65,1 Millionen Euro
2001	40,8 Millionen Euro
2002	37,0 Millionen Euro

Im Gegensatz dazu steigt die Dividendenausschüttung der Konzerne an Aktionäre steil an.

Dividendenausschüttung von E.ON[49]		
1999	628,0	Millionen Euro
2000	954,0	Millionen Euro
2001	1.100,0	Millionen Euro
2002	1.142,0	Millionen Euro

Wir wollen von Wittke wissen, ob sich die Lage inzwischen gebessert hat.
»Wir verzeichnen seit Jahresanfang eine leichte Aufwärtsbewegung. Vielleicht sind die Steuersparmöglichkeiten der Konzerne inzwischen ausgeschöpft. Vielleicht sind ›Verlustvorträge‹ aus der Vergangenheit alle realisiert. Aber ich fürchte, das kann jederzeit wieder losgehen.«

Was bedeutet der Ausfall der Gewerbesteuereinnahmen für Gelsenkirchen?
»Wenn wir von 1999, als ich Oberbürgermeister wurde, bis heute unveränderte Gewerbesteuereinnahmen gehabt hätten, dann hätten wir in diesem Jahr einen ausgeglichenen Haushalt und wären schuldenfrei. Aber seither häufen wir Schulden an, bis jetzt 290 Millionen Euro.

Es geht allen deutschen Städten so. Und das Fatale ist: Die höhere Politik scheint das immer noch nicht begriffen zu haben. Das gilt für Rot genauso wie für Grün oder Schwarz.

Wenn Sie hier über die Gänge des Rathauses gehen, sehen Sie, woran es fehlt: Da wurden Brandschutztüren eingebaut, da ist verputzt worden, aber dann fehlt das Geld, um noch drüberzustreichen. Also sieht das jetzt ein wenig verwahrlost aus. Und so ist das überall in Gelsenkirchen. Die Finanznot kann man sehen. Wir leben in einem ständigen Substanzverzehr. Das sehen Sie an den Straßen, das sehen Sie an den Sportstätten, das sehen Sie an den öffentlichen Gebäuden. Wir haben gerade noch so viel Geld, dass nicht alles auseinander bricht. Aber es reicht nicht, um den Status quo zu halten. Von Ausbauen reden wir gar nicht mehr. Die Zeiten, in denen man neue Bäder, neue Bibliotheken, neue Museen gebaut hat, sind endgültig vorbei. Jedenfalls in relativ armen Städten wie Gelsenkirchen, wo der Strukturwandel noch dazukommt und das Problem verschärft.«

Wir fragen den Oberbürgermeister, was sich politisch ändern müsste, damit sich bei den Finanzen etwas ändert.

»Wir brauchen eine Gemeindefinanzreform, die sicherstellt, dass wir wieder entsprechende Einkommen haben. Außerdem brauchen wir ein Gesetz, in dem steht: Derjenige, der die Musik bestellt, muss auch dafür bezahlen. Jetzt ist das nämlich nicht der Fall. In den vergangenen Jahren hat die Bundesregierung immer mehr Aufgaben an die Kommunen übertragen, wir haben aber nicht die finanziellen Mittel bekommen, um diese Aufgaben zu erfüllen.

Jüngstes Beispiel ist die Grundsicherung im Alter. Da waren die Städte plötzlich auch noch für Renten zuständig. Obwohl das laut Verfassung gar nicht deren Aufgabe ist. Im vergangenen Jahr hat das Gelsenkirchen 5,5 Millionen Euro gekostet. Zusätzlich.«

Er schüttelt den Kopf: Die dritte Veränderung, sagt Wittke, richte sich an die Kommunen selbst. Die müssen weiter einsparen.

Essen

Weiter einsparen. In jeder deutschen Stadt. Wir fahren nach Essen. Auch dort, so hat man uns gesagt, ist es grau, auch dort ist es trist. Und doch habe der Oberbürgermeister dieser Stadt seine »Rede zur Einbringung des Haushaltsplan-Entwurfs 2003/2004« optimistisch betitelt: »Mit Mut und Zuversicht für Essens Zukunft«.

In seiner Rede, so lesen wir auf der Fahrt nach Essen im Manuskript nach, ist vom Optimismus der Überschrift nichts mehr übrig geblieben: Gesprochen hat der Essener Oberbürgermeister Wolfgang Reiniger vor dem Rat seiner Stadt dann nur mehr von »der Lage«, die »noch nie so ernst« war, »von der schwersten Finanzkrise der Städte seit dem Bestehen der Bundesrepublik«. Und davon, dass eine »Deckungslücke von

386 Millionen Euro für das Jahr 2003 und 517 Millionen Euro für das Jahr 2004 eine absolute Horrorvorstellung ist«.

Doch der Horror ist Realität, landauf, landab.

»Nürnberg, Augsburg, Regensburg, Würzburg, Erlangen, Bamberg« – diese Reihe sprudelte Josef Deimer, der Bürgermeister von Landshut, in einer Rede als Vorsitzender des bayrischen Städtetages einmal heraus –, »um nur einige zu nennen, die in gleicher Weise von erheblichen Steuereinbrüchen betroffen sind wie meine eigene Stadt.«

Oder das große München. Dort wird das Defizit 2004 noch einmal kräftig steigen, um 35 Millionen auf 269 Millionen Euro. Warum? Weil die Stadt eben noch weniger Gewerbesteuer einnehmen wird als im Vorjahr. Warum? Weil die in München angesiedelten Großunternehmen – Siemens, BMW, HypoVereinsbank, Infineon, MAN, Münchner Rück – ihre Gewerbesteuerzahlungen der Gesetzeslage entsprechend so gestalten können, dass nichts oder fast nichts bezahlt werden muss.

Dramatik überall. »2002 belief sich das Gesamtdefizit der kommunalen Haushalte – die Differenz zwischen Einnahmen und Ausgaben – auf 4,66 Milliarden Euro. 2003 waren es 9,7 Milliarden. 2004 ist mit 10 Milliarden zu rechnen.« Sagt die Präsidentin des Deutschen Städtetages, die Frankfurter Oberbürgermeisterin Petra Roth, und erläutert: »Die Investitionen sanken 2003 um weitere 8,3 Prozent und lagen damit im vergangenen Jahr um 35 Prozent unter dem Stand von 1992.« Und: »Die Sozialausgaben stiegen um 7,7 Prozent und werden sich 2004 um weitere 4,6 Prozent erhöhen. Sie liegen dann um rund 45 Prozent über dem Niveau von 1992.«

Die Gewerbesteuereinnahmen der Städte und Gemeinden hingegen sinken und sinken. Im Jahr 2003 um vier Prozent.

Das Zahlenspiel ließe sich immer und immer wieder variieren. Andere Stadt, andere Zahl, gleiches Problem. Also zurück nach Essen. Ist es denn wirklich notwendig, fragen wir, dass in Essen eine neue Philharmonie eingeweiht wird?

Wir suchen die Antwort bei einem, der die Stadt und ihre Konzerne als Politiker kennen gelernt und hier gelebt hat, als Bürger, als Steuerzahler. Also, braucht die Stadt eine eigene

Philharmonie? Braucht jede Stadt im Ruhrgebiet eine eigene Philharmonie?

»Vermutlich nicht. Aber so war die Frage in Essen ja ursprünglich nicht zu stellen. Diese Philharmonie hat man ja nicht von einem Tag auf den anderen erdacht und eröffnet. Solche Dinge brauchen eben Kontinuität. Projekte dieser Größenordnung kann man nicht nach Belieben ein- oder ausschalten. Die müssen im Rahmen einer langen Perspektive gedacht werden. Und das ist der Punkt, an dem die Gewerbesteuerausfälle wirklich schmerzen: Überall dort, wo man in langen Zeiträumen denken muss – ob es um eine Philharmonie geht, um die Begrünung einer Stadt, um Verkehrsplanung –, überall dort, wo man nur mit Konsequenz etwas zustande bringt, überall dort sieht man heute die Spuren.«

Schnitt. Hier lassen wir den Blick ins Rathaus schwenken. Jener Bürgermeister, der dort 2003 bei der Präsentation seines »Horror«-Budgets an Mut und Zuversicht appellierte, hatte damals auch seinen »Finanzminister«, den Stadtkämmerer Horst Zierold, zur Seite. In dessen Etatrede sind die Konsequenzen all dieser Einschnitte so penibel wie sonst in kaum einer anderen Stadt aufgelistet: Im Zeitraum von 2003 bis 2006, so hat Zierold da errechnet, müsste Essen jedes Jahr 282 Millionen Euro einsparen, um ein ausgeglichenes Budget zu erreichen.

Seine Frage: Kann sich Essen mit eigener Kraft aus dem Sumpf ziehen?

Seine Antwort hier in Auszügen: »Betrachten wir nun Ausgabenblöcke, die theoretisch für eine Kürzung in Betracht kommen könnten. Zum Beispiel die Personalausgaben: Für den Zeitraum 2003 bis 2006 sind durchschnittlich 354,1 Millionen Euro Personalausgaben eingeplant. Wenn dieser Betrag um die so genannten Versorgungsleistungen – also um die Pensionszahlungen – bereinigt wird, ergibt sich ein Durchschnittsbetrag für das aktive Personal von rund 304 Millionen Euro.

Wollte man also das strukturelle Defizit durch Personaleinsparung ausgleichen, hieße das die Entlassung fast des gesamten Personals.«

Unvorstellbar. Anderes Beispiel bitte.

»Eine oft diskutierte Variante der Einsparung lautet: Kürzung der freiwilligen Aufgaben. Lassen wir uns auf diese Sichtweise ein und stellen alle Bedenken hierzu hintan und definieren die Bereiche Sport, Kultur und Naherholung, Freizeit, Grünanlagen als ›freiwillig‹.
Wir reden also von

- der Liquidierung der Sport- und Bäderbetriebe Essen
- der Liquidierung der Grün und Gruga Essen (Grünflächenamt und Grugapark inklusive der Friedhofsverwaltung)
- der Liquidierung des Theaters und der Philharmonie Essen
- der Schließung des Stadtarchivs
- der Schließung sämtlicher Stadtbibliotheken
- der Schließung der Volkshochschule
- der Schließung der Folkwang-Musikschule
- der Schließung der Alten Synagoge und
- der Schließung der Museen der Stadt Essen.

Damit erreichen wir ein Einsparvolumen von rund 121 Millionen Euro, also rund 43 Prozent des notwendigen Einsparvolumens. Es gilt also auf diesem Horrortrip, das noch fehlende Einsparvolumen von rund 161 Millionen Euro zu füllen. Da wir uns nun in der Grauzone der pflichtigen Aufgaben bewegen und die Zusammensetzung mehr als willkürlich wird, könnte man denken an

- die Liquidierung der Essener Verkehrs AG
- die Auflösung des Geschäftsbereiches des Oberbürgermeisters bis auf das Rechnungsprüfungsamt
- die Auflösung des Geschäftsbereiches Personal und Organisation bis auf den Brandschutz
- die Liquidierung der Gem. Theater-Bau-GmbH.

Nachdem wir damit auch noch

- die Gleichstellungsstelle
- das Presse- und Kommunikationsamt
- das Büro Stadtentwicklung
- das Amt für Statistik, Stadtforschung und Wahlen
- das Amt für Rats- und Bezirkvertretungsangelegenheiten
- das Rechts-, Versicherungs- und Ausgleichsamt
- das Amt für Organisation und Personalwirtschaft
- das Amt für Zentralen Service

aufgelöst und

- die Essener Wirtschaftsförderung GmbH
- die Essener Marketing GmbH
- das Essener Systemhaus

liquidiert und

- den städtischen Anteil für die Messe Essen

gestrichen haben, wären wir fast am Ziel der Einsparung von 282 Millionen Euro.«

282 Millionen, die für Essen den entscheidenden Unterschied machen. 282 Millionen, die entscheidend für die Frage sind, ob eine Stadt eine Stadt bleibt. Oder ob aus der Stadt Brachlandschaft wird. Ob Essen verwaltet – oder dem Wildwuchs überlassen wird.

Genau ein Drittel der fehlenden 282 Millionen ist auf den Ausfall der Gewerbesteuer zu verbuchen: Bis 1999 hat Essen an die 300 Millionen Euro Gewerbesteuer eingenommen; seither sind es rund 100 Millionen weniger im Jahr. Dieses Drittel ist – der Großzügigkeit der Berliner Regierung sei Dank – den Konzernen dieser Stadt zugute gekommen.

Auf der Suche nach jemandem, der diesen Umstand erhellen könnte, stoßen wir auf Herrn H. Er verdient sein Geld als Konzernbetriebsprüfer im Ruhrgebiet. Einige der größten Unternehmen Deutschlands sind im Aufgabengebiet von Herrn H. und seines Finanzamts tätig: RWE (und die heute dazugehörige Hochtief), die heute zu E.ON zählende Ruhrgas, die ehemalige Ruhrkohle RAG und der heute dazugehörige Energie-Teilkonzern Steag, die Handelsgiganten Karstadt, Aldi Nord und Medion (Computerschiene von Aldi), die Schuhgruppe Deichmann, die 1998 in die ThyssenKrupp AG hineinfusionierte ehemalige Krupp AG sowie der Zeitungskonzern WAZ.

»Bis 2002«, sagt Herr H., »gehörte auch noch Coca Cola dazu. Aber heute sitzen die in Berlin.«

Was Essen an Coca Cola verloren hat?

»In besseren Zeiten hat die Stadt umgerechnet 10 Millionen Euro Gewerbesteuer von Coca Cola bekommen. Zum Schluss, vor der Übersiedlung nach Berlin, war davon gerade noch eine

Million Euro übrig – den Rest haben sie zuvor schon über eine Konstruktion in Irland an uns vorbeigebucht.«

Herr H. nennt ein weiteres Beispiel, warum im Essener Haushalt 280 Millionen fehlen:

»Ruhrgas war hier in Essen der größte Steuerzahler. 40 Millionen Euro zahlten die jährlich an die Stadt. Im Jahr 2003 wurde das plötzlich auf null gestellt. Dahinter steht die Fusion von E.ON mit Ruhrgas, die vom Kartellamt ja untersagt war, aber durch eine Ministerentscheidung genehmigt wurde. Unter der Bedingung: Ruhrgas muss eigenständig bleiben. [Siehe dazu auch ›Die trojanischen Pferde der Konzerne‹, S. 236 ff.]

Eigenständig. Das muss man sich auf der Zunge zergehen lassen. Nach kurzer Zeit war die Eigenständigkeit der Ruhrgas AG kein Thema mehr. Die hohen Ruhrgas-Gewinne wurden zu E.ON nach Düsseldorf weitergereicht, dort mit den E.ON-Verlusten verrechnet und so steuerfrei gestellt. Es gab deshalb eine kleine öffentliche Aufregung. Jetzt muss E.ON in Düsseldorf eben ein bisschen Gewerbesteuer zahlen, und Essen erhält über den Zuteilungsschlüssel, nach dem die Gewerbesteuerzahlungen eines Konzerns auf all jene Gemeinden verteilt werden, in denen dieser Konzern Produktionsstätten oder andere Abteilungen angesiedelt hat, einen kleinen Anteil – ungefähr zehn Prozent des Gewerbesteueranteils, den die Stadt in besseren Zeiten bekommen hat.«

Und die anderen Großunternehmen?

»RWE war früher eine sichere Gewerbesteuer-Einnahmequelle. Zwischen 2001 und 2003 ist das weggebrochen. Die haben sich über irgendeine Konstruktion nach Norderfriedrichskoog verabschiedet.

Die Deutsche Bank – auch das sehen wir am Zuteilungsschlüssel – zahlt hier in Essen auch nichts mehr. Und bei Aldi kriegen Sie ja nicht mal Einblick. Bei diesem Konzern weiß man überhaupt nicht, wie man dran ist. Die umgehen sogar die Pflicht, ihre Geschäftsergebnisse zu veröffentlichen, indem sie ihr Unternehmen in viele kleine Einheiten aufsplitten.

Das Schlimme daran: Es ist nirgendwo besser, in keiner Stadt.«

Alles aussichtslos also? Zum Abschluss treffen wir noch einmal den Mann, der einst als Politiker tätig war und sich jetzt einer anderen Aufgabe zugewandt hat. Den Mann, der im Gespräch mit den Unternehmern und Managern in der Region gelernt hat, was die vom Steuerzahlen halten. Was muss sich ändern, fragen wir.

»Die Menschen in den Unternehmen denken zuerst an ihr Unternehmen. Sie wissen nicht mehr, dass man Steuern zahlt, um Kindergärten zu bauen, um Schulen zu finanzieren, um Straßen zu beleuchten. Sie zahlen anonym an irgendein Finanzamt, das ihnen grundsätzlich als Feind gilt. Sie zahlen nicht direkt an die Gemeinde, in der sie leben, und entziehen sich so ihrer Verantwortung.

Dabei wäre die Sache doch im Grunde ganz einfach. Jemand, der Besitz hat, soll etwas dafür zahlen. Stellen Sie sich eine Stadtmauer vor: Ein Grundbesitz innerhalb dieser Mauer ist ja nicht nur wertvoll, weil es ein Stück Boden ist. Dieses Stück Boden ist ja so besonders wertvoll, weil es in einer bestimmten Lage ist, weil es an Infrastruktur angeschlossen ist. Das erhöht den Wert des Bodens beträchtlich. Auf dieser Basis sollten in den Kommunen Steuern gezahlt werden.

Beim Gewerbe ist das nicht anders: Ein Betrieb braucht Infrastruktur. Also sind Betriebs- und Gewerbesteuern zu zahlen. Es kommt aber in diesen immer größer werdenden Unternehmen nur mehr ganz selten zu diesem einfachen Schluss. Es fehlt am Bewusstsein: Steuern müssen bezahlt werden, weil es dafür Leistungen gibt. Ob sich dieses Bewusstsein wieder schaffen lässt? Manchmal ist es verdammt schwer, optimistisch zu bleiben.«

Ein paar Tage nach unserer Reise druckte die Essener »WAZ«, die »Zeitung des Ruhrgebiets«, folgende Meldung auf ihrer Titelseite: »Das Ruhrgebiet ist die ›größte westdeutsche Abstiegsregion‹ und droht ›zum neuen Osten Deutschlands‹ zu werden. Das ergab eine Studie des Berlin-Instituts für Weltbevölkerung und globale Entwicklung.«

Im Innenteil wird die Fortsetzung des Artikels mit einem Satz überschrieben, der die ganze Geschichte erzählt: »Erst schließt das Postamt, dann hält der Bus nicht mehr.«

Wo das Geld geparkt wird – die beliebtesten Steueroasen

Geld und Palmen – eine paradiesische Kombination für Konzerne

Großes Geld hat einen Hang, sich die schönsten Plätze der Welt auszusuchen. Besonders beliebt bei Konzernen und reichen Privatpersonen sind palmenbestandene Inseln. Woran das liegt? – Die Palmen stehen an Orten, die für ihre niedrigen oder überhaupt nicht vorhandenen Steuersätze bekannt sind.

Unter dem Motto »Geld und Palmen« laden wir ein zu einer Kreuzfahrt um die halbe Welt. Ausgangspunkt sind die Bermudas. Wir machen Halt auf den Cayman Islands und den niederländischen Antillen, steuern Gibraltar an, machen eine Pause auf Zypern, durchqueren den Suezkanal in Richtung Mauritius, umrunden Afrika und gehen in Irland wieder von Bord.

Bermudas

»Feinsandige, rosa schimmernde Traumstrände vor türkisfarbenem Meer«[50]

Die Bermudas bestehen aus 140 kleinen Inseln und liegen im Atlantischen Ozean vor der Ostküste der USA. Sie stehen zwar unter britischem Schutz, sind politisch aber eigenständig.

Auch Deutsche kennen die Vorteile dieser Steueroase.

Kurt Engelhorn, ein Unternehmer alten Schlages, herrschte jahrzehntelang erfolgreich über den profitablen Pharmakonzern Boehringer Mannheim. Der befand sich seit der Gründung im Jahr 1859 im Familienbesitz, wobei Engelhorn in seiner Generation selbst die größten Anteile besaß. Im Jahr 1997 wurde das Unternehmen verkauft.

Der Schweizer Konzern Hoffmann La Roche – dort wurde der berühmte Tranquilizer Valium erfunden – legte dafür umgerechnet 9,5 Milliarden Euro auf den Tisch. Engelhorn und sein Familienclan mussten dafür keinen einzigen Cent Steuer bezahlen.

Wie er es schaffte, seine Milliarden am deutschen Fiskus vorbeizuschleusen, beschrieb der »Spiegel« im Mai 2003. Das Ausweichmanöver war sorgfältig geplant. Bereits lange vor dem Verkauf verlegte Engelhorn seinen Wohnsitz auf die Bermudas und gründete dort 1981 eine hübsche kleine Holding, also einen Firmenmantel, mit dem klingenden Namen »Corange Limited«.

Warum ausgerechnet die Bermudas? Auf dieser Inselgruppe entfallen sämtliche Einkommens- und Körperschaftssteuern. Der Eintrittspreis für derartige Privilegien ist gering. Jedes Unternehmen muss sich registrieren lassen, die Gebühren betragen je nach Höhe des eingesetzten Kapitals 1.000 bis maximal 28.000 US-Dollar.

Den Löwenanteil an der Beute erhielt Engelhorn. Inzwischen hat er viele neue Holdings gegründet, und nun existiert ein weit verzweigtes Netz verschiedener Engelhorn-Firmen, die in London, auf den Bermudas, auf der Kanalinsel Jersey und auf Panama beheimatet sind – lauter Orte, die als erstklassige Steueroasen bekannt sind.

Und Engelhorn selbst? So wie sein Vermögen befindet er sich überall und nirgends, häufig auf palmenbestandenen Inseln, besitzt einen deutschen Pass, ist als Honorarkonsul von Luxemburg auf den Bermudas akkreditiert, genießt an seinem Londoner Wohnsitz Steuerfreiheit, wohnt aber hauptsächlich in der Schweiz.

Der alte Herr führt mit seiner vierten Frau ein vergnügtes Leben im Nobelort Gstaad in der Schweiz und kümmert sich um seine Engelsstiftung (Angel Foundation), mit der Kulturprojekte unterstützt werden.

Wenn man im Internet eine Homepage des Pharmakonzerns Hoffmann La Roche anklickt (www.roche-applied-science.com), sieht man zuerst eine Fotografie. Ein Sandstrand, wahrscheinlich irgendwo in der Karibik. Das weite Meer. Fußspuren. Ein Stück weiter vorne geht ein Mann. Jetzt fehlen nur noch die Palmen. Mit einer Tablette Valium helfen wir der Phantasie auf die Sprünge und das Bild ist komplett. Der Mann da vorne könnte Engelhorn sein.

Cayman Islands

»Hervorragende Tauchmöglichkeiten, paradiesische Strände«[51]

Diese Inselgruppe liegt 750 Kilometer südlich von Miami und gilt als die »Schweiz der Karibik«. Die Cayman Islands stehen unter der politischen Schirmherrschaft der Briten, sind der fünftgrößte Finanzplatz der Welt und können sich durchaus mit Frankfurt messen. Nicht nur die Mafia – wie im Roman »Die Firma« von John Grisham –, sondern wahrscheinlich jede Bank auf der Welt, die globale Geschäfte betreibt, nützt die guten Rahmenbedingungen.

Weil hier viele Fäden der Weltwirtschaft zusammenlaufen und vor allem amerikanische Konzerne stark vertreten sind, besteht keine Gefahr, dass die US-Regierung irgendetwas gegen diese Steuerinsel unternimmt. Die Anziehungskraft der Cayman Islands besteht vor allem darin, dass es keine direkte Besteuerung und keine Devisenkontrollen gibt.

Die niederländischen Antillen

»Weißer Sandstrand in der Mullet Bay«[52]

Holland ist für viele Konzerne nur eine unvermeidliche Zwischenstation. Das Fluchtziel sind die niederländischen Antillen. Diese Inseln im Süden der Karibik, an der Nordküste Venezuelas gelegen, sind ein bevorzugter Sitz von Lizenzgesellschaften.

Das Steuerspar-Karussell funktioniert folgendermaßen: Die Lizenzgesellschaft auf den Antillen vergibt eine Lizenz an eine niederländische Tochterfirma, die von Treuhändern verwaltet wird. Das ist notwendig, um sicherzustellen, dass der Eigentümer der Firma nicht bekannt wird – denn es handelt sich meist um eine so genannte Durchleitungsgesellschaft. Das heißt, das Geld oder Vermögen bleibt nicht hier, sondern wird durchgeleitet zu einer weiteren Firma. Diese niederländische Tochterfirma vergibt nun eine Unterlizenz an eine Tochterfirma in einem EU-Staat.

So entkommen die Konzerne der Quellensteuer auf Dividenden und Zinszahlungen. Denn wenn die deutsche oder österreichische Tochterfirma Gewinne an die niederländische Firma überweist, ist sie hier quellensteuerbefreit. Wenn diese weitergeleitet werden an die Lizenzgesellschaft auf den niederländischen Antillen, fällt in den Niederlanden ebenfalls keine Quellensteuer und auch keine Ertragssteuer an – da die niederländischen Antillen offiziell ja zu den Niederlanden gehören. Und die niederländischen Antillen erheben auf derartige Gewinne keine Steuer. Dort ist alles steuerfrei.

Jeder Finanzfachmann in Europa weiß, wie hier augenzwinkernd Quellensteuer hinterzogen wird …

Gibraltar

»Hauptattraktion sind die frei lebenden Affen«[53]

Die kleine Felseninsel am Südzipfel Spaniens gehört zum britischen Einflussgebiet und genießt ähnlich wie die Kanalinseln Jersey und Guernsey sowie die Isle of Man einen politischen und steuerlichen Sonderstatus. Hier herrschen ähnliche Bedingungen wie in Liechtenstein und der Schweiz: steuerschonende Gesetze, strenges Bankgeheimnis, Treuhandverwaltungen, Briefkastenfirmen. Die britische Regierung hatte beim EU-Beitritt darauf bestanden, dass diese Privilegien erhalten bleiben.

EU-Wettbewerbskommissar Mario Monti will diese allerdings abschaffen und forderte die Insel-Verwaltung im November 2002 auf, bis spätestens 2005 die Bevorzugung ausländischer Holdings aufzugeben. Diese zahlen im Gegensatz zu den auf Gibraltar ansässigen Unternehmen nur einen sehr niedrigen Steuersatz.

Zypern

»Zypern bietet reizvolle Landschaften, mehr als 300 Tage im Jahr Sonnenschein und kilometerlange Sandstrände«[54]

Dieses politisch zerrissene Land ist ein Anziehungspunkt für viele multinationale Konzerne. Steuerberatungsfirmen werben im Internet damit, dass auch internationale Konzerne wie IBM und Hoffmann La Roche hier Tochterfirmen angesiedelt haben, um die besonderen Steuervorteile zu genießen.[55] Das Finanzamt kassiert lediglich zehn Prozent Körperschaftssteuer auf Unternehmensgewinne.

Zinsen auf Geldbeträge, die in Zypern angelegt werden, sind steuerfrei. Wer seine internationale Firma oder Teile der Firma von Zypern aus steuert, braucht in Deutschland oder Österreich keine Steuern zu bezahlen.

Mauritius

»Palmengesäumte Traumstrände, farbenprächtige Korallenriffe, türkis schimmernde Lagunen»[56]

Mauritius gilt als aufgehender Stern unter den Steueroasen. Die Insel an der Ostküste Afrikas (1,2 Millionen Einwohner, Landessprache Englisch) ist ein Knotenpunkt von britischem und asiatischem Steuer-Fluchtgeld. Ein idealer Ort, um von hier aus Geschäfte im Nahen Osten zu tätigen. Keine Quellensteuer, keine Kapitalertragssteuer, keine Vermögenssteuer. Für 1.000 US-Dollar kann jeder eine steuerbefreite Firma eröffnen. Dazu kommen jährliche Gebühren von noch einmal 1.000 Dollar. Banken, Versicherungen und Unternehmen mit einer Kapitaleinlage von mehr als einer Million Dollar zahlen 2.000 Dollar für die Errichtung und jährlich 3.000 Dollar Gebühr.

Die Deutsche Bank mischt seit 1999 kräftig mit und weitet wegen des guten Erfolgs ihre Geschäfte auf Mauritius aus.

Irland

»Wilde, von Torfmooren überzogene Berge wechseln ab mit subtropisch bewachsenen Tälern«[57]

Irland gilt als Vorzeigeland der EU. Innerhalb weniger Jahre gelang der Sprung vom Armenhaus zum blühenden Land, mit der am schnellsten wachsenden Wirtschaft Europas. Das Wachstum ist höher, die Arbeitslosigkeit niedriger, die Staatsverschuldung geringer als fast überall sonst in der EU. Jedenfalls steht Irland wirtschaftlich bedeutend besser da als Deutschland.

Bis zum Jahr 2005 gilt ein Steuersatz auf Unternehmensgewinne von 10 Prozent, von 2006 bis 2025 von 12,5 Prozent. Werden Entwicklungsarbeiten für Patente in Irland durchgeführt, sind alle daraus entstehenden Gewinne vollkommen steuerbefreit. Manche Orte in Irland bieten noch weiter gehende Steuerbegünstigungen an. Wer im International Financial Services Centre (IFSC) im Hafengelände in Dublin oder am Flughafen Shannon Geschäfte abwickelt und dabei bestimmte Bedingungen einhält, kann mit vollkommener Steuerbefreiung rechnen.

Obwohl das Pro-Kopf-Einkommen der Iren inzwischen wesentlich höher ist als das der Deutschen, kassiert Irland für den Zeitraum 2000 bis 2006 fast vier Milliarden Euro von der EU für die Modernisierung seiner Infrastruktur.[58]

In der europäischen Öffentlichkeit hält sich hartnäckig das Gerücht, das irische Wirtschaftswunder sei nur auf die radikale Herabsetzung der Steuersätze für Konzerne zurückzuführen. Das Wirtschaftsblatt »Financial Times« entlarvt das als »Mär vom irischen Zaubertrank«.[59] Das spektakuläre Wirtschaftswachstum in den neunziger Jahren war in erster Linie eine Folge der dicken EU-Zuschüsse. Erst diese Zuschüsse ermöglichten es Irland, seine Steuersätze radikal zu senken.

Die irischen Steuerspezialisten der internationalen Beratungsfirma Deloitte & Touche erklären den Konzernen detailliert, wie sie es anstellen müssen, um möglichst wenig Steuern zu zahlen.[60] Man benötigt eine Firma in Irland, eine in den USA und eine auf den Bermudas. Wenn der Konzern dann den Vertrieb seiner Produkte in Europa zentralisiert über Irland abwickelt, erzielt er eine maximale Steuerersparnis.

Im Detail ist das alles natürlich kompliziert und nur mit Hilfe von hoch spezialisierten Beratern umsetzbar, aber für große Konzerne ist das kein großes Problem.

Beim weltgrößten Pharmakonzern Pfizer ist derzeit in Ansätzen erkennbar, wie ein derartiges Konzept in die Praxis umgesetzt wird. Pfizer ist bereits seit Jahren in Irland stark vertreten, mit einer ganzen Reihe von Tochterfirmen, darunter einem Produktionsbetrieb, der Viagra herstellt.

Sehen wir uns beispielsweise die Bilanzunterlagen der Pfizer Service Company Ireland an, die von zehn Beschäftigten betrieben wird, oder der Pfizer Holdings Europe mit einer unbekannten Zahl von Beschäftigten. Umsätze beider Firmen: unbekannt. Sie verfügen jedoch über ein Vermögen von rund 10 Milliarden Euro und wiesen im Jahr 2000 Gewinne in der Höhe von 37 Millionen und 107 Millionen Euro aus.

Und die Steuerleistung? Wir haben nur Zahlen für 1999 und 2000 zur Verfügung. Da steht immer eine Null – bei beiden Firmen.

Die Erfahrungen Pfizers mit Irland sind so gut, dass der Konzern im Jahr 2005 auch sein europäisches Finanzzentrum hier ansiedeln will, mit 200 neuen Arbeitsplätzen. Buchhaltung, Reisekosten und natürlich die Steuern aller europäischen Tochterfirmen sollen in Zukunft zentral von Irland aus verwaltet werden.

Ein hochrangiger Finanzbeamter macht uns darauf aufmerksam, dass wegen der niedrigen Zinsbesteuerung europäische Fluggesellschaften ihre Flugzeuge über Irland leasen und dass zahlreiche Konzerne ihre Callcenter von Irland aus operieren lassen, zum Beispiel die Lufthansa, Hotelketten wie Sheraton und Radisson oder America Online. Die Telefongebühren zählen zu den niedrigsten Europas, Irland gewährt zinsenfreie Staatskredite für den Aufbau dieser Callcenter, eine auf 10 Prozent beschränkte Gewinnsteuer bis zum Jahr 2010 und Löhne und Lohnnebenkosten, die nur halb so hoch sind wie in Deutschland.

Aber es gibt immer ein Land, wo die Bedingungen zum Verdienen und Steuersparen noch günstiger sind. Weil die irische Wirtschaft so gut läuft, sind Löhne und Mieten in den letzten Jahren stark angestiegen. Die Autofertigung wanderte bereits vor Jahren nach Osteuropa ab, die Textilindustrie nach Asien. Auch Callcenter werden schon wieder in andere Länder verlegt. Indien winkt mit noch besseren Bedingungen.

Viele Länder wollen es Irland nachmachen. Steuern runter, Wirtschaft rauf – dieses simple Rezept, warnte die »Financial

Times«, wird jedoch für die osteuropäischen Länder nicht aufgehen. Das funktioniere nur, wenn gleichzeitig hohe EU-Subventionen in das Land gepumpt werden. So viel überschüssiges Geld ist jetzt, nach dem Beitritt der neuen Länder, nicht mehr vorhanden. Außerdem dreht sich in Europa das Karussell der sinkenden Steuersätze immer schneller.

Es gibt immer ein Land, das noch egoistischer und noch rücksichtsloser agiert als das eigene (siehe »Denn sie wissen, was sie tun«, S. 267 ff.).

Auf nach Dubai – eine Steueroase, die auch den Mittelstand lockt

Reich werden wollte er immer schon. Irgendwann ist ihm das auch gelungen. Und jetzt versucht er, wie viele andere auch, seinen Reichtum in Dubai zu mehren: Josef Kleindienst, einst Polizist, dann Börsenspekulant.

»Wie werde ich mit Aktien reich? Wie schütze ich mich vor einem Börsencrash?« Diese Fragen, so der Internet-Buchhändler amazon.de, »beantwortet einer, der es wissen muss: Der Polizist Josef Kleindienst wurde nicht umsonst in wenigen Jahren zum vielfachen Millionär.«

Das Buch (»Der Polizist als Millionär«) ist inzwischen etwas veraltet. Der Autor – ein Österreicher, der es in seiner Heimat als Aufdecker einer so genannten »Spitzelaffäre« zu Prominenz gebracht hat – ist längst weitergezogen. In Dubai hat sich Kleindienst als Anlaufstelle für deutsche Investoren etabliert. Ausgestattet mit einer Lizenz des Hamburger Immobilienmaklers »Engel & Völkers« nutzt er den Boom in den Arabischen Emiraten, um mit dem Vermitteln von Villen, Wohnungen, Geschäftsräumlichkeiten und Grundstücken sein Geld zu machen.

Dabei ist er so erfolgreich, dass ihm jüngst gar die deutsche »Financial Times«[61] eine Geschichte widmete. Ein Auszug: »Begebenheiten wie die folgende sind für Kleindienst keine Seltenheit: Ein deutscher Architekt erwarb in den ›Emirate Hills‹ ein Grundstück. Noch vor Baubeginn hatte der Architekt die Villa an einen englischen Geschäftsmann veräußert. Unterm Strich blieb ein Gewinn von 360.000 Euro – steuerfrei, da zwischen Deutschland und Dubai ein Doppelbesteuerungsabkommen besteht.« Schön für den deutschen Architekten. Schön auch für Josef Kleindienst, dessen Provisionen natürlich auch steuerfrei sind.

Möglich ist das, weil sich Dubai im internationalen Steuerwettlauf als Oase etabliert hat: Die Vereinigten Arabischen

Emirate (VAE) erheben weder Einkommens- noch Körperschafts- noch andere Steuern auf dort erzielte Einkünfte. Nur Banken und Unternehmen, die sich mit der Förderung von Öl und Gas beschäftigen, sind steuerpflichtig. Zudem gibt es mit vielen Ländern – mit Deutschland etwa – so genannte Doppelbesteuerungsabkommen (DBA), die theoretisch dafür sorgen sollen, dass ein Gewinn nicht zweimal besteuert wird. In der Praxis aber eröffnen diese Abkommen eine Fülle an zusätzlichen Gestaltungsmöglichkeiten, die so phantasievoll genutzt werden können, dass die Gewinne weder da noch dort versteuert werden. Demnächst werden auch die Österreicher in diesen Genuss kommen: Das DBA mit den Emiraten soll Anfang 2005 in Kraft treten.

Europas Steuerberater nutzen diese Möglichkeiten längst ganz selbstverständlich und bieten ihrer Klientel einen kompletten Service – von der Steuervermeidungsberatung bis zur Firmengründung in den VAE. Auch wir suchen einen einschlägig tätigen Berater auf, um das Sparpotential der Emirate zu erkunden.

Für wen, wollen wir eingangs wissen, kommt Dubai überhaupt in Frage?

»Für fast jeden Mittelständler. Und für alle Großen. Nur wenn Ihr Gewinn niedriger ist als 70.000 bis 100.000 Euro im Jahr, dann lohnt es sich wegen der anfallenden Kosten nicht.«

Wie überall sonst sind auch in Dubai die Multis zuerst eingezogen: Ob Hewlett Packard oder Sony, ob Siemens oder Microsoft, sie alle haben das Potential der Steueroase entdeckt. Bald zogen etwas kleinere Unternehmen nach. »Österreichische Firmen wie Red Bull, Hörbiger Ventilwerke, GE Jenbacher oder Swarowski nützen die VAE bereits als Ausgangspunkt für ihre Geschäfte im Mittleren Osten, in Afrika und auf dem indischen Subkontinent«, preist ein Magazin des österreichischen Wirtschaftsverlages den »Zukunftsmarkt Dubai« und präzisiert: »Die Geschäftsbedingungen in Dubai gelten als die liberalsten und attraktivsten der Region – politische Stabilität, Steuerfreiheit, liberale Wirtschaftspolitik, keine Kriminalität, großzügige Investitionsförderungen, niedriges Lohnniveau.«[62]

Kurz: Dubai ist ein Traum.

Ohne Berater könnte sich Dubai allerdings schnell zum Alptraum entwickeln: »Wenn Sie eine normale Firma gründen wollen, dann brauchen Sie vor Ort einen so genannten Sponsor, der 51 Prozent der Firma halten muss. Den geeigneten Sponsor müssen Sie erst finden. Und dann müssen Sie ihm für seine Dienste eine angemessene Gebühr bezahlen, die man auch als Schutzgeld verstehen kann. Einfacher ist es, wenn Sie sich in den Emiraten eine der 13 Freihandelszonen als Geschäftssitz aussuchen.«

In diesen »Free Zones« – sie heißen »Dubai Internet City« oder »Dubai Media City« oder »Dubai Airport Free Zone« – können ausländische Unternehmer eine eigene Handels-, Dienstleistungs- oder Produktionsniederlassung gründen und diese auch zu hundert Prozent besitzen. Waren, die in die Freihandelszonen eingeführt werden, unterliegen keinem Zoll. Einzige Einschränkung: Geschäfte dürfen – mit Ausnahme von Dienstleistungen – nur innerhalb der Freihandelszone abgewickelt werden.

Aber auch dieses Problem lässt sich lösen, versichert unser Berater: »Dabei bedient man sich meist der folgenden Konstruktion: Ein internationales Unternehmen, das seinen Hauptsitz irgendwo in Europa hat, gründet eine Tochter in der Freihandelszone und eine Enkelgesellschaft in Dubai. Dieser Enkel gehört zu 51 Prozent dem Sponsor. Mit seinem Einverständnis parken wir die Gewinne unseres Enkels immer gleich bei unserer Tochter in der Free Zone – wo sie ganz legal steuerfrei bleiben und wieder zu hundert Prozent unserer Muttergesellschaft gehören.«

Dass sich über das wirkliche Geschäft hinaus nahezu grenzenloses Sparpotential ergibt, erläutert unser Berater so: »Schauen Sie sich in der Media City um. Da finden Sie jede Menge einschlägig tätige Unternehmen, etwa Bertelsmann. Bertelsmann ist hier über die Musiktochter BMG vertreten. Die macht auch viele Lizenzgeschäfte. Es bietet sich doch geradezu an, auch solche Geschäfte über die Free Zone laufen zu lassen, die eigentlich bei der Mutter zu verbuchen wären. Man könnte auch überlegen, einen Teil der Einnahmen aus der Werbung über diese Konstruktion nach Dubai zu fakturieren. Das

Schöne daran ist, dass alle Aufwendungen, die in Dubai entstehen, in Deutschland auch noch von der Steuer abzusetzen sind.«

Ob das nicht auffällig sei?

»Nein, in der Freihandelszone gibt es kein Finanzamt. Und von den Finanzbehörden in Europa wird Dubai nicht als Steueroase wahrgenommen. Zypern ist anrüchig, da parken die Russen ihr Geld. Aber Dubai ist unauffällig. Wer sollte also dahinter kommen, wenn man hier ein paar Rechnungen mehr durchfakturiert?«

Unter diesen Umständen ist nicht nur der Andrang groß, sondern auch die Konkurrenz der Berater und Anwälte. Engagiert fischen sie nach neuen Kunden. »Deutsche Unternehmen können gegenüber anderen Märkten erhebliche Wettbewerbsvorteile erzielen«, dient sich etwa der in Dubai tätige Rechtsanwalt Jörg Seifert im Internet[63] an: »Dies setzt voraus, dass die Gestaltungsmöglichkeit des Doppelbesteuerungsabkommens genutzt und eine steuerorientierte Strukturierung der Geschäftsbeziehungen vorgenommen wird.«[64]

Wer es mit dem Steuersparen ganz eilig hat, der holt sich im Internet bei www.firma-ausland.de (»Firmengründungen weltweit«) das entsprechende Formular gleich selbst ab: »Auftrag zur Gründung einer Gesellschaft in Dubai«, steht da: »Bitte ausfüllen, ausdrucken, unterschreiben und an uns faxen.«[65]

Das Dokument listet einige »Optionen für die Gesellschaftsgründung« auf: Die Variante »Gründung Limited Liability Company (LLC)« schlägt inklusive aller Dienstleistungen und Anwaltskosten mit 10.600 Euro zu Buche. Zusätzlich sind für das »Basispaket Virtual Office im Luxus-Domizil« 290 Euro Monatsgebühr zu veranschlagen: Damit ist das Unternehmen dann »örtlich präsent und an 6 Tagen in der Woche erreichbar«. In das Angebot einarbeiten lässt sich obendrein »die treuhänderische Geschäftsführung, sofern Sie den Lebensmittelpunkt nicht verlagern wollen«. Dafür würden – »je nach Rechtsform« – 2.000 bis 6.000 Euro im Jahr fällig.

So gesehen stimmt natürlich, was unser Berater erwähnt hat: Ein Briefkasten alleine sei heute zu wenig. Dass es aber auch nicht sehr viel mehr sein muss, belegen solche Angebote für Paket-Lösungen. Die richten sich in erster Linie an den Mittelstand, an Unternehmer, die einen Teil ihres Alltagsgeschäfts über Dubai abrechnen und dem Zugriff der heimischen Finanzbehörden entziehen wollen. Als ideale Ergänzung bieten sich denen noch Investitionen auf dem Immobilienmarkt Dubais an: Auf den künstlichen Inseln »The Palm I« und »The Palm II« werden rund 6.000 Feriendomizile gebaut. Die sind, so sagt unser Berater, »eine gute Veranlagung, weil ja auch die Mieteinkünfte steuerfrei sind«.

Als typische Zielgruppe tauchen im Gespräch immer wieder die gut situierten Zahnärzte auf: »Wer eine Million Euro Vermögen hat, ist der ideale Kunde für so ein Projekt. Bei diesen Menschen ist der Steuerwiderstand in der Regel schon sehr angewachsen, die wollen alle nicht mehr zahlen. Also gehen sie mit einem Drittel ihres Vermögens nach Dubai und investieren in eine kleine Wohneinheit. Das bringt erstens eine steuerfreie Rendite von sieben bis acht Prozent. Zweitens kann man mit kräftigen Wertsteigerungen rechnen. Und drittens bekommt man noch eine Aufenthaltserlaubnis für die VAE.«

Für den reich gewordenen Polizisten Josef Kleindienst könnte das alles nicht schöner sein. Wenn er von Dubai spricht, dann kommt ihm schon mal das Wort »Goldgräbermarkt« über die Lippen. Als Beleg erwähnt er gern die »Palmen«, die beiden künstlichen Inselgruppen. Manche Häuser dort wechseln jetzt schon zum zweiten oder gar dritten Mal den Besitzer. »Wer jetzt verkauft«, freut sich Kleindienst[66] über einen ständigen Provisionsregen, »ist schon im Plus.«

Dass man dabei auch noch 365 Sonnentage pro Jahr und ein kristallklares Meer genießen kann, adelt die Oase Dubai wahrlich zum Steuerparadies.

Die Verschwiegenen – was die Schweiz so anziehend macht

»Reichlich fremder Reichtum« überschrieb das Schweizer Wirtschaftsmagazin »Bilanz« im Dezember 2003 seine Titelgeschichte über »Die 300 Reichsten der Schweiz«. Zusammen, so errechneten die Journalisten, besitzen diese Herrschaften 352 Milliarden Franken – »ein beträchtlicher Teil ist allerdings zugezogener Reichtum: fast jeder zweite Reichste ist Ausländer«.[67] In mühevoller Kleinarbeit tragen die Redakteure der »Bilanz« regelmäßig solche Listen zusammen: Immer auf dem neuesten Stand, erweisen sich die Porträts dieser Superreichen als anregende Lektüre.

Zuletzt etwa haben die »Bilanz«-Rechercheure festgestellt, dass die größte Fraktion der ausländischen Reichen aus Deutschland kommt. Darunter sind Neu-Zuzügler wie der Molkerei-Unternehmer Theo Müller (»Alles Müller oder was?«), der bayerische Autovermieter Erich Sixt, der seine Holding von Basel aus dirigiert, Sportgrößen wie der Tennis-Millionär Boris Becker oder der Radfahrer Jan Ullrich und Künstler wie der Sänger Udo Jürgens.

Aber auch jede Menge Geld aus Schwerindustrie, alten Handelsgeschlechtern und großen Erbschaften hat hier ein steuerschonendes Heim gefunden. Der 80-jährige Otto Beisheim etwa ist in Baar (Kanton Zug) zu Hause; die Aktien seines Metro-Konzerns (zu dem auch die Warenhauskette Kaufhof, die Elektronik-Gruppe Media Markt und die Praktiker-Bauhäuser gehören) lagern mehrheitlich in seiner Schweizer »Professor Beisheim Stiftung«. Erotik-Unternehmer und Beate-Uhse-Sohn Ulrich Rotermund steuert sein Imperium aus dem schweizerischen Steinach, wo er eine Holding für seine Investment-Firmen errichtet hat; die Erotic Media hat er in Baar angesiedelt; privat lebt er am Vierwaldstätter See. Madeleine Schickedanz, die ein gutes Drittel des Karstadt-Quelle-Konzerns kontrolliert, ist in der Schweiz geschäftstätig. Insgesamt, so schätzt die in Zürich angesiedelte Handelskammer Deutschland-Schweiz, sind 1.700 deutsche Unternehmen mit einer Tochter, einer Niederlassung oder einer Unternehmensbeteiligung in der Schweiz aktiv.

So weit, so schlecht für Deutschland.

Zwei Fälle sollen dem Bild etwas Farbe geben.

Fall 1: Diether Klingelnberg. Der Patriarch des Familienunternehmens Klingelnberg GmbH ist eine unübersehbar erfolgreiche Erscheinung im deutschen Wirtschaftsleben. In sechster Generation hat der 60-Jährige drei Jahrzehnte lang das deutsche Maschinenbauunternehmen geführt, im März 2004 hat er sein Lebenswerk an seinen 32-jährigen Sohn Jan übergeben. Das Unternehmen ist Weltmarktführer bei Zahnradmessmaschinen und liefert vorwiegend an die Autoindustrie.

Dem Senior, der sich in der Wirtschaftspresse gern als »John Wayne des Maschinenbaus« ansprechen lässt, wurde anlässlich der Staffelübergabe an den Sohn eine Laudatio des Wirtschaftsministers von Nordrhein-Westfalen zuteil: »Sie nehmen nie ein Blatt vor den Mund, und Sie wissen, wo es langgeht«, lobte der Klingelnbergs Weitsicht: »Nordrhein-Westfalen zieht den Hut vor Ihrer unternehmerischen Leistung.«

Den derart gepriesenen Unternehmer Klingelnberg zeichnet auch Fingerspitzengefühl in Sachen Steuergestaltung aus. Klingelnberg hat die Oerlikon Geartec AG, die Dachgesellschaft seiner Klingelnberg Gruppe, vor vielen Jahren schon steuerschonend in der Schweiz angesiedelt. Dem Handelsregister im Kanton Zürich ist seit April 2004 zu entnehmen, dass die Oerlikon neuerdings zwar unter »Klingelnberg AG« firmiert – aber immer noch in der Turbinenstraße 17 in Zürich sitzt, wo auch ihre Vorgängerin ansässig war. Dort ist zudem noch eine »D. Klingelnberg Immobilien & Co« registriert, die wiederum eine »Klingelnberg Grundbesitz A. G.« in Luxemburg zur Kommanditärin hat. Alles in allem also eine übersichtliche und doch effektive Konstruktion.

»Es darf sich keiner wundern, wenn sich das unternehmerische Engagement ins Ausland verlagert«, sagte Klingelnberg in einem Interview.[68] Dass dies allerdings nicht der Hauptgrund seines Engagements in der Schweiz ist, weiß man in der Branche: »Den Hauptsitz seines Unternehmens hat der Unternehmer schon vor Jahren aus steuerlichen Gründen in die Schweiz verlegt, seinen persönlichen Wohnsitz nach Belgien, wo sich die Unternehmensnachfolge ohne große steuerliche Pönalisierung [Bestrafung] habe bewerkstelligen lassen«, war etwas kantig in der »Neuen Zürcher Zeitung« vom 10. Mai 2003 zu lesen.

Dass Klingelnberg noch Pläne hat, kitzelte ihm die »Bilanz« jüngst heraus: 2004 noch wolle er seinen bisherigen Nebenwohnsitz im Tessin zum Hauptwohnsitz machen. »Auch mein Sohn zieht in die Schweiz.«

Dass die diversen Kunstgriffe der Klingelnberg'schen Steuerplanung bis hin zum Vererben der Firmenanteile wie ein Zahnrad ins andere greifen, nötigt den Profis sicher Respekt ab. Dass Klingelnberg als Präsident des Deutschen Maschinenbauverbandes (VDMA) und als Vizepräsident des Bundesverbands der Deutschen Industrie (BDI) immer wieder staatstragende Reden hält und sich gerne für seine »soziale Verantwortung als Unternehmer« preisen lässt – auch das lässt sich in der Schweiz unter einen Steuersparhut bringen.

Fall 2: Frank Stronach. Der austro-kanadische Selfmade-Milliardär (geschätztes Vermögen laut »Bilanz«: bis zu 1,35 Milliarden Euro) hat sich mit einer Beratungsgesellschaft Stronach & Co sowie diversen Ablegern seines Autozuliefer-Konzerns Magna im Schweizer Kanton Zug angesiedelt. In der Baarerstraße 16 im Zentrum von Zug gibt es eine Wohnungstür, auf der »F. Stronach« steht. Im Handelsregister ist an dieser Adresse die »Stronach & Co« registriert. Der Reporter Bernhard Odehnal hat für die Wiener Stadtzeitung »Falter« die Probe aufs Exempel gemacht und dort geklingelt: »Niemand öffnet. Die Jalousien sind heruntergelassen. Von außen sieht die Wohnung unbenutzt aus.«[69] Die Zuger Steuerbehörden – in der Schweiz sind Steuern Kantons- und Gemeindesache – scheint das nicht weiter zu stören. Sie haben Stronach mit offenen Armen empfangen – und dulden selbstverständlich auch, dass die in der Stronach & Co steuergeschonten Gewinne über einen beschränkt haftenden Partner der Gesellschaft – die Enzian Investments & Consulting Limited – zur Zwischenlagerung auf die Steuersparinsel Jersey verbracht werden.

Dass es dabei um wirklich viel Geld geht, lässt sich aus Presseberichten ersehen: Seit 1994, berichtete die kanadische Tageszeitung »The Telegram«[70], habe Stronach allein in Kanada Honorare von rund 200 Millionen Dollar eingenommen – und über seine Schweiz-Verbindung dem Zugriff der kanadischen Finanzbehörden entzogen.

Wie das Schweizer System funktioniert, hat Stronach selbst vor zehn Jahren in einem Interview mit einer kanadischen Journalistin erläutert: »Die Regierung dort hat sich mit mir zusammengesetzt und gesagt: ›Sie sind unser Kunde.‹ So sind die auf mich zugegangen.«[71]

Dass Stronach längst in Österreich lebt und dort eigentlich steuerpflichtig wäre – das hat ihm all die Jahre über keinerlei Kopfzerbrechen gemacht. Im Gegenteil: Im Juli 2003 hat Stronach ein recht eigenwilliges Vermächtnis in ganzseitigen Inseraten in der österreichischen Presse drucken lassen. Der Schlusssatz: »Ich, Frank Stronach, werde immer versuchen, das Beste für Österreich zu tun.« Dass selbst das Beste manchmal nicht gut genug ist – nun, das wird einem Frank Stronach wohl niemand verdenken.

Ein Land, das sich den Reichen gegenüber derart großzügig verhält, hat weithin Anziehungskraft: Ikea-Gründer Ingvar Kamprad (siehe auch: »Das unmögliche Möbelhaus«, S. 97 ff.) residiert am Genfer See. Und Lego-Baumeister Kjeld Kirk Kristiansen hat dafür gesorgt, dass Lizenzgebühren, die beim Lego-Verkauf in aller Welt anfallen, in der in Zug angesiedelten »Kirkbi« landen.

Mit einem ähnlichen Modell arbeitet Coca Cola in der Schweiz: Im relativ steuergünstigen Griechenland sitzt eine Coca Cola HBC S. A., die als einer der weltgrößten Franchisenehmer von The Coca Cola Company in 26 Ländern Zentral-, Ost- und Südeuropas tätig ist. Eine Tochter dieser griechischen Coca Cola HBC – die Coca Cola Beverages AG – genießt im Schweizer Glattal das noch steuergünstigere Klima und eröffnet dem Brausekonzern alle Gestaltungsmöglichkeiten, die die Schweiz zu bieten hat.

Wenig überraschend also, dass im Glattal heute fast jeder namhafte Multi einen Firmensitz angemeldet hat: Ob Baxter AG (Pharma), Cisco Systems (Netzwerktechnik), Microsoft AG (Software) oder Tetra Pak (Getränkeverpackungen) – hier sparen fast alle.

Warum das Alpenland so attraktiv ist, erläutert der Vorsteher der Kantonalen Steuerverwaltung Zug in einem offenen Brief, den er den Zuzugswilligen auf seiner Website präsentiert: »Unser Leitmotiv ist, Sie als Kunden zu behandeln. Wir bemühen uns um eine freundliche und lösungsorientierte Grundhaltung.« Das Resultat: Im Kanton Zug alleine sind heute über 20.000 Firmen registriert, Jahr für Jahr kommen 800 neue dazu.

Neben der Kundenfreundlichkeit wirkt sich aber vor allem eine Rechtsbestimmung gut auf die Laune der Steuerflüchtigen aus: Die Schweiz ahndet nur Steuerbetrug, nicht aber einfache Steuerhinterziehung. Obendrein gilt der Grundsatz der doppelten Strafbarkeit: Das bedeutet, dass Schweizer Behörden in Rechts- und Amtshilfeverfahren mit anderen Ländern nur bei jenen Delikten Unterstützung gewähren, die auch in der Schweiz strafbar wären. Durch diesen Freibrief profitieren Steuerhinterzieher jedweder Herkunft ebenso wie das Schweizer Wirtschaftssystem.

Wer die Rechnung bezahlt? Grundsätzlich natürlich all jene Länder, denen auf diesem Weg Steuereinnahmen entgehen. Besonders hart trifft es gerade auch die Entwicklungsländer, die von den Konzernen zwar als billige Produktionsstandorte benutzt, beim Steuerzahlen aber gern übervorteilt werden. Die Entwicklungshilfeagentur Oxfam schätzt, dass der Dritten Welt allein durch den – legalen und illegalen – Vermögenstransfer in die Schweiz Jahr für Jahr Steuern im Ausmaß von etwa fünf Milliarden Dollar entgehen – etwa fünfmal so viel Geld, wie die Schweiz jährlich für die Entwicklungshilfe ausgibt.[72]

Die Macht der Lobby

Anwälte, Berater, Prüfer – ein Who's who der Steuerspezialisten

Von Ernst Schmiederer

Multinationale Konzerne lassen sich in ihrem Ausdehnungsdrang kaum beschränken. Die ganze Welt ist ihr Spielfeld. Jede Bewegung auf diesem Spielfeld orientiert sich an einer einzigen Zielvorgabe: der Gewinnmaximierung. Wenn es zum Erreichen dieses Zieles notwendig ist, weiter zu wachsen, dann werden Konzerne alles tun, um weiter zu wachsen. DaimlerChryslers Traum von der »Welt AG« mag nach dem Mitsubishi-Desaster vorerst ausgeträumt sein; das ändert aber nichts daran, dass DaimlerChrysler weiterhin seine Interessen in aller Welt verfolgen wird. Und ebenso halten dies auch alle anderen Multis: Beim Erschließen ihrer Rohstoffe, beim Produzieren ihrer Güter, beim Verkauf ihrer Waren gilt ihnen die ganze Welt als potentielles Betätigungsfeld. Warum sollte dies beim Steuergestalten anders sein?

Die Konzerne werden unter Einsatz aller verfügbaren Finanzmittel und mit Unterstützung aller ihnen zugänglichen Lobbystrukturen weiter für Deregulierungen, Privatisierungen und Steuersenkungen kämpfen. Sie werden, den Interessen ihrer Aktionäre folgend, also danach streben, ihre Steuerzahlungen immer weiter zu reduzieren.

Bei der Entwicklung und Durchsetzung der Steuersparstrategien wird man keinen Aufwand scheuen. Konzernmanager werden alles tun, um sich das Know-how der besten Köpfe zu sichern. Sollte ein Konzern 100 Anwälte, Steuerberater und Wirtschaftsprüfer brauchen, um ein einschlägiges Problem zu lösen, wird er 100 Anwälte, Steuerberater und Wirtschaftsprüfer dafür bezahlen, dass sie dieses Problem lösen.

Schnitt. Unser Blick wendet sich Herrn Prugger zu, dem Gegner dieser Übermacht.

Herr und Frau Prugger – die Preisgabe des echten Namens

würde Herrn Prugger um seinen Arbeitsplatz bringen – haben soeben den Gast im Esszimmer ihres bescheidenen Reihenhäuschens mit Gulasch und Spätzle bewirtet. Nun bricht ein beschaulicher Sonntagnachmittag an. Der Hund will an die Luft. Herr Prugger tut, was er jeden Tag zweimal tut: Er führt den Pudel durch ein kleines Wäldchen hinter dem Haus; der darf sich dort im Laub wälzen. Währenddessen erzählt Dietmar Prugger, der sein Geld seit zwei Jahrzehnten als Konzernbetriebsprüfer irgendwo im Ruhrgebiet verdient, seinem Gast, wie er sich fühlt angesichts der Übermacht der Konzerne. Erzählt, wie die es sich richten können. Erzählt, wie der Staat sie dabei unterstützt. Und ihm, dem Finanzbeamten, die Hände bindet. Erzählt, wie die hochgerüsteten »Tax Law Departments« der Multis Steuerkonstruktionen wählen, die für ihn oft trotz größter Bemühungen nicht bis auf den Grund hin durchschaubar sind. Erzählt, dass »unsereins aus der Zeitung erfährt, wenn DaimlerChrysler in Deutschland keine Steuern mehr zahlt. Wir können dann vermuten, warum das so ist. Wir können uns überlegen, ob sie dies oder jenes machen, um ihren Steueraufwand zu minimieren. Aber ob wir das jemals beweisen können, das ist eine ganz andere Sache. Wir sitzen drei Jahre lang bei denen im Konzern. Wir prüfen. Wir haben unsere Vermutungen. Wir klopfen unsere Thesen ab. Aber ich muss ehrlich sein: Meist gelingt es uns nicht, diese Thesen in ihrer ganzen Breite zu belegen.« Mit zunehmender Dauer des Spaziergangs wirkt Herr Prugger bedrückter. Schließlich sagt er: »Man muss eingestehen, dass wir als Finanzverwaltung nur sehr stumpfe Waffen haben.«

Die Steuergestalter

Wer sind eigentlich die Steuergestalter? Unter welchen Bedingungen arbeiten sie? Wie werden sie wofür bezahlt? Was denken sie über ihre Arbeit? Wie sehen sie ihre Auftraggeber, die Konzerne? Und: Wer vertritt in diesem – reichlich unausgewogenen – Spiel die Interessen der Allgemeinheit? Wie ist der

Staat gerüstet, wenn es darum geht, den Konzernen in die Bücher zu schauen?

Antworten auf diese Fragen haben wir bei jenen gesucht, die ihr Geld mit der Steuergestaltung verdienen. Bei Wirtschaftsanwälten, bei Wirtschaftsprüfern, bei Steuer- und Unternehmensberatern. Um den Gegensatz zu diesen Positionen herauszuarbeiten, haben wir auch Herrn Prugger und manche seiner Kollegen aus den Konzern- und Großbetriebsprüfungen getroffen. Vertreter jener Berufsgruppe also, die den trickreichen Spielzügen der multinationalen Steuervermeidungsexperten auf der Spur sein soll, die sich dabei aber vom Gesetzgeber oft im Stich gelassen fühlt. Friedlich vereint haben wir Vertreter der beiden Seiten schließlich im Rahmen eines exklusiven Steuergestaltungs-Seminars in einem Salzburger Hotel erlebt: Dort tagten Berater der Industrie gemeinsam mit Finanz- und Ministerialbeamten zum Wohle der Konzerne. In Vorträgen, Fallbeispielen und Fachdebatten wurde – unter Anleitung der Finanzprüfer – erwogen, wieweit sich die Grenzen der legalen Gestaltung dehnen lassen (siehe »Insidertipps«, S. 195 ff.).

Abseits dieser Tagung wurde den Gesprächspartnern grundsätzlich Anonymität zugesichert. Anwälte, Steuerberater, Finanzprüfer – sie alle würden über das, was sie tun, mit einem Journalisten nicht offen sprechen. Das ist nachvollziehbar: Ihre Verschwiegenheit ist ihr Kapital. Ein Anwalt, der sich damit brüstet, einem Klienten mit diesem oder jenem Kniff Geld erspart zu haben, wird diesen Klienten nicht mehr wiedersehen. Ein Steuerberater, der das Aufspüren einer Gesetzeslücke und die kreative Anwendung dieses Herrschaftswissens verrät, verschenkt die Ware, die er einem Klienten eben noch teuer verkauft hat. Ein Finanzbeamter riskiert seinen – nicht sehr gut bezahlten, aber sicheren – Arbeitsplatz.

Wir haben Angehörige dieser Berufsgruppen gefunden, die zu Hintergrundgesprächen bereit waren: Für dieses Buch wurde – unter Zusicherung absoluter Anonymität – ein gutes Dutzend solcher Insider in Deutschland und Österreich befragt – über ihre Arbeit, ihr Berufsverständnis, über Macht und Einfluss der Konzerne und über die Ohnmacht der Politik.

Wo möglich, wurden diese Gespräche mit dem Einverständnis der Interviewpartner aufgezeichnet. Wo notwendig, wurde die Anonymität der Gesprächspartner durch Weglassung oder Veränderung persönlicher Details sichergestellt. Ansonsten ist der Inhalt der Interviews absolut authentisch.

Der Konzern – Exkurs über eine Fiktion

Konzerne haben weder Herz noch Seele, sie haben nicht einmal einen Körper. Ein Konzern ist keine Person, der verantwortungsvolles Handeln im Sinne eines Gemeinwohls nahe gelegt werden könnte. DaimlerChrysler kennt keine Gefühle.

Was also ist ein Konzern? »Ein Konzept«, sagt der amerikanische Ökonom und Globalisierungskritiker Jerry Mander.[73]

»Die meisten Menschen neigen zu der Auffassung, das Verhalten der Unternehmen spiegele nur die menschliche Gier wider«, schreibt Mander: »Die Auffassung, dass das Verhalten von Unternehmen seine Wurzeln in den Menschen hat, die dort arbeiten, greift viel zu kurz und entbindet in letzter Konsequenz die Unternehmen von ihrer Verantwortung, weil sie einzelnen Menschen Schuld auflädt. Wenn alle Probleme mit Unternehmen auf die dort Beschäftigten zurückgeführt werden könnten, dann ließen sie sich durch einen Austausch des Personals lösen.«

Milton Friedman, Träger des Wirtschaftsnobelpreises und einer der einflussreichsten Ökonomen dieser Welt, der sich auch als Wirtschaftsberater Ronald Reagans unmissverständlich positioniert hat, sagt: »Eine Aktiengesellschaft steht im Eigentum ihrer Aktionäre.« Moralisch handeln heiße für einen Manager, seinen Aktionären möglichst viel Geld zu verschaffen. Unmoralisch handle jener Manager, der soziale oder umweltpolitische Ziele über das Ziel der Gewinnmaximierung stellt.

Friedman hat diese Meinung in einem Interview mit dem kanadischen Juristen Joel Bakan dargelegt. Und der, Rechtsprofessor an der University of British Columbia, hat das Gespräch mit Friedman nun in dem viel beachteten Buch »The Corporation« – auf dem auch der gleichnamige Film basiert – über das »Pathologische Streben der Konzerne nach Gewinn und

Macht« wiedergegeben. Der Jurist Bakan kommt zu dem Urteil, dass »Unternehmen so funktionieren wie psychopathische Personen, deren zerstörerisches Verhalten kontrolliert werden muss, weil die Krankheit sonst in Skandal und Ruin mündet«.[74]

Im Gegensatz dazu seien die Menschen, die für diese Unternehmen tätig sind, in der Regel unauffällig, schreibt Bakan: »Gute Menschen, moralische Menschen. Sie sind Mütter und Väter, Liebhaber und Freunde. Sie sind wichtige Mitglieder ihrer Gemeinden. Und sie haben oft gute und manchmal sogar idealistische Intentionen. Viele von ihnen wollen die Welt verbessern und glauben, dass ihre Jobs ihnen die Gelegenheit dazu geben. Abseits all dieser persönlichen Qualitäten liegen ihre Aufgaben klar vor ihnen: Sie müssen die Interessen ihrer Firma in den Vordergrund stellen. Das Geld, das sie verwalten, ist nicht ihres. Sie können es ebenso wenig dafür verwenden, Kranke zu heilen oder die Umwelt zu retten oder die Armen zu ernähren, wie sie es in eine Villa in der Toskana stecken könnten.«

Jerry Mander, der amerikanische Ökonom, ortet genau an diesem Punkt die »Schizophrenie der Unternehmen«: Zwar seien Menschen für das Unternehmen tätig, das Unternehmen selbst sei aber keine Person (außer im juristischen Sinne). Daraus zieht Mander folgenden Schluss: »In einer solchen Struktur ist die menschliche Moral anormal. Wegen dieses doppelten Maßstabs – einer für reale Menschen und ein anderer für fiktive Personen wie Unternehmen – erleben wir manchmal das höchst seltsame Verhalten von Verantwortlichen in Unternehmen, die zwar wissen, was richtig und moralisch ist, sich aber trotzdem ganz anders verhalten.«

Diese Zwiespältigkeit taucht in unseren Gesprächen mit Insidern immer wieder auf. Ein Münchener Wirtschaftsanwalt etwa versicherte ein ums andere Mal, dass seine Tätigkeit eine intellektuelle und allenfalls auch eine sportliche Herausforderung sei: »Ich bewege mich bei meiner Arbeit zu hundert Prozent innerhalb des gesetzlichen Rahmens. Ob das Ergebnis dieser Tätigkeit später in einem moralischen Sinne als gut oder schlecht bewertet werden könnte, spielt keine Rolle. Ich werde dafür bezahlt, dass ich die Steuerlast des Auftraggebers minimiere. Das tue ich, sonst nichts.«

Der Steuerberater

Wir treffen einen weithin bekannten Steuerberater auf dem Zenit seiner Karriere. Seinen Geschäften geht er als Partner in einer mit Anwälten, Wirtschaftsprüfern und Beratern besetzten Sozietät in Düsseldorf nach.

An der Königsallee, Ecke Königstraße, verlassen wir die U-Bahn. Wir haben noch Zeit für einen kleinen Spaziergang. Wir sehen Schaufenster von Louis Vuitton, von Juwelieren, sehen Rolex-Uhren, feine Maßanzüge, die Türschilder diverser Fach- und Zahnärzte. Schräg gegenüber die mächtigen Häuserblocks der Deutschen und der Dresdner Bank. Dicke Autos, Porsche Cayenne, BMW X5, VW Touareg. Hier zeigt man Geld.

Wir nehmen ein Taxi, fahren zehn Minuten quer durch die Düsseldorfer Innenstadt. Noch beim Aussteigen sehen wir das Firmenschild. Dezent, modern, aus Plexiglas geschnitten. Ob die Partner dieser Kanzlei das heute übliche Understatement im Firmentitel durch die Aneinanderreihung von drei nichts sagenden Familiennamen (also etwa »DickmannKleinerPerkins«) oder durch das Auflisten der Initialen der Gründernamen (etwa »ABC«) zum Ausdruck bringen – wir werden es verschweigen, um unseren Gesprächspartner nicht in Verlegenheit zu bringen.

Der Herr – es sind überwiegend Männer in diesen gehobenen und also seltenen Positionen zu finden –, der Herr empfängt uns in seinem eleganten, aber nicht übertrieben luxuriösen Büro. Freundlich begrüßt er uns. Dann führt er uns weiter. Ein Besprechungszimmer, eher kahl, eher kühl, sehr funktionell. Ein langer Tisch, fünf Stühle an jeder Seite. Kaffee, Kekse. Dazu Wasser und eine gute Stunde Zeit.

Frage: *Leona Helmsley, die milliardenschwere amerikanische Kaufhauserbin, hat unser Thema in einem gegen sie laufenden Steuerverfahren recht pointiert auf den Punkt gebracht: »Unsereins zahlt keine Steuern, nur die kleinen Leute zahlen Steuern.« Was ist da dran? Wie groß muss ein Unternehmen sein, wie reich muss ein Mensch sein, dass sich Steuergestaltung lohnt?*
Antwort: »Die Bezieher kleiner Einkommen können in dieser Hinsicht kaum etwas tun. Wer ein Gehalt bezieht, das an einen

festen Arbeitsplatz gebunden ist, der hat wenig Möglichkeiten. Wer aber Standorte verlegen, Tochtergesellschaften gründen, Steueroasen aufsuchen kann, der hat gute Chancen in diesem Spiel. Man braucht ja Kapital, um in steuerschonende Maßnahmen investieren zu können. Die erste Maßnahme, die man treffen kann, ist, einen Experten zu engagieren, einen phantasievollen Berater oder gar mehrere, die weltweit tätig und vernetzt sind. Und das kostet Geld. Danach muss Geld eingesetzt werden, um deren Rat auch in die Realität umzusetzen. Wer in ein Niedrigsteuerland übersiedeln will, der muss sich das auch leisten können.«

Kann man eine Größe beschreiben, ab der solche Gestaltungen möglich werden?
»Wenn Ihr Betrieb irgendwo auf dem flachen Land angesiedelt ist, in einer Gemeinde überschaubarer Größenordnung, dann haben Sie es beim Umsetzen steuerschonender Maßnahmen als Unternehmen schwerer als Ihre Konkurrenz in der Großstadt. Sie haben mehr Verantwortungsgefühl der Gemeinde gegenüber. Das hat ein anonymes, multinationales Unternehmen nicht.«

Versuchen wir es andersherum: Bieten sich durch die Osterweiterung nun neue Gestaltungsmöglichkeiten, die auch den Kreis der Steuersparfähigen vergrößern?
»Konzerne haben all diese Möglichkeiten schon seit langem genützt, auch in Osteuropa. Jetzt bekommen auch mittelgroße Firmen eine Chance, ihre Steuerleistung zu drücken. Das lohnt sich ab 200.000 Euro Gewinn. Sie werden sehen, dass die Gewinne in Polen oder in Tschechien schnell steigen und die Gewinne in Deutschland ebenso schnell sinken werden.«

Haben also mittelständische Unternehmen künftig vergleichbare Steuersparmöglichkeiten wie die Multis?
»Nein, das sicher nicht. Ein Multi kann auf die Cayman Islands, auf die Virgin Islands, auf die Channel Islands, nach Gibraltar, nach Zypern. Ein Mensch mit einem sehr hohen Ein-

kommen kann sich in Monaco ansiedeln. Das alles wird sich der Mittelstand auch in Zukunft nicht leisten können.

Auch hier geht es ja immer um die Größenordnung der Ersparnis: Der einheitlich niedrige Steuersatz von 19 Prozent in der Slowakei ist keine Verlockung für deutsche Mittelstandsunternehmen. Denn entscheidend ist immer: Von welchem Gewinnanteil wird dieser Steuersatz berechnet? Wenn man all die klein gedruckten Rahmenbedingungen in Betracht zieht, lohnt sich das für ein Mittelstandsunternehmen kaum. Die Verlagerung selbst kostet ja auch Geld.

Ganz anders ist das bei einem Multi. Wenn der von Deutschland aus in die Schweiz übersiedelt und dort nur noch einen Steuersatz von acht oder neun Prozent zahlen muss, dann ist das ein großer Anreiz, wenn er vorher seine Gewinne mit 34, 38 oder gar 40 Prozent versteuert hat. Da spielt der Aufwand einer solchen Verlagerung ja kaum mehr eine Rolle – zumal sich die Kosten in Deutschland noch steuermindernd nutzen lassen.«

Gibt es noch andere Faktoren, die den Großen, die den Multi bevorzugen?
»Ja, einige. Herausheben würde ich aber die unterwürfige Haltung der Politik. Große Unternehmen, die Arbeitsplätze schaffen können, sind für einen Politiker auch kurzfristig interessant, also umgarnt er sie. Dass diese Unternehmen viel schneller wieder die Standorte verlagern, das kalkulieren diese Politiker oft nicht ein.«

Bewegen sich Multis beim Steuervermeiden härter am Rand des gesetzlich Erlaubten als kleine Unternehmer?
»Das kann man so sagen. Ein Kleinunternehmer hat nur bescheidene Möglichkeiten des Steuergestaltens. Deshalb ist für ihn die ganz banale Steuerhinterziehung die wirksamste Form des Steuersparens. Ein multinationaler Konzern hat es nicht nötig, denn der hat viel wirksamere Möglichkeiten. Den Kleinen beißen die Hunde, den Großen lässt man laufen – das gilt auch in diesem Bereich.«

Wie weit sind Sie als Berater den Steuerbehörden voraus?
»Wir sind die Ersten, die ein Gesetz lesen. Wir studieren es im Entstehungsprozess. Die Finanzbehörden prüfen Firmen immer erst im Nachhinein, Jahre später also, wenn ein Gesetz lange schon in Kraft ist. Obendrein bieten die ständigen Gesetzesänderungen dem aufmerksamen Berater immer wieder Neues. Der Fächer an Steuerspargelegenheiten wird zweifellos immer breiter.«

»Faszinierend«: Steuerberater auf Kundenfang

Dass sich die Steuergestalter in ihrem Tun ganz auf der Seite des Rechts wähnen, zeigt ein Blick auf die Angebote der großen Beraterunternehmen. Beispiel KPMG: Der Beratungs-Multi ist in 142 Ländern vertreten, hat 120.000 Mitarbeiter und ist – laut Eigenwerbung – »die weltweit größte Organisation im Bereich professionelle Dienstleistungen«. Hier ein Auszug aus der Website der Steuerberater-Abteilung von KPMG-Deutschland:
»Im Geschäftsbereich Tax von KPMG … setzen etwa 1200 Mitarbeiter ihre Fachkenntnisse und ihre Erfahrung ein … Die Angebotspalette reicht dabei von der Erstellung Ihrer Steuererklärung bis zum proaktiven Management der Konzernsteuerquote. Letztere wird zu einer immer wichtigeren Kennzahl für die Beurteilung der Qualität der Unternehmensführung. Eine optimierte Steuerstrategie steigert nicht nur die Profitabilität Ihres Unternehmens, sondern erhöht auch dessen Attraktivität für Investoren.
KPMG bietet Ihnen hochwertige Beratung für die Optimierung Ihrer Steuerbilanzpolitik. Ein leistungsfähiges Netzwerk steht zur Verfügung, um Sie bei Analyse und Management Ihrer steuerlichen Kennzahlen zu unterstützen. Das Beratungsangebot geht dabei sowohl in die Tiefe als auch in die Ferne: Die globale Präsenz von KPMG hilft Ihnen beim Erkennen steuerlicher Fallstricke – und natürlich auch der Gestaltungsspielräume – in aller Welt …
Internationale Unternehmen werden schlussendlich an ihrem Ergebnis nach Steuer gemessen. Wie viel Steuer ein Unternehmen abführen muss, hängt zu einem wesentlichen Teil von den gewählten Verrechnungspreisen ab.
Diese Website soll Ihnen einen Einblick in die faszinierende Welt der Verrechnungspreise bieten.«

München. Ein erstes Treffen mit Herrn Dr. Ludwig steht an. Ein Freund, selbst Anwalt, hat uns Dr. Ludwig empfohlen. Ludwig habe, so hatte der Freund über den Anwalt gesagt, »in internationalen Steuerfragen wohl alles schon einmal gesehen«.

Eine im Internet abrufbare Rangliste der weltbesten Wirtschaftsanwälte bestätigt uns dies: Dr. Ludwig ist in den »Expert Guides« der »Legal Media Group«[75] mit seinem Portfolio als Fachmann für Firmenübernahmen (»Mergers & Acquisition«), Finanzmarktprodukte und internationales Steuerrecht beschrieben. Er ist damit einer der 15 teuersten Wirtschaftsanwälte Münchens. »In meiner Klasse«, wird Dr. Ludwig später sagen, »sind in Deutschland wohl nicht mehr als 150 Kollegen tätig.«

München also. Erst hatte Dr. Ludwig seine Kanzlei als Treffpunkt vorgeschlagen. Dann wollte er uns doch lieber in der Stadt treffen.»Kennen Sie das Hotel Bayrischer Hof? Gut. Dann hole ich Sie dort ab.« Schließlich, zwei Stunden vor der verabredeten Zeit, verschiebt der Anwalt den Termin. »Gehen Sie gern in die Sauna? Dann kommen Sie heute Abend um neun in meinen Fitness-Club. Da können wir reden.«

Nun gut, ungewöhnlich zwar, aber originell.

Pünktlich um 21 Uhr am verabredeten Treffpunkt: Ein Mann Mitte 40 steigt aus einem bescheidenen Mittelklassewagen. Er ist unauffällig gekleidet: dunkelgrauer Anzug, schwarze Lederschuhe, weißes Hemd. Die Krawatte hat er abgelegt, der Kragen steht offen.

Dr. Ludwig, so viel ist klar, hat diesen Ort ausgesucht, weil er seinen Gesprächspartner taxieren möchte. Sicher ist sicher. Wer weiß, der Journalist könnte ein Tonband bei sich tragen. Könnte ihn, den diskreten Juristen, in Teufels Küche bringen. Daher: Vorsicht. Daher: Sauna. Man will ungestört reden – und nach 21 Uhr sinkt die Besucherfrequenz in diesem unterirdischen Reich aus Fliesen, Wasserdampf und Holzbänken gegen null.

Ludwig legt eine Mitgliedskarte auf den Tresen. Wir bekommen Badetücher und Schlüssel für zwei Kästchen. Wir entkleiden uns. Jedem bleibt: ein Handtuch, die Brille. Sonst nichts.

Ein ruhige Kammer. Doch halt – im dunklen Eck, rechts unten, liegt noch ein später Saunagast. Der Anwalt redet über den Winter, die Kälte, die Hitze, das Schwitzen, das Training (er verausgabt sich hier regelmäßig an den Geräten, möglichst drei-, jedenfalls zweimal die Woche. Und zwar spätabends. Tagsüber wird gearbeitet – von sieben bis neun, zehn Uhr. Sonntags auch. Nur der Samstag gehört »meinem Chef« – seiner Frau.)

Irgendwann sind wir allein in der Kammer. Der Anwalt wird gesprächiger. Er erzählt: was er macht, wie er es macht. Nur für wen er es macht, sagt er nicht. Berufsethos. Vorsicht. Vernunft.

Also: Was macht er? Er berät seine Klientel, wie sie den Anfall von Steuern vermeiden kann – zum Beispiel mit dem Einsatz komplizierter Finanzmarktprodukte: »Die Menschen wollen ihr Geld nicht dem Finanzminister geben, also kommen sie zu mir. Sie zahlen meine Honorare, es ist ihnen fast egal, wie teuer ich bin. Und wissen Sie, was sie mir sagen: Sie zahlen das Geld lieber an mich als an Herrn Eichel. Dafür bekommen sie klare Lösungen: Ich denke, ich bin kreativ, ich erfinde, ich suche nach Auswegen, nach Lücken, nach Schlupflöchern. Und sie profitieren davon.«

Ludwig weiß, wie man Gewinne, die im Hochsteuerland Deutschland anfallen, so umstrukturiert, dass sie in der Schweiz günstig versteuert werden können: »Wenn ich es schaffe, den Gewinn so in die Schweiz zu bringen, dass dabei keine Umgehungsabsicht ruchbar wird, dann spart mein Klient viel, viel Geld. Das können mal zehn Millionen Euro sein, aber auch mal 100 Millionen. Dass jemand nach so einem Geschäft sein Honorar an mich zahlt, ohne mit der Wimper zu zucken, wird Sie kaum überraschen.«

Der Anwalt beschreibt Steuersparwerkzeuge, ohne die »heute kein Konzern auskommt«. Beschreibt Methoden, »die legal sind«. Ob ihre Anwendung – aus einem anderen Blickwinkel betrachtet – auch legitim ist, kümmert den Vielbeschäftigten selten: »Ich habe zwei Hüte, die ich mir abwechselnd aufsetze. Ich bin Anwalt, ich bin Jurist, das ist mein Beruf, damit verdiene ich mein Geld. Und ich bin Sozialdemokrat, das ist meine Überzeugung. Ich bin verschwiegen, diskret: Ich dränge mich als Anwalt nicht in die Zeitung, ich arbeite in der Kulisse. Alles andere würden meine Klienten nicht schätzen – die wollen nicht, dass ich sie berate und dann in der Zeitung über diese Dinge spreche. Ich sehe keinen Grund, warum ich mit meiner Überzeugung anders umgehen sollte: Der Umstand, dass ich die SPD wähle, ist bei meiner Tätigkeit als Anwalt nicht relevant.«

Ludwig ist international gut vernetzt. Ein paar Ausbildungsjahre hat er in den USA verbracht. Manche seiner Klienten kommen von dort, andere sitzen in der Schweiz, in Deutschland, in Österreich. Seine Stärke: Auf einem hoch spezialisierten Niveau ist er, so heißt das heute, »breit aufgestellt«. Er weiß, was im Schweizer Kanton Zug Sache ist. Er hält sich, was steuerfreie Zinszahlungen betrifft, in Südosteuropa und Lateinamerika auf dem Laufenden. Und er kennt, etwa in der Zinsenfrage, die Gesetzgebung jener Länder, aus denen sich seine Kunden rekrutieren. Er ist spezialisiert auf den Einsatz von Trusts und das Austüfteln von Kapitalmarktprodukten. »Strukturierte Finanzierung«, heißt das im Slang der Branche.

Flüssig redet er über griechische, brasilianische, spanische Staatsanleihen, so genannte letros del tesoro. »Da kann ich ein Beispiel nehmen, das ich in ähnlicher Form für einen Klienten gestaltet habe, der ein österreichisches Unternehmen entsteuern wollte. Die Konstruktion basiert ganz unauffällig auf dem Doppelbesteuerungsabkommen zwischen Österreich und dem zweiten Land, sagen wir Brasilien.

Wir haben Kapital in diesen brasilianischen letros del tesoro angelegt, in Staatsanleihen also. In so einem Fall sieht das Doppelbesteuerungsabkommen zwar vor, dass in Österreich 34 Prozent Körperschaftsteuer zu zahlen sind. Es sagt aber auch, dass man die in Brasilien bezahlten 25 Prozent Quellensteuer davon abziehen darf – ganz unabhängig davon, ob man die 25 Prozent auch wirklich bezahlt hat. Nun gibt es aber eine Spezialität: Brasilien erhebt auf Staatsanleihen keine Steuer. Mein Klient hat daher eine effektive Steuerbelastung von nur neun Prozent. Bei einem Investitionsbetrag von einer Milliarde Euro hat er einen Zinsertrag von 30 Millionen. Da erspart er sich also gut sieben Millionen Euro, die dem deutschen Finanzminister fehlen.«

Und was passiert, wenn diese Lücke geschlossen wird? »Dann finde ich eine andere. Früher hat man das mit spanischen Staatsanleihen gemacht. Als das nicht mehr ging, ist man auf griechische umgestiegen.«

Es wird zu heiß. Und zu spät. Der Durst treibt uns. Wir duschen. Dr. Ludwig schlüpft wieder in seinen Anzug. Er hat Vertrauen gefasst. Ein zweites Treffen wird vereinbart.

Drei Wochen später sehen wir ihn in seiner Kanzlei. Die Regeln sind klar: kein Tonband. Herr Dr. Ludwig darf zitiert werden, sein richtiger Name wird nicht genannt.

Er erläutert ein grobes Raster einer so genannten steueroptimierten Intra-Konzernfinanzierung, das in dieser oder jener Version bei »fast jedem Großkonzern zur Anwendung kommt«. Das Wesen liege darin – und da hebt Dr. Ludwig ein bisschen die Stimme –, das Wesen dieser Gestaltungen liege darin, dass der zugrunde liegende Geschäftsakt real gar nicht durchgeführt werde: »Als Steuergestaltungsmodell taugt eine Sache dann, wenn man einen Steuervorteil in Anspruch nehmen kann, es aber zu dem wirtschaftlichen Vorgang, der diesen Steuervorteil hervorruft, an sich nie kommt – weil das Geld in beiden Fällen, ob in Form von Zinsen oder Lizenzen, wieder dahin zurückgeht, wo es hergekommen ist. Es fließt also nie wirklich Geld«, erläutert der Anwalt in seinem mit Glaswänden und Lichteffekten unübersehbar teuer gestalteten Büro.

Ein Berater erzählt: Unsere Deals mit den Finanzbehörden

»Der Trend geht immer stärker in die Richtung, dass man mit den Finanzbehörden dealt. Da wird also einmal im Rahmen der Betriebsprüfung abgetauscht. Der Prüfer stellt zu Beginn seiner Tätigkeit im Unternehmen gewisse Maximalforderungen auf. Da hält man dagegen, das ist nicht akzeptabel. Im Lauf der Prüfung einigt man sich dann. Das wird zwar von vielen als Kuhhandel kritisiert. Aber andererseits ist es ja sinnvoll für beide Seiten, weil so oft jahrelange Instanzenwege vermieden werden. Aber natürlich fördert das auch den Willen zum Risiko: Oft riskiert man eine Konstruktion in der Hoffnung, dass sie durchgeht. Für den Fall, dass sie nicht durchgeht, hat man aber schon vorab kalkuliert, womit man dies dann im Rahmen eines Deals abtauschen kann.«

»Wenn Sie bis zur höchsten Gerichtsinstanz gehen, um eine Konstruktion durchzubringen, dann kostet Sie das in Österreich heute 10.000 Euro. Das ist wenig, wenn man dabei potentiell zwei Millionen Euro sparen kann. Dazu kommt noch etwas: Bei den zwei Millionen ist der Weg zur höchsten Instanz schon deshalb bedenkenswert, weil er eine Entscheidung um eine durchaus relevante Zeitspanne verzögern kann: Mit dem Zinsgewinn alleine liegen Sie dann schon über den Kosten.
Bei alldem läuft es immer wieder darauf hinaus, dass man Geld aufwenden muss, um welches sparen zu können. Noch ein Beispiel: Es gibt ja viele Dinge im Steuerrecht, die kann man so oder so sehen. Die Finanzverwaltung vertritt nun diese Sicht der Dinge. Ein namhafter Experte vertritt als Autor eines Fachartikels, eines Kommentars die andere, genau entgegengesetzte Sicht. Da kann ich als Steuerberater nun versuchen, diese andere, entgegengesetzte Sicht fester abzustützen. Ich suche noch einen zweiten, dritten Kommentar, der den ersten abstützt – dann lässt sich das als vertretbare Rechtsmeinung auffassen. Wenn es diese Artikel noch nicht gibt, kann man da natürlich auch nachhelfen: Man schreibt selbst oder lässt schreiben. Dann kann ich meinem Klienten sagen, wir schließen uns der für uns günstigeren Rechtsmeinung an. Damit sind wir erst einmal im Trockenen. Jetzt bleibt nur noch das Risiko, dass die Prüfer im Rahmen einer allfälligen Prüfung die andere Ansicht vertreten. Dann müssen wir es bis zum Höchstgericht ausfechten – siehe oben.«

Diese Modelle zusammenfassend kommt der Anwalt auf die Motivation, die ihn zu immer neuen Höchstleistungen anspornt. Von Modellen im Allgemeinen und Steueroasen-Gestaltungen im Besonderen hält er nicht viel. »Was ich hier erzähle, das sind Alltagsfälle, Allerweltsfälle. Was ich nicht verraten werde, sind die Details jener Gestaltungen, mit denen ich gerade arbeite.«

Warum?

»Wenn etwas einmal als Modell gilt, dann ist es nicht mehr interessant. Modelle verkaufen – das kann jeder. Ich will Dinge erfinden, Neues ausprobieren, Lösungen finden, die nicht auf den ersten Blick durchschaubar sind. Modelle haben einen großen Nachteil: Durch ihren häufigen Einsatz werden die Finanzbehörden aufmerksam, erkennen die Lücke und sorgen dafür, dass diese vom Gesetzgeber geschlossen wird. Genauso ist das mit den Steueroasen: Gestaltungen, die in einer Steueroase münden, sind anrüchig und würden meine Klienten in ein Licht stellen, in dem sie nicht stehen wollen. Also vermeiden wir diese vordergründig durchschaubaren Dinge.«

Zu Dr. Ludwig geht man eben nicht, um von der Stange zu kaufen. Er schneidert nach Maß.

Nächstes Thema. »Lizenzrechte entstehen in der Regel ja nicht in Steueroasen, sondern in Industriestaaten. Microsoft hat seinen Sitz nicht auf den Cayman Islands, sondern in den USA. Daher muss Microsoft Anwälte beschäftigen, die sich überlegen, wie die Lizenzen für die Microsoft-Programme so ausgewertet werden können, dass nicht 30 Prozent Steuern fällig werden. Es geht darum, die Verwertung der Lizenzen steuerschonend zu gestalten. Das kann man nun so oder so machen. Ich lege Wert darauf, dass es gut gemacht ist und dass alles rechtens ist.«

Was ist denn nun gut und was ist Missbrauch?

»Die Grenze zwischen erlaubter Gestaltung und missbräuchlicher Steuerumgehung ist fließend. Ob etwas Missbrauch ist oder nicht, ist am Ende eine Wertungsfrage.«

Weiter. Welches Land bietet dem Gestalter die besten Möglichkeiten, welches Land nimmt sein Steuerwesen besonders ernst, welches Land lässt den Konzernen besonders großen Freiraum?

»Die Deutschen wollen – ebenso wie die Amerikaner – möglichst alle Löcher stopfen. Andere Länder, da gehört gerade nach der jüngsten Steuerreform auch Österreich dazu, sehen das anders: Diesen Kampf können wir gar nicht gewinnen, sagen die. Und in dieser Hinsicht muss ich den Österreichern beipflichten: Wer soll all die Konstruktionen, die unsereins entwickelt, noch prüfen? Es wird an allen Ecken und Enden gespart – wo sollen die Prüfer herkommen? Und, bitte, verstehen Sie mich nicht falsch, aber man muss das emotionslos dazu sagen: Es ist jedem klar, dass sich das Hirnschmalz eher dort sammelt, wo das Geld zu Hause ist.«

Ein heikles Thema. Dr. Ludwig marschiert standesbewusst darauf zu: Er schätze es, mit klugen, intelligenten Menschen zu arbeiten. Er verschweige nicht, dass er sich selbst zu dieser Gruppe zählt. Es sei daher auch folgerichtig, dass er es bis an die Spitze gebracht hat.

»Sie haben als Student zwei Möglichkeiten – entweder Sie entscheiden sich für den Staat oder für die Anwaltskanzlei. Wenn Sie sich für den Staat entscheiden, also Richter werden, dann verdienen Sie bald 2.000 oder 3.000 Euro im Monat. Das ist nicht viel. Aber gemessen an dem Zeitaufwand, den ich hier betreibe, macht ein Richter auch nur einen Halbtagsjob. Und das hat auch langfristige Auswirkungen: Wer wird denn heute Richter? Überdurchschnittlich viele Frauen. Und warum? Weil die es sich aufgrund ihrer familiären Situation nicht leisten können, so viel zu arbeiten, wie ich es tue. Dass das zu unterschiedlichen Motivationslagen führt, ist klar.«

Ludwig rechnet kühl die Chancen der Finanzen aus: »Null.« Auf Dauer seien Betriebsprüfer »absolut chancenlos«. Das festzustellen, habe nichts mit Überheblichkeit zu tun, sondern beschreibe die Realität: »Ich verdiene sicher 20-mal so viel wie ein Konzernprüfer. Dafür muss ich Monat für Monat 250 Stunden arbeiten. Das ist in internationalen Sozietäten die Regel. Ich mache keinen Urlaub, ich lese kaum Zeitung, keine Romane. Ich arbeite.«

Der Betriebsprüfer hingegen sei »von halb acht am Montag bis um 17 Uhr am Freitag« im Job. Und müsse sich in dieser Zeit noch mit dem Apparat auseinander setzen. »Der ist vermutlich demotiviert, weil er von seinen Vorgesetzten nicht geachtet wird oder bei einer Beförderung übergangen wurde. Und er ist vielleicht auch nicht ganz so intelligent wie unsereins. Wie soll der unter diesen Bedingungen dahinter kommen, was ich gemacht habe?«

Zudem habe der Gegner »einen strukturellen Nachteil«:

Steuerprüfung sei reaktiv. »Ich erfinde was, die müssen es aufspüren und abstellen. Da spielt die Zeit für mich.«

Nun zum heikelsten Teil: Wie viel kostet sein guter Rat?

»Etwa 600 Euro die Stunde Mindesttarif. Darunter packe ich nichts an. Tendenziell liegen die Honorare höher. Man muss ja berücksichtigen, in welchem Rahmen wir unsere Leistung erbringen: Eine Investmentbank nimmt bei einem Geschäft mit einem Volumen von einer Milliarde Euro zwei Prozent Honorar. Wenn Sie das als Maßstab anlegen, dann fällt es nicht so ins Gewicht, wenn ich für acht Stunden wichtige, konzeptive Arbeit am Ende 100.000 Euro verrechne. Da kann es im Extremfall vorkommen, dass man für einen Geistesblitz von drei Minuten nach Umsetzung und mit allen Nebenkosten 400.000 Euro auf die Rechnung schreiben kann.«

Ob er nicht befürchte, eines Tages arbeitslos zu werden? Wenn sich die Steuerspirale so weiter dreht, wird man irgendwann bei null ankommen – dann müssten Spezialisten wie er zur Umschulung gehen.

Der Anwalt lächelt mild. »Nein, dieses Spiel hat kein Ende. Irgendeine Lücke gibt es immer, in jedem System. Ich werde dafür bezahlt, sie zu finden. Und ich finde sie. Um mich müssen Sie sich also keine Sorgen machen.«

Der Konzernprüfer

Zu Hause bei Dietmar Prugger, dem Konzernbetriebsprüfer im Ruhrgebiet. Seine Frau hatte uns zum Sonntagsessen eingeladen. Nun will Herr Prugger seine Sicht der Dinge erläutern. Grundsätzlich, sagt er, sehe auch er »die Sache sportlich«. Jeder habe seine Aufgabe. Der Steueranwalt habe die Aufgabe zu gestalten. Die Prüfer müssten feststellen, ob diese Gestaltung mit Recht und Gesetz übereinstimmt. »Wenn der Anwalt eine zulässige Gestaltung findet, dann habe ich da kein Problem. Meine Aufgabe ist es nicht, den Gesetzgeber zu überprüfen. Sondern den Konzern. Wenn etwas gut gemacht ist, kann ich nur sagen, das ist handwerklich gut gemacht, legal ist es auch und obendrein vom Gesetzgeber so gewollt. Da muss ich zähneknirschend meinen Sanktus geben. Hintendrein kann ich mir ausrechnen, dass diese Tricks dem Unternehmen 50 Millionen Euro Steuern erspart haben. Schön finde ich das nicht.«

Schnell nähern wir uns dem Punkt, an dem Herrn Prugger die sportliche Nachsicht abhanden kommt.

»Wir kämpfen in den letzten Jahren mit den Fehlern des Gesetzgebers. Der Einbruch bei der Körperschaftssteuer – handwerkliche Fehler. Die Verschmelzung von Gewinngesellschaften mit Verlustgesellschaften – ein Fehler des Gesetzgebers. Die Veräußerungsgewinne: Ein Bäcker, der Brötchen für 20 Pfennig herstellt und für 30 verkauft, hat 10 Pfennig Gewinn, die er versteuern muss. Wenn ich ein Unternehmen habe, das nicht mit Brötchen, sondern mit Unternehmensteilen handelt, dann ist der Verkaufserlös steuerfrei. Wieder ein Fehler, der Milliarden kostet.«

Prugger ist desillusioniert. Das hat, so sagt er, weniger mit den spektakulären Fällen zu tun. Es sei ein Resultat der Alltagsarbeit. Jeden Tag habe er es »mit den Herstellern von Kopiergeräten oder Kaffeemaschinen« zu tun, die alle eins wollen – »in Deutschland Gewinne machen, aber keine Steuern zahlen«.

Herr Prugger ärgert sich über VW: »Die machen bei Skoda in Tschechien phantastische Autos und Gewinne. Warum wir das mit Steuergeschenken noch subventionieren müssen, ist mir unverständlich.« Er schimpft über BMW: »Die ziehen die Verluste ihrer amerikanischen Betriebsstätte vom deutschen Gewinn ab – also man hat manchmal den Verdacht, dass dieses Ergebnis vom Staat gewollt ist.«

Warum sollte es gewollt sein?

»Das ist das Ergebnis der Lobbyarbeit. Man muss ja heutzutage nur die Zeitungen aufmerksam lesen, da steht es schwarz auf weiß: Die Industrie hat Juristen beim Bundesministerium für Finanzen (BMF), die diese Gesetze ausgestalten. Man begründet das damit, dass diese Leute ein ganz spezielles Know-how hätten. Ja, sicher haben sie das. Aber man kann sich doch ausmalen, wie die Gesetze dann aussehen werden. Hier noch guten Willen zu unterstellen – das fällt mir schwer.«

Zwei Finanzprüfer erzählen

»Ein Zöllner hat uns darauf aufmerksam gemacht, dass ein österreichisches Unternehmen immer wieder Textillieferungen aus Taiwan bezieht. Auf den Proforma-Rechnungen, die beim Zoll eingereicht werden, schauen die unterschiedlichen Firmennamen immer irgendwie ähnlich aus. Das war auffällig. Immerhin hatte das Geschäft ein Gesamtvolumen von gut einer Million Euro. Der Zöllner hat uns benachrichtigt, wir haben Verkaufspreise und Verrechnungspreise nachrecherchiert – das konnte nicht stimmen. Am Ende musste das österreichische Unternehmen Steuern und Zoll nachzahlen, weil es uns gelungen ist, die Verrechnungspreise zu reduzieren.

So einen Fall nennen wir ›inbound‹. Im Gegensatz dazu steht der ›outbound‹-Fall, wo es von Österreich ins Ausland geht. Das ist derzeit mit den Beitrittsländern besonders aktuell, wo ja von der so genannten verlängerten Werkbank die Rede ist. Da transferieren österreichische Unternehmen eine Ware oder eine Leistung ins Ausland – und bemessen dafür ihren Verrechnungspreis.

Wir sind dabei durchaus gesprächsbereit, suchen also oft den Kompromiss: Wenn die Firma Steuern zahlt, drücken wir ein Auge zu. Auch wenn uns klar ist, dass da nicht wirklich der echte Preis angesetzt wurde. Wir sind daran interessiert, österreichische Unternehmen zu schützen. Wir sind berechtigt, ausländischen Behörden so genannte Spontanauskünfte über österreichische Unternehmen zu geben. Das tun wir aber nicht in dem Ausmaß, in dem es uns möglich wäre – um den Standort Österreich zu schützen.«

»Manche Unternehmen machen einem das Leben schwer. Ganz leicht ist es mit den Korrekten, die alles so haben, wie es sein muss. Ganz leicht ist es auch mit denen, die eindeutig überzogen haben. Ich hab zum Beispiel eine Bank auf Malta geprüft und wollte den Mietvertrag dafür sehen. Da hat man mir gesagt, es gäbe keinen Mietvertrag, man hätte im letzten Stock des Gebäudes, im zweiten Raum von links, den zweiten Schreibtisch in der Mitte kostenlos zur Verfügung. Dass das nicht wahnsinnig glaubwürdig war, kann man sich ja vorstellen. Das ist ein leichter Fall. Wirklich schwierig sind die in der Mitte, wo man abwägen muss, was ist da wirklich dahinter.«

Herr Prugger, haben Sie wenigstens den Eindruck, dass Ihre Arbeit und die Ihrer Kollegen in Berlin ausreichend gewürdigt wird?

»Ich will nicht behaupten, dass wir ein Feigenblatt sind. Aber man muss unsere Rolle realistisch sehen: Die Betriebsprüfung kann nur die gröbsten Missstände beseitigen. Wir können allenfalls vorbeugend wirken, indem wir uns schwerpunktmäßig Teilbereiche vornehmen: Im Rahmen einer Großbetriebsprüfung kann ich nachsehen, ob diese oder jene Umstrukturierung rechtens war. Ob die Voraussetzungen des Umwandlungssteuerrechts richtig angewandt wurden. In andere Bereiche kommen ich mit unseren knappen Mitteln nicht rein.«

Stimmt der Eindruck, dass Sie den Machenschaften der Konzerne hoffnungslos hinterherlaufen?

»Wir können immerhin darauf verweisen, dass jeder Betriebsprüfer im Schnitt eine Million Euro pro Jahr an Steuern reinholt. Wir verdienen ungefähr so viel wie die Lehrer. Am Anfang 30.000 Euro brutto im Jahr, am Ende der Karriere 60.000. Das ist doch ein günstiger Kosten-Nutzen-Effekt.«

Warum investiert der Staat dann nicht mehr in die Prüfer?

»Ja, warum? In Nordrhein-Westfalen gibt es eine vergleichsweise hohe Prüfungsdichte. Am meisten geprüft wird bei den Kleinbetrieben, am wenigsten bei den Großbetrieben. So macht man Wirtschaftspolitik. Und dazu passt, dass in den neuen Bundesländern weniger Betriebsprüfer eingesetzt werden als in den alten. Das ist Förderpolitik. Wenn dort zu viel geprüft wird, vertreibt man die Konzerne. Die ostdeutschen Länder brüsten sich damit, dass die Betriebe oft gar nicht geprüft werden. Die verzichten bewusst auf Steuereinnahmen.«

Ein Schlusswort, Herr Prugger: Gegen Steuervermeidungsstrategien, so steht es in einem der einschlägigen Handbücher, sei »weltweit kein Kraut gewachsen«. Würden Sie dem zustimmen?

Antwort: »Absolut, das ist wohl so.«

Insidertipps – ein Steuerseminar für Konzerne

Von Ernst Schmiederer

Salzburg, im März. Das Wetter ist ungemütlich. Im Radio heißt es an solchen Tagen oft, es sei zu kalt für die Jahreszeit. Dabei ist es nur zu grau für die Seele. Und auch sonst ist an diesem Morgen alles wie gehabt.

Im Intervalltakt der Ampeln schiebt sich der Verkehr die Salzach entlang. In dem jetzt schon verrauchten Café ist der Herr Ober übler Laune wie an jedem anderen Tag auch. Und in den österreichischen Zeitungen wird – immer noch? schon wieder? – darüber gerätselt, was die nächste Steuerreform bringen würde, könnte und sollte.

Es fügt sich also ganz gut, dass der Seminarveranstalter »Austrian Network« heute in ein elegantes Hotel geladen hat. Dort ist es schön warm. Der Straßenlärm wird von feinen Holztäfelungen, saalhohen Türen, doppelten Fenstern und schweren Vorhängen abgedämmt. Die Atmosphäre ist gediegen, der Kaffee in Ordnung, das Thema viel versprechend. »Steuergestaltung im Konzern« – so lautet der nüchterne Titel des Seminars.

Hier treffen sich, das wird im Verlauf des Seminars klar, die Handwerksmeister der Steuergestaltung: Unter der Anleitung von Universitätsprofessoren, Wirtschaftsprüfern und -anwälten, von Konzern- und Großbetriebsprüfern wird eine handverlesene Teilnehmerrunde mit dem jüngsten Stand der einschlägigen Techniken bekannt gemacht. Hier werden sie ihre Kunstgriffe auffrischen, etwa die »rückwirkende Ergebnisverlagerung durch Umgründungen«. Hier werden sie erfahren, welche Möglichkeiten der »Ersatz der Organschaft durch eine Gruppenbesteuerung« steuertechnisch bieten kann.

Die zur Fortbildung im zweiten Stock der Beletage des Hotels Versammelten mögen aus unterschiedlichen Bundesländern und Branchen kommen, doch eines haben sie gemeinsam:

Sie werden von ihren Arbeitgebern dafür bezahlt, Geschäfte und Bilanzen steuerlich zu optimieren, also derart auf Lücken und Oasengelegenheiten abzustimmen, dass am Ende ein möglichst geringer Betrag zur Überweisung an das Finanzamt bleibt.

Da ist etwa der junge Mann, der das »Taxes & Group Accounting« im Aufputschlimonaden-Konzern Red Bull erledigt. Oder der »Leiter Controlling« vom österreichischen Ableger der Heidelberger Druckmaschinen AG. Oder die Dame, die im »Beteilungsmanagement Raiffeisenlandesbank Oberösterreich« wirkt. Dazu noch je ein Wirtschaftsprüfer, ein Vorstandsdirektor, ein Geschäftsführer. Und diverse »Leiter Finance & Controlling«.

13 Fachleute jedenfalls, die für eine Tagesgebühr von 790 Euro (plus 20 % Mehrwertsteuer, versteht sich) ihre Kompetenzen von einem halben Dutzend Referenten auffrisieren lassen. 13 Eingeweihte, die die Sprache der Vortragenden sprechen. Die nicht lachen, wenn zum Zwecke der Steuerreduktion eine »Großmutter-Enkel-Verschmelzung« erwogen wird. Die einen »Mantelkauf« nicht auf die Außentemperaturen beziehen, sondern auf die Möglichkeit, Steuern zu sparen. Die sich kenntnisreich über cashpooling im Allgemeinen und die steuerlichen Vorteile des effektiven gegenüber dem notional cashpooling im Besonderen unterhalten können.

Dass in diese Expertenrunde ein Journalist vordringt, ist ungewöhnlich. Ermöglicht hat dies die Organisatorin der Veranstaltung, Frau Reitbauer. Ihr Geschäft, das Seminar-Veranstaltungs-Unternehmen Austrian Network, boomt und ist eine typische Erscheinung dieser Zeit: Wo alles immer komplizierter wird, steigt der Bedarf an Fachkräften und Organisationen, die komplexe Zusammenhänge in überschaubare Pakete verpacken.

»Bildung für die Besten«, lautet die selbstbewusst formulierte Kurzfassung dieser erfolgreichen Geschäftsidee. Und so bieten Helga Reitbauer »und mein Team« jährlich 150 Veranstaltungen »für Entscheidungsträger und Spezialisten« an. Dass das Steuersparen im Jahresprogramm des Austrian Network einen wichtigen Platz einnimmt, versteht sich: »Erfolgreich umgründen« heißt eine Veranstaltung, bei der die »steuerlichen Motive für Einbringungen« erörtert werden. Eine andere erwägt die Möglichkeiten der »Steueroptimierung durch die Europäische AG«. Die nächste wendet sich den Vorteilen der »Steuerreform 2005« zu. Oder der »Praxis des Internationalen Steuerrechts«, mit einem besonderen Augenmerk auf die »Verrechnungspreise unter Berücksichtigung ertragsteuerlicher Aspekte«. Oder, wie heute, eben der »Steuergestaltung im Konzern«.

Frau Reitbauer sorgt bei einer eleganten Assistentin umgehend dafür, dass der Reporter mit einem Namensschild am Revers seines dunkelblauen Anzugs deutlich markiert wird. Und steht, freundlich und dienstbereit, »für alle weiteren Fragen selbstverständlich zur Verfügung«. Solche Offenheit zeigt, dass Zusammenkünfte dieser Art vom Geist der Rechtschaffenheit geprägt sind: Es wird keiner der Anwesenden je Zweifel an der Richtigkeit seines Tuns hegen. Noch weniger würde er allfällige Zweifel jemals äußern. Steueroptimierung im Rahmen der geltenden Gesetze ist in diesem Umfeld genau das: Steueroptimierung im Rahmen der geltenden Gesetze. Nicht weniger, aber eben auch nicht mehr. Jedenfalls kein Anlass, über Fachfremdes wie Steuermoral, Steuergerechtigkeit oder gar die gesellschaftspolitischen Auswirkungen des Steuergestaltens zu debattieren. Dafür wird keiner der hier Anwesenden bezahlt.

Es ist also keine Zeit zu verlieren. Und so steht, zehn Minuten nach neun, Dr. Reginald Bauer vor seinem Publikum und jubelt unverhohlen über die in diesen Wochen vom österreichischen Parlament zu beschließende Steuerreform 2005: »Unser Herz ist voll.« Dass der Mann einen grauen Anzug trägt und im besten Alter ist; dass er sein Geld als Wirtschaftsprüfer, Steuerberater und Partner bei einem großen Beratungsunternehmen verdient; dass er hier vor ebenso ernsthaften und erwachsenen Fachleuten steht – all das bremst ihn nicht in seiner Freudenkundgebung. Sein Herz ist nicht nur voll, es geht ihm über: Kein Wunder, hat ihm die schwarzblaue Regierungskoalition mit dieser Reform ein wirklich großes Geschenk gemacht.

»Auch die Herzen der Abgabenverwaltung schäumen über«, wirft die Frau auf dem Stuhl rechts von Bauer etwas pikiert ein: Anna Grabherr ist, so heißt das amtlich, »Fachbereichsleiterin für Körperschaftssteuer und Umgründungssteuer im Finanzamt«. Als solche ist sie für die Prüfung der Großkonzerne zuständig. Dieser Hintergrund trägt ihr bei den Seminaren des Austrian Network die Rolle des Spielverderbers ein. Frau Grabherr steht gewissermaßen auf der anderen Seite: Sie sieht voraus, wie die Reform die Steuereinnahmen noch weiter senken wird – und ist darob erkennbar weniger glücklich als ihr Partner auf diesem Set. Dr. Bauer, der in der Doppelconference den Guten gibt, sieht mit all den anderen zwar eben dies: Das Steueraufkommen wird sinken. Ihn macht das aber froh. »Da ist eine gewisse Dissonanz zwischen uns zu spüren«, reitet er fröhlich noch eine Runde auf Kosten der Finanzbeamtin, die er dem Publikum in seiner Einführung als »unsere wichtigste Ansprechpartnerin bei diversen Veranlagungsfällen – aber auch als unsere Konkurrentin« vorgestellt hat.

Nun, nach dieser Aufwärmrunde, geht Dr. Bauer zur Sache. Nimmt sich die »Internationale Schachtelbeteiligung« vor. Erläutert deren »Neuregelung im § 10 Körperschaftsteuergesetz«. Und präsentiert, wie er das nennt, »Gestaltungsideen«. Er weist darauf hin, dass dieser oder jener Bereich »bereits steuerneutral gestellt wurde«, dass also diese oder jene Gestaltung das Steuerzahlen vermeidet. Er rechnet. Er jongliert die Zahlen von »Buchwerten« und »Teilwertabschreibungen«. Er ortet, dramaturgisch gut gesetzt, »eine echte Lücke – da wird mir die Frau Grabherr ja zustimmen«. Was diese, zähneknirschend, auch tut.

Indes folgen die Steuerhandwerker an den mit grünem Filz bespannten Tischen jeder kleinen Abzweigung im Referat mit Interesse. Die einen notieren Wort für Wort. Andere markieren mit einem feinen Strich die entsprechende Anmerkung in der über hundert Seiten starken Tagungsunterlage.

»Die steuerschonende Durchleitung von Beteiligungserträgen aus Gesellschaften mit Passiveinkünften in Niedrigsteuerländer mittels Errichtung von Zwischenholdings in Österreich ist künftig nicht mehr möglich!« So steht es da. »Leider«, kommentiert Dr. Bauer, »das kränkt uns sehr.« Aber, deshalb ist er ja Berater, auch da gibt es eine Lösung. Wieder präsentiert Bauer ein »Standardmodell«, daran anschließend erörtert er »Gestaltungsidee I« (»Verwertung des Liquidationsverlustes statt Teilwertabschreibung ohne Beendigung des realen Investments«) und »Gestaltungsidee II« (»Zwischenschaltung einer inländischen Beteiligung«).

Dazwischen schiebt Bauer kleine berufsphilosophische Betrachtungen ein: »Die Zeiten ändern sich, das Brot des Beraters wird durch immer neue Gesetze und Bestimmungen immer härter. Mit den Standardmodellen kommen wir heute kaum noch weiter. Wir brauchen als Berater immer mehr handgeschnitzte Lösungen. Und da setze ich nun sehr auf die jüngste Reform. Ich hoffe, dass es jetzt im Anschluss daran ruhiger wird.«

Bauer redet. Bauer rechnet. Bauer berät. Bauer präsentiert. Leise surrt der Sony-Projektor. Ein Steuersparmodell nach dem anderen erscheint auf der Leinwand: Jedes Schema, jedes Bild, jedes Modul dieser Präsentation trägt am unteren Rand Bauers Brandzeichen: »Auditor Treuhand GmbH Dr. Reginald Bauer«.

Zwischenfragen kommen, wenn überhaupt, in dürren Worten und knappen Anspielungen. Unübersehbar, dass hier Eingeweihte aufeinander treffen. »Wenn nun diese 1000 aufgelöst werden und zurückfließen, dann haben wir handelsrechtlich eine Dividende.« Steuerrechtlich sähe die Sache aber ganz anders aus, geht Bauer ins Ziel.

»Seien Sie vorsichtig«, relativiert die Finanzprüferin im Kommentar die Bauer'sche Konstruktion, »das Abkoppeln der steuerlichen von den bilanziellen Buchwerten kann in der Praxis … da können Nachzahlungen fällig werden, mit denen Sie nie gerechnet haben.«

»Missbrauchselemente spielen ja immer mit«, sagt er.

»Der Missbrauch in Österreich …«, will sie ergänzen.

»Der Missbrauch im Ausland ist eine sehr harte Sache«, übernimmt er stattdessen: »Wie wollen Sie denn in Kasachstan mit den kasachischen Behörden verhandeln?«

Selbstverständlich findet man auch hier wieder den Ausweg:

»Sie wissen ja«, sagt Frau Grabherr, »schon ein wirtschaftlicher Grund in Ihrer Argumentation genügt, damit wir in unserer Missbrauchsvermutung geschwächt sind.«

So läuft der Hase in diesem Seminar: Der Berater gibt mit seinen Ideen die Gestaltungslinie vor. Die Finanzbeamtin erläutert, wo derzeit die Grenzen der Kreativität liegen – und schon weiß der Bilanztechniker, wieweit er im Namen seines Konzerns beim steuerschonenden Verschachteln der diversen Unternehmensteile in diesem Jahr gehen kann. Damit auch niemand vergisst, wem er den guten Rat zu verdanken hat, beendet Bauer seinen Vortrag mit »Folie 32«: Man sieht ein Foto, darauf zwei Männerarme in dunklen Anzugärmeln zum Handschlag geeint. Im Bildtext empfiehlt sich mit »herzlichem Dank für Ihre Aufmerksamkeit! Dr. Reginald Bauer«.

Steuersparen als Geschäft

Steuerspar-Shows, wie sie Frau Reitbauer, Frau Grabherr, Herr Bauer und Kollegen hier bieten, gehören zum Standardrepertoire in der globalen »tax planning community«: Abseits einer breiteren Öffentlichkeit ist jedes einschlägig interessante Land der Erde in dieses Netzwerk der »tax planning professionals« eingebunden. Im Internet stehen spezialisierte Suchmaschinen zur Verfügung, die weltweit nach dem maßgeschneiderten Kursangebot fahnden. Wer bei www.financial-conferences.com das Stichwort »tax« sucht, sieht sich mit 60 aktuellen Angeboten konfrontiert. In wenigen Minuten lässt sich über einen »Financial Training Calendar« jedes beliebige Spezialprogramm recherchieren und buchen. »Corporate Taxation in Ireland«: alles wichtige, alles Neue aus dem Steuerparadies Irland in einem Tag. »International Tax Efficient Transfer Pricing«: Jederzeit stehen zwei Termine zur Auswahl. Der Londoner Veranstaltungsort für die Konferenz »International Tax Planning« – ein Einführungsseminar zum Tagespreis von 520 britischen Pfund – ist »von allen wichtigen Flughäfen der Stadt gut zu erreichen«.

Wer für einen »europäischen Multi mit US-Aktivitäten oder für den europäischen Ableger eines amerikanischen Multis in der Steuerplanung tätig ist«, findet beim »European American Tax Institute«, was seines Arbeitgebers Herz begehrt: ein breites Kursangebot, Tagungen in aller Welt, Termine ständig verfügbar. Den Teilnehmern steht »ein einzigartiges Netzwerk von international tätigen Steuerprofis« zur Verfügung. Von dessen Mitgliedern werden sie in einem Tag in London etwa in die Grundlagen der »US International Taxation« eingeführt – für 1.300 Dollar Kursgebühr exklusive Unterbringung, Anreise und Steuern. Wer hingegen den zwei Tage dauernden »Transfer Pricing Workshop« bucht, wird ausdrücklich darauf hingewiesen, dass er damit überaus »kosteneffizient« gehandelt hat: 998,75 britische Pfund (rund 1.600 Euro) sind für dieses Modul fällig.

Auch die Hohepriester der Zunft, die auf dem allerhöchsten Niveau der internationalen Steuergestaltung tätig sind, brauchen mitunter noch jemanden, der ihnen frisches Wissen zuführt. Den finden sie etwa bei den britischen »Marcus Evans Conferences«, die sich als »eine der weltweit führenden Business Information Companies« preisen und Jahr für Jahr in ihren 31 Filialen rund 1.000 solcher »High Quality Events« veranstalten. Einer davon: eine Exklusivveranstaltung zum Thema »Financial Shared Services«.

Dabei geht es um jene Feinheiten der konzerninternen Finanzabwicklung und -verrechnung, ohne die heute kein Multi auskommt. In aller Regel sind diese »Financial Shared Service Centers« genannten Schatzmeistereien der Konzerne zugleich auch als konzerneigene Steueroase konstruiert: Während der Konzern weltweit Geschäfte macht, kanalisiert der Schatzmeister alle Zahlungsströme durch ein auf diesem Gebiet als besonders steuergünstig ausgewiesenes Land wie etwa Belgien. Dort wird der stetige Geldfluss in Abstimmung zwischen dem – »treasurer« genannten – Konzernschatzmeister und der Steuerabteilung in die gewünschten Bahnen geleitet.

Volkswagen etwa hat es in dieser Sparte zu eindrucksvollen Steuerersparnissen (siehe »Coordination Centers«, S. 259 ff.) und weltweitem Ruhm gebracht. Olivier Brissaud, der als General Manager das belgische Coordination Center von Volkswagen leitet, gilt als Star in diesem Geschäft und stellt sein

Know-how über den Konferenzveranstalter »Marcus Evans« in Barcelona zahlungswilligen Nachwuchskräften zur Verfügung. Gemeinsam mit einigen Kollegen – dem »Vice President Finance« von Henkel, dem »Finance Director, Business Support Center« von Ericsson und dem »Director of Finance Operations EMEA« bei Hewlett Packard – stand Brissaud zuletzt in Barcelona als »Key Speaker« auf dem Programm dieser exklusiven Bühne des Waltens und Gestaltens.

Das Konferenzthema »Shared Financial Services« läuft mittlerweile so erfolgreich, dass der Veranstalter »Marcus Evans« wie ein Wanderzirkus damit durch Europa zieht: 2004 treffen sich die Herrschaften im September in Amsterdam. Die Vorschau macht den Kennern schon seit dem Frühjahr den Mund wässrig: »Sie werden erfahren«, heißt es da viel versprechend, »wie Ericsson seine weltweite Finanzstruktur organisiert hat, mit welchen Topmethoden Federal Express für künftiges Wachstum sorgt, wie Agfa seine Kontenstruktur optimiert hat.«

»Shared Financial Services«. Die Grundidee ist simpel: Die eine Konzerntochter macht an einem Tag einen Gewinn, die andere aber einen Verlust; den Ausgleich zwischen den beiden schafft nicht die örtliche Sparkasse, sondern die konzerninterne Finanzierungsabteilung. Dass einer solchen Struktur beträchtliches Gestaltungspotential innewohnt, liegt auf der Hand: Jeder Kenner der Branche weiß, dass in dem von Olivier Brissaud geführten belgischen Coordination Center der in Deutschland ansässigen Volkswagen AG Jahr für Jahr viele, viele Millionen Euro Steuern gespart werden.

Ein Pool voll Cash

Shared Financial Services. Eben dies ist jetzt das Thema im zweiten Modul im Salzburger Seminarhotel. Der Vormittag ist fortgeschritten. Auftritt Frau Magister Ulrike Feichtner. Sie geht für den Österreich-Ableger von »PriceWaterhouseCoopers« ins Rennen, wo sie erst vor kurzem zur Partnerin gekürt wurde. Spezialisiert ist Frau Feichtner auf »Finanzierung im Konzern« – »einem, was die Steuerplanung betrifft, äußerst interessanten Thema«. In ihren Kreisen ist die Beraterin durch eine Publikation zu ihrem Spezialgebiet – »Cash Pooling« – einschlägig ausgewiesen. Heute wird sie darüber sprechen: »Was hat Cash Pooling mit Steuern zu tun?«

Sehr viel offenbar, wenn man sich an ihr Buch hält. Da geht es weit hinunter in die Tiefen der »steueroptimalen Zinsverrechnung«, dazu präsentiert sie jede Menge »Praxistipps zur steueroptimalen Gestaltung beim fiktiven Pooling«. Und schließlich wird die »Angemessenheit der Zinsverrechnung« thematisiert – gehört diese Frage doch, wie wir erfahren, »zu den komplexesten steuerlichen Aspekten von Cash-Pooling-Vereinbarungen«.

Die Ratgeber-Industrie

Was Frau Feichtner und ihre Beraterkollegen in aller Welt zum Zwecke der Veröffentlichung schreiben, wird meist zu Preisen gehandelt, die den Erstausgaben der Werke von Sigmund Freud oder Karl Marx zur Ehre gereichen würden. Wer bei dem amerikanischen Verlag World Trade Executive (»Publishers of International Business Advisories«) Rat in gedruckter Form sucht, wird seine Kreditkarte glühen sehen. Ein knapp vor dem bitteren Ende wieder abgebrochener Testkauf via Internet (www.wtexec.com) mündete in folgende Rechnung:

- das Handbuch »Global Transfer Pricing Solutions« kostet 294 US-Dollar,
- die Broschüre »Tax Audit Procedures in Mexico« 125 US-Dollar,
- das Jahresabo für die Fachzeitschrift »Practical European Tax Strategies« 787 US-Dollar
- und das Jahresabo für das Schwesterprodukt »Practical U. S./ International Tax Strategies« 614 Euro;
- ergibt in Summe 1.820 US-Dollar.

Für den Wert der Ware bürgt in diesem Fall ein Heer von Beratern, die im »Advisory Board« allesamt namentlich und mit dem Gütesiegel ihrer Firma angeführt werden. Ins Auge sticht dabei sofort, wie allgegenwärtig die Vertreter der »Big Four«, der großen vier Steuerberater-Unternehmen, auch hier sind: Die Spezialisten von Ernst & Young, PricewaterhouseCoopers, Deloitte & Touche und KPMG dominieren diese Ratsversammlung der Berater.

Man glaubt es gern, das Potential einer solchen Einrichtung ist nahezu unendlich: Wenn das konzerninterne Finanzmanagement an die Töchter der Gruppe oder an die Holding Kredite zur Deckung von Engpässen gibt, dann möchte die Finanzprüfung im Regelfall feststellen, ob die Verrechnungen dieser Zinsen und Leistungen auch zu »angemessenen« Tarifen vonstatten geht. Weil sich aber im Wort »angemessen« eine beachtliche Deutungsbandbreite verbirgt, öffnet dies der Kreativität Tür und Tor. Somit erweist sich das »Cash Pooling« als eine recht effektive Methode, Gewinne durch konzerninternes Zinsverrechnen in eine Steueroase zu verschieben – sie also in einen Pool zu versenken, auf den die Finanzämter keinen Zugriff mehr haben.

Ausdrücklich hinweisen will Frau Feichtner in diesem Zusammenhang auch auf die Möglichkeiten der »gebührenschonenden Dokumentation von Cash-Pooling-Verträgen«: Da in Österreich und anderen Ländern Kreditverträge mit einer Gebühr belegt sind, haben sich die Berater eben auch darauf spezialisiert, diese Gebühren zu umgehen.

»Dieses Land mit seinen Gebühren ist ein wahres Berater-Eldorado«, freut sich Herr Bauer, der zwecks Co-Kommentierung noch beisitzt, bei Frau Feichtner allerdings noch kaum zu Wort gekommen ist. »So skurril das auch ist«, nimmt ihm Frau Feichtner den Ball wieder weg, »für unseren Stand sind diese Gebühren ein gutes Geschäft.«

Ein Berater erzählt: Wie man Gebühren vermeidet

»Wenn Sie als Großunternehmer einen Kredit von 100 Millionen Euro aufnehmen, dann wird dafür sicher kein Kreditvertrag unterschrieben, dann werden sicher auch nicht – wie es ja vom Gesetz eigentlich vorgesehen wäre – mehrere hunderttausend Euro Vertragsgebühr bezahlt. Der Finanzminister geht also leer aus, weil man auf den Kreditvertrag verzichtet. Oder weil man ins Ausland ausweicht, um den Kreditvertrag dort zu unterzeichnen. Rechnen Sie zwei alltägliche Beispiele durch: Sie nehmen für den Kauf einer Wohnung einen Kredit über 300.000 Euro auf. Dann müssen Sie dafür 0,8 Prozent Vertragsgebühr abführen – 2.400 Euro.

Beispiel zwei: Wenn nun ein Konzern 100 Millionen Euro von dieser Bank braucht, dann wird der für die Abwicklung zuständige Manager bestrebt sein, seinem Konzern die fälligen 800.000 Euro Gebühr zu sparen. Und die Bank wird bestrebt sein, den Kunden nicht zu verärgern. Also wendet man sich an den Anwalt oder an uns Berater. Wir schlagen dann vor, dass man die Sache gebührenfrei regeln kann, indem man sich zur Vertragsunterzeichnung auf die Kanalinseln begibt. Oder indem man zwei Anwälte bittet, einen entsprechenden Schriftverkehr auszutauschen, der die Bedingungen unseres Kredits beschreibt: Da schreibt dann also Ihr Anwalt dem Anwalt der Gegenseite, dass ein mündlicher Vertrag folgenden Inhalts abgeschlossen wurde. Dieses Schreiben bringt zwei Rechtsanwälten jeweils ein schönes Honorar, bietet dieselbe Rechtssicherheit wie ein herkömmlicher Vertrag und erspart dem Konzern 770.000 Euro.«

Nun, was ist also zu tun, um »cash« gebührenschonend zu »poolen«? »Die Muttergesellschaft formuliert ein schriftliches Angebot auf Abschluss einer Cash-Pooling-Vereinbarung. Die Tochtergesellschaft reagiert, indem sie die notwendigen Schritte in die Wege leitet – also ein Konto eröffnet oder Zinsvorauszahlungen leistet.« Da nun räuspert sich die Betriebsprüferin Anna Grabherr vernehmlich. Auch sie hält noch immer auf ihrem Stuhl zwecks allfälliger Kommentierung des Referates aus: Sie sei erstaunt, gibt sie nun zu Protokoll, dass dies keine Gebührenpflicht auslösen sollte.

Da springt wieder Herr Bauer ins Feld: »Wenn man sich all diese schönen Gestaltungen ansieht, die heute präsentiert werden, dann kann man getrost alle Gebühren abschaffen, und wir werden trotzdem noch gut zu tun haben.«

Frau Feichtner stimmt zu. Und verabschiedet sich mit »Bild 68« ihrer PowerPoint-Präsentation: »Sie erreichen uns unter: PricewaterhouseCoopers Wien«. Dazu wird Telefonnummer, Faxnummer und E-Mail-Adresse eingeblendet.

Mittagspause. An großen runden Tischen versammeln sich Teilnehmer und Referenten. Man ist wortkarg. Wenn geredet wird, dann wieder über das Steuergestalten. Also auch beim Fisch.

Der Chef einer Konzernfinanzbuchhaltung berichtet über seinen Eindruck, dass Steuerprüfungen heute seltener stattfinden als noch vor wenigen Jahren. Später, beim Kaffee, wird einer der Berater dies dezent bestätigen. Und, mit leicht gedämpfter Stimme, zu einem überraschenden Kurzreferat ansetzen: »Wenn Sie mich fragen, ich verstehe ja nicht, warum man da auch noch spart. Aber wenn ich ehrlich bin, verstehe ich auch die Intention der Steuerreform nicht: Man wird durch sie keinen einzigen Arbeitsplatz retten, geschweige denn einen hinzugewinnen. Man wird durch sie kein einziges Unternehmen davon abhalten, ins Ausland zu verlagern, in die Slowakei zum Beispiel. Jeder weiß doch, dass die 500 größten Unternehmen Österreichs so gut wie keine Körperschaftssteuer zahlen, weil sie ihre Gewinne klein rechnen dürfen. Die kleinsten Unternehmen zahlen auch keine Körperschaftsteuer, weil sie keine Gewinne haben. Wer zahlt also? Der Mittelstand. Der erfolgreiche Mittelstandsunternehmer zahlt in Österreich die Körperschaftssteuer. Diese Steuerreform führt nun dazu, dass sich ganz oben und ganz unten nicht viel ändern wird – beide Gruppen werden auch weiterhin kaum Körperschaftssteuer zahlen. Der mittelständische Unternehmer wird durch die Reform nur wenig entlastet. Er könnte das Land ja ohnehin nicht verlassen. Die Regierung setzt also nur falsche Signale.«

Unter Missbrauchsverdacht

Teilwertabschreibungen. Upstream Merger. Downstream Merger. Universitätsprofessor Karl Rehleitner ist an der Reihe. Der Mann redet wie ein Wasserfall. Und erntet dabei auch noch zustimmendes Nicken im Publikum. In solchen Momenten wird deutlich, dass hier Profis auf Profis treffen. Dass hier alle alles verstehen. Draußen, vermutlich schon im nebenan gelegenen Seminarraum, würde dieser Slang Kopfschütteln hervorrufen. Hier aber werden für die nächste Stunde hemmungslos »Auslandsverluste durch Hereingründungen im Inland verrechenbar« gemacht und »offene Siebentel beschleunigt«.

»Verlustverwertungen und Umgründungen« heißt das Thema von Prof. Rehleitner. Dass seine Sache die Kreativität ist, steht zwar nicht in seinem Lebenslauf – dort steht, dass er in der Abteilung für Betriebliche Steuerlehre an der Wirtschaftsuniversität Wien sein Geld verdient. Dass man sich in seinem Metier aber »immer wieder etwas einfallen lassen« muss, das betont er gleich eingangs: »Macht's ein Brainstorming«, habe ein österreichweit bekannter Umgründungspapst seinen Schülern immer wieder zugeraunt, »macht's ein Brainstorming.« Prof. Rehleitner zieht daraus folgende Lehre: »Bei Umgründungen muss man sehr aufpassen, dass man bei der Übernahme nicht nur ein Vermögen übernimmt, sondern gleichzeitig auch das Risiko, Verlustvorträge zu verlieren.« (Schön gesagt.) Und daher sollte man »nicht gleich verschmelzen, sondern erst überlegen, ob es nicht eine andere Lösung gibt, bei der sich der Verlustvortrag weiterverwenden lässt«.

Nun, es lässt sich berichten, dass Prof. Rehleitner seinen Schülern im nächsten Schritt beibringt, wie sie »den Mantelkauf-Tatbestand« durch einen »Sanierungs-Tatbestand« oder einen »Rationalisierungs-Tatbestand« umgehen können. Es soll auch erwähnt werden, dass die Vertreterin der Finanzbehörden mitunter heftig die Augen verdreht und manchmal einen bremsenden Kommentar einwirft: »Seien Sie vorsichtig, wenn Sie glauben, einen Zweigbetrieb aus dem Hut zaubern zu können. Da geraten Sie bei uns ganz schnell unter Missbrauchsverdacht.« Sie muss aber zugeben, dass die Gesetze wirklich fast all das, was hier empfohlen wird, auch zulassen. Und dass ihr, auch wenn so manches nicht nach ihrem Geschmack ist, die Hände gebunden sind. Der Gesetzgeber, sagt Frau Grabherr, rüstet uns nicht für alle Fälle wirklich adäquat aus.

Vor allem aber verblüfft, wie eng und harmonisch hier zusammengearbeitet wird. Fast könnte man übersehen, was hier doch offen zutage tritt: dass nämlich die öffentlichen Universitäten junge Menschen dazu ausbilden und Professoren dazu anregen, ihr an diesen Universitäten erworbenes und gepflegtes Know-how bei den Veranstaltungen des Austrian Network und ähnlichen Beratungsgelegenheiten zu Markte zu tragen. Je länger die Referate andauern, je tiefer sie gehen, umso befremdlicher erscheint es, wie hier ein öffentlicher Bildungsauftrag umgemünzt wird in eine ganz ungenierte Anleitung zum Steuergestalten.

Förderung fürs Steuersparen

Im Herbst, ein halbes Jahr vor dieser Veranstaltung also, ist dem Reporter eine Pressemeldung untergekommen, die er damals kaum beachtet hat. Auf der Website der Wiener Wirtschaftsuniversität WU ist sie noch abrufbar. Heute gelesen erstrahlt sie in neuem Glanze. »Neuer WU-Spezialforschungsbereich ›International Tax‹ eingerichtet«, heißt es da: »Im Mittelpunkt steht die internationale Steuerkoordinierung innerhalb der EU.« Man werde »über weite Strecken echte Pionierarbeit leisten«. Auf der Agenda stehe »die Steuerbelastung von grenzüberschreitenden unternehmerischen Direktinvestitionen«. Es sollten die »vorliegenden Konzepte zur Koordinierung der bestehenden Steuersysteme aus verschiedenen Blickwinkeln kritisch geprüft und weiterentwickelt werden«. Für die ersten vier Jahre stellt der staatliche österreichische Wissenschaftsfonds FWF »mehr als 1,7 Millionen Euro« zur Verfügung. »Damit wird die Grundlagenforschung in großem Umfang gefördert.«

Nach der Teilnahme an der Fachtagung »Steuergestaltung im Konzern« klingt das nun allerdings bedenklich: Im »Directory of Members« des neuen Spezialforschungsbereichs findet sich etwa auch Karl Rehleitner – beim Austrian Network wird er als »Univ. Prof.« angepriesen, an der Uni ist er bescheidener als »a. o. Prof« ausgewiesen – wieder. Mit welchem Erkenntnisinteresse Prof. Rehleitner die Grundlagen erforschen wird, ist gut vorstellbar: Seine Arbeit wird vermutlich nicht dazu führen, dass Konzerne in Österreich mehr zur Finanzierung des Staatswesens beitragen.

Dass ihm dies im Austrian Network zum Vorteil gereicht, ist verständlich. Warum aber muss die Republik Österreich Prof. Rehleitner zusätzlich noch im Rahmen eines Spezialforschungsbereichs fördern? Das könnte sie doch getrost den Konzernen überlassen.

Es passt in dieses Bild, dass zum Abschluss solcher Exklusivseminare des Austrian Network auch immer noch besonders exklusive Gäste aufgeboten werden: An diesem Nachmittag – und auch am nächsten, wenn die »Praxis des Internationalen Steuerrechts« auf Lücken hin abgeklopft wird – gehört die Bühne zwei Spitzenbeamten aus dem Bundesministerium für Finanzen. Sie übernehmen die Tagesabschluss-Kommentare. Im Zivilberuf prägen sie Österreichs Steuerpolitik und Steuergesetzgebung. Hier veredeln sie mit ihrer Anwesenheit eine Zusammenkunft, die nur einen einzigen Zweck hat: den Konzernen beim Steuervermeiden zu Lasten der Republik Österreich behilflich zu sein.

Die Spitzenbeamten würden diese Deutung vermutlich strikt zurückweisen. Vielleicht würden sie dafür sogar dieselben drastischen Worte wählen, zu denen einer von ihnen in seinem Referat vor den Steuerhandwerkern des Austrian Network gegriffen hat. »Wir sind«, hat er da formuliert, »durch diese Steuerreform ins Zentrum der Kritik geraten. Man sagt, wir würden damit noch die verbleibenden Körperschaftssteuer-Einnahmen verlieren.« »Aber das«, so sagte er nach einer kurzen dramatischen Pause, »das ist alles Blödsinn.«

Brüsseler Spitzen – die Lobby-Kaiser von Europa

Gerhard Cromme. Einer der einflussreichsten Manager Deutschlands. Vorsitzender des Aufsichtsrats der ThyssenKrupp AG. Vorsitzender der Cromme-Kommission, die Verhaltensregeln für die Führung der deutschen börsennotierten Gesellschaften entwickelt hat. Und obendrein: Vorsitzender des ERT, des »Europäischen Runden Tisches der Industriellen«.

Als Cromme im Jahr 2003 seinen 60. Geburtstag feierte, beging der »Runde Tisch« das 20-jährige Jubiläum. Alle waren sie gekommen und dafür mit einer Erwähnung in Crommes Ansprache belohnt worden: EU-Präsident Prodi, die Kommissare Kinnock und Bolkestein, dazu zahlreiche Mitglieder der EU-Kommission und des EU-Parlaments. Stolz verwies Cromme die Anwesenden auf Europas Erfolge. Und betonte, dass diese auch die Erfolge seines ERT seien: von der EU-Erweiterung 1986 über den Fall der Berliner Mauer 1989 zum Vertrag von Maastricht 1992 bis hin zur Einführung des Euro im Jahr 2001 – »der ERT war immer an vorderster Front, wenn es darum ging, die EU-Kommission zu unterstützen«. Selbstbewusst fügte Cromme an, dass aber längst »noch nicht alle Arbeit getan« sei. Ein Beispiel: »Der ERT wird weiterhin dem Abbau von Hindernissen auf dem Gebiet der Unternehmensbesteuerung das Wort reden.«[76]

Genau das tun die Mitglieder dieser exklusivsten Lobby-Truppe Europas seit deren Gründung: Am »Runden Tisch« sind die Vorstands- oder Aufsichtsratsvorsitzenden von 45 europäischen Multis versammelt. Das Gewicht ihres Wortes unterstreichen sie mit einem Gesamtjahresumsatz von 1.400 Milliarden Euro und mit vier Millionen Arbeitsplätzen. Die Deutschen sind in diesem feinen Zirkel zahlenmäßig am stärksten vertreten: Neben ThyssenKrupp sind E.ON (Wulf Bernotat), Siemens (Heinrich v. Pierer), Volkswagen (Bernd Pieschetsrieder), Deutsche Telekom (Kai-Uwe Ricke), Bayer (Manfred Schneider) und die Deutsche Lufthansa (Jürgen Weber) hochrangig vertreten. Selbstverständlich hat der ERT auch eine eigene »Arbeitsgruppe Steuern« eingerichtet – geleitet wird sie vom Unilever-Vorstandsvorsitzenden Antony Burgmans.

1999 hatte Gerhard Cromme mit 21 deutschen Wirtschaftskapitänen in einem »Brandbrief«[77] an Kanzler Schröder vor den Folgen von Oskar Lafontaines Steuerreform gewarnt und damit auch das Ende von dessen politischer Karriere eingeläutet: Wenige Tage später trat Lafontaine, den sich die deutsche Industrie zum Lieblingsfeind erkoren hatte, als Finanzminister zurück. Die Aktienkurse schnellten in die Höhe. Und die Steuerschlupflöcher, die Lafontaine gern geschlossen hätte, blieben sperrangelweit offen. Nach genau diesem Modell wuchert Cromme auch als ERT-Chef in Brüssel mit seinen Pfunden. Ein alltägliches Beispiel zeigt Einfluss und Auftreten des ERT-Vorsitzenden:

In einem Brief wendet sich Cromme namens des ERT am 17. Februar 2004 an »Mr. Bertie Ahern«, den Vorsitzenden des Europäischen Rates. Ohne Höflichkeitsfloskeln kommt Cromme gleich zur Sache: »Am Vorabend Ihres sehr wichtigen Frühjahrsgipfels möchte der ERT seiner tiefen Sorge über die fortgesetzte Aushöhlung der europäischen Wettbewerbsfähigkeit Ausdruck verleihen und seine Prioritäten für künftiges Handeln bekannt machen.« Die schlechten Investitionsbedingungen hätten dazu geführt, »dass europäische Unternehmen ihre Forschungsbudgets in Europa kürzen und stattdessen in den USA, in Indien, China und Japan investieren«. Der ERT sei überzeugt, dass man »diesen Exodus« noch stoppen könne – »notwendig dafür ist ein eigener EU-Kommissar, der sich exklusiv um alle Aspekte einer zum Wachstum führenden Industriestrategie kümmert«. Details zu den »weiteren Vorschlägen im Anhang«. Mit freundlichen Grüßen. Unterschrift von Gerhard Cromme (ERT und ThyssenKrupp) und Daniel Janssen (ERT und Solvay-Chef). Dazu in einer Fußnote wieder der Hinweis auf »1.400 Umsatzmilliarden« und »vier Millionen Arbeitsplätze«.[78]

Während Crommes ERT mit solchen Briefen und Positionspapieren »das Drehbuch schreibt«[79] und den europäischen Regierungschefs die wirtschaftspolitischen Ziele vorgibt, erledigen die Kollegen von der UNICE die Knochenarbeit des steuerschonenden Konzernlobbyismus.

In dieser »Union of Industrial and Employers Confederation of Europe« sind Europas Arbeitgeberorganisationen zusammengeschlossen. 33 Großverbände aus 29 Ländern sind als Mitglieder registriert, Österreichs »Industriellenvereinigung« (IV) ebenso wie der »Bundesverband der Deutschen Industrie« (BDI) und die »Bundesvereinigung der Deutschen Arbeitgeberverbände« (BDA). Ihre Vertreter sind bei jeder Debatte einschlägiger Themen in Brüssel zugegen. In einem gnadenlosen Dauerbombardement bearbeiten die Funktionäre der UNICE (»Die Stimme der Wirtschaft in Europa«) die Brüsseler Szene mit Stellungnahmen, Studien und in Hintergrundgesprächen. Seit Juli 2003 steht auch der UNICE ein Deutscher als Präsident vor: Jürgen Strube, ehemals Vorstands-, jetzt Aufsichtsratsvorsitzender bei BASF und obendrein Aufsichtsrat bei Bertelsmann, BMW, Commerzbank und Linde.

Höhepunkt der UNICE-Arbeit ist der jährliche »Wirtschaftsgipfel«. Zuletzt fand dieses Spitzentreffen im März 2004 im Brüsseler Hilton statt. Über 1000 Teilnehmer – Industriekapitäne, Vorstände, Aufsichtsräte, Funktionäre – zahlten je 980 Euro Eintritt, um zwei Tage lang fünf EU-Kommissaren, diversen europäischen Ministern und zehn EU-Spitzenbeamten nahe zu sein. Einen thematischen Dauerbrenner führte UNICE-Generalsekretär Philip de Buck in die Tagung ein: »niedrigere Unternehmenssteuern«.

Unterstützt werden die UNICE-Lobbyisten dabei selbstverständlich wieder von den Drehbuchschreibern des ERT. Solvay-Chef Baron Daniel Janssen appellierte in seiner Rede am Gipfeltreffen im Namen des ERT an die Politik: »Wir müssen alle zusammen die Grundlagen für unsere Konkurrenzfähigkeit schaffen. Die Regierungen können uns dabei nach Kräften unterstützen, indem sie die Rahmenbedingungen unseres Wirtschaftslebens radikal verändern.« Was der einflussreiche belgische Industriebaron damit meint, ist in jedem Positionspapier des ERT im Kleingedruckten nachzulesen: die weitere Senkung der Unternehmenssteuern.

Nützliche Idioten? – Gewerkschafter sitzen in den Aufsichtsräten von Konzernen und entscheiden mit über steuerschonende Bilanzmanöver

Klaus Zwickel war bis vor kurzem ein mächtiger Mann: Vorsitzender der IG Metall, stellvertretender Aufsichtsratsvorsitzender der Mannesmann AG und, nachdem der englische Mobilfunk-Konzern Vodafone Mannesmann aufgekauft und zerschlagen hatte, Aufsichtsratsmitglied bei Vodafone.

Nachdem die Übernahme besiegelt war, erklärte die IG Metall in einer Presseaussendung, die Fusion sei sinnvoll, die Gewerkschaft trage diese Fusion mit.

Wie sich später herausstellen sollte, trug IG-Metall-Chef Klaus Zwickel als stellvertretender Aufsichtsratsvorsitzender noch viel mehr mit.

Als bekannt wurde, dass die Mannesmann-Manager am Ende eine Belohnung von insgesamt 111 Millionen Mark erhielten, ließ Zwickel im August 2001 eine Presseaussendung verschicken. Diese Prämien seien »unanständig hoch und für keinen Arbeitnehmer mehr nachvollziehbar«. Solche »Auswüchse des globalen Kapitalismus« seien der Öffentlichkeit nicht zu vermitteln. Und vorbeugend beteuerte er auch gleich: »Das war weder ein Thema im Aufsichtsrat noch ist darüber im Aufsichtsratsausschuss für Vorstandsangelegenheiten jemals gesprochen worden.«

Kurz nach dem Verschicken der Presseaussendung stellte sich heraus, dass Zwickel entweder Probleme mit seinem Kurzzeitgedächtnis hat oder dass er die Öffentlichkeit für dumm verkaufen wollte. Er war nämlich beteiligt gewesen an der Zuerkennung der Prämien; hatte zwar nicht zugestimmt, aber auch nicht dagegen und damit war ein rechtskräftiger Beschluss zustande gekommen. Deshalb stand er im Frühjahr 2004 in Düsseldorf wegen Verdachts auf Untreue vor Gericht (siehe »Ein ›Bauer‹ als Millionär«, S. 240 ff.).

Gehen wir noch einmal einen Schritt zurück in die Vergangenheit: Vodafone übernahm im Jahr 2000 Mannesmann, und Zwickel wechselte als Aufsichtsrat von Mannesmann zu Vodafone, mit demselben Aufgabenbereich: alle wesentlichen Geschäftsvorgänge zu kontrollieren und zu genehmigen.

Weil Vodafone für Mannesmann einen zu hohen Preis bezahlt hatte, stellte der Konzern im Jahr 2001 beim Düsseldorfer Finanzamt den Antrag, die Differenz zum inzwischen als niedriger eingestuften Wert als Verlust geltend zu machen. Da es hier immerhin um die Summe von 50 Milliarden Euro ging, kann man davon ausgehen, dass Zwickel als Aufsichtsrat darüber Bescheid wusste.

Er war nicht der Einzige. Dr. Roland Köstler, Rechtsschutzsekretär und Abteilungsleiter der gewerkschaftseigenen Hans-Böckler-Stiftung, war wohl auch bestens informiert. Genauso wie Zwickel saß er im Vodafone-Aufsichtsrat – sogar als stellvertretender Vorsitzender. Genauso wie Zwickel hatte er zuvor im Aufsichtsrat von Mannesmann mitbestimmt.

Köstler ist ein einflussreicher Mann. Er saß auch in der Regierungskommission, die im Auftrag von Bundeskanzler Gerhard Schröder schärfere Regeln für Konzerne erarbeitete – eine Art Kodex für gutes Benehmen, um Aktionäre vor krummen Machenschaften der Manager zu schützen. Übrigens war auch Zwickel in dieser Kommission vertreten!

ver.di-Chef zwischen zwei Stühlen

Ein weiteres prominentes Beispiel dafür, dass Mitbestimmung im Betrieb auch Mitbestimmung bei Steuersparmodellen bedeutet, ist der Chef der Dienstleistungsgewerkschaft ver.di, Frank Bsirske. Er ist Aufsichtsrat bei der Lufthansa und beim Energiegiganten RWE. Und muss in diesen Funktionen wohl die Steueroase Norderfriedrichskoog kennen, die von beinahe allen deutschen Großunternehmen dazu benützt wurde, um die Gewerbesteuerzahlungen zu minimieren.

Der Geschäftsbericht 2000 von RWE weist Frank Bsirske, damals Vorsitzender der Gewerkschaft ÖTV, als Aufsichtsrat aus. Und zwar auf Seite 49. Auf der gegenüberliegenden Seite 48 findet sich in der Liste der »assoziierten Unternehmen« die VR Telecommunications GmbH & Co mit Sitz in Norderfriedrichskoog. Dass die VR Telecommunications (Co-Gesellschafter war E.ON) sich durchaus wesentlichen Geschäften gewidmet hat, deutet das ausgewiesene Eigenkapital von über 2,3 Milliarden Euro ebenso an wie das »Ergebnis des letzten Geschäftsjahres«: Mit mehr als 834 Millionen Euro ist es das mit Abstand beste Ergebnis aller gelisteten Unternehmen.

Der Geschäftsbericht zeigt, dass unter dem Aufsichtsrat Bsirske noch eine Reihe weiterer RWE-Töchter in der Gewerbesteueroase tätig waren.

Ebenso hat die Lufthansa den unscheinbaren Ort an der Nordseeküste zum Steuersparen entdeckt. Und auch dort sitzt Frank Bsirske im Aufsichtsrat.

Für seine Mitwirkung als Aufsichtsrat im Jahr 2003 bezog Bsirske von der Lufthansa[80], wo er stellvertretender Vorsitzender ist, 35.000 Euro. Bei RWE[81], wo er als Mitglied des Aufsichtsratspräsidiums auch noch in diversen Ausschüssen tätig ist, 132.000 Euro. Als Funktionär der Gewerkschaft muss Bsirske diese Honorare großteils abführen – an die gewerkschaftliche Hans-Böckler-Stiftung.

Spätestens hier beißt sich die Katze in den Schwanz: Im Februar 2004 legte die Böckler-Stiftung im Rahmen einer Reihe »Fakten für eine faire Arbeitswelt« eine Argumentationshilfe für Gewerkschafter in Bedrängnis vor: »Zur aktuellen Kritik der Mitbestimmung im Aufsichtsrat«.[82] Darin wird ausgerechnet auf den »Fall Bsirske« Bezug genommen: »Bsirske wird vorgeworfen, in seiner Funktion als Vorsitzender der Gewerkschaft ver.di einen Streik gegen die Flughafengesellschaft Fraport AG geführt und damit direkt oder indirekt die Lufthansa AG geschädigt zu haben, bei der er im Aufsichtsrat sitzt. So habe er gegen die Pflicht verstoßen, sich im Rahmen seiner Aufsichtsratsfunktion für das Wohl des Luftfahrtunternehmens einzusetzen.«

Genau das kann ihm im Fall der Steueroasen-Konstruktionen niemand vorwerfen. Dennoch spricht vieles dafür, dass die beiden Ämter nicht kompatibel sind: Am 25. Oktober 2003 hat der ver.di-Bundeskongress »mit überwältigender Mehrheit« einen Antrag »ver.di für stabile und solidarische Gemeindefinanzen 2004« beschlossen. Darin wird ausdrücklich »eine stärkere Beteiligung der großen Kapitalgesellschaften an der Finanzierung kommunaler Infrastruktur« gefordert.

Lang und breit werden die Auswirkungen der diversen Gewerbesteuergestaltungen aufgelistet: »Öffentliche Bäder und Büchereien werden geschlossen. Kinderspielplätze werden nicht mehr gewartet, Sportplätze nicht mehr gepflegt.« Als einer der Gründe wird die »Entlastung für große Kapitalgesellschaften in Milliardenhöhe« genannt. Der Schluss daraus: Die »Forderung nach solidarischen Gemeindefinanzen ist ein politischer Schwerpunkt für die Gesamtorganisation der Gewerkschaft ver.di.«

Angesichts dieser Forderung klingt das Bekenntnis der Böckler-Stiftung wie Hohn: »Die Gewerkschaften wollen das Problem der Interessenkollisionen nicht etwa kleinreden. Sie sind bemüht, diese nicht entstehen zu lassen.«

Mitgefangen, mitgehangen

Die Fälle Zwickel, Köstler und Bsirske sind keine Einzelfälle. Alle Steuertricks, die wir hier in diesem Buch beschreiben, sind den Gewerkschaften in mehr oder weniger detaillierter Form bekannt. Denn seit 1976 ist es in Deutschland vorgeschrieben, dass Gewerkschafter in Aufsichtsräten von großen Kapitalgesellschaften sitzen. Und als Aufsichtsräte sind sie in derartige Entscheidungen mit eingebunden. Mitgefangen, mitgehangen.

Die »Süddeutsche Zeitung« berichtete Anfang dieses Jahres über die gerichtliche Einvernahme von Klaus Zwickel vor dem Düsseldorfer Gericht: »Der ehemalige Gewerkschaftsführer führte wortreich aus, in welchem Zwiespalt sich ein Arbeitnehmervertreter befinde. Er sitze gewissermaßen zwischen allen Stühlen. Wenn er den Gehaltsforderungen neuer Vorstandsmitglieder zustimme, bekomme er Ärger mit den Gewerkschaftsmitgliedern. Denen sei die Höhe der geforderten Bezüge einfach nicht vermittelbar. Lehne er sich aber im Aufsichtsrat dagegen auf, werde ihm vorgeworfen, dem Unternehmensinteresse zuwiderzuhandeln. Infolgedessen sei es über Jahrzehnte ›Mitbestimmungspraxis‹ in deutschen Aufsichtsräten gewesen, dass der Gewerkschaftsvertreter sich der Stimme enthält.«[83]

Im Dezember vergangenen Jahres hatte eine Gruppe von Berliner Professoren die deutsche Mitbestimmungspraxis ebenfalls in Frage gestellt. Die Gewerkschaft fasste dies als »Angriff auf die Unternehmensmitbestimmung« auf. Vor allem die Hans-Böckler-Stiftung wehrte sich. Das ist nicht verwunderlich, denn sie hat einiges zu verlieren. Laut Beschluss des Deutschen Gewerkschaftsbundes müssen alle gewerkschaftlichen Aufsichtsräte einen Teil ihrer Vergütung an die Hans-Böckler-Stiftung abliefern. Insgesamt waren das rund 25 Millionen Euro im Jahr 2003.[84] Wir haben die Stiftung um Auskunft gegeben, wie hoch der Anteil ist, den die gewerkschaftlichen Aufsichtsräte abliefern. Wir haben nie eine Antwort erhalten.

Bayer

Der Vorsitzende der IG Bergbau, Hubertus Schmoldt, ein gern gesehener Gast bei Kanzler Schröder, ist Mitglied im Aufsichtsrat des Pharmakonzerns Bayer und kann in dieser Funktion wohl kaum übersehen haben, mit welchen Sparmodellen Bayer seine Gewinne erhöht. Schmoldt ist nicht nur bei Bayer im Aufsichtsrat aktiv, sondern auch stellvertretender Aufsichtsratsvorsitzender des Energiekonzerns E.ON, des Mineralölkonzerns Deutsche BP, des Chemiekonzerns BUNA SOW Leuna Olefinverbund GmbH und des internationalen Kohleunternehmens RAG Coal International.[85] Ein Multi also.

VW

Der ehemalige IG-Metall-Chef Klaus Zwickel[86] war von 1993 bis 2003 auch stellvertretender Aufsichtsratsvorsitzender bei VW und muss in dieser Funktion wohl die Belgien-Connection des Autokonzerns gekannt haben, durch die dem deutschen

Staat im Lauf der Jahre eine Menge Steuern verloren ging (siehe S. 260 ff.).

Im Oktober vergangenen Jahres gab Zwickel seinen VW-Job an seinen IG-Metall-Nachfolger Jürgen Peters ab.[87] Nun sitzt der für die Streikniederlage im Jahr 2003 bekannt gewordene Gewerkschafter im VW-Aufsichtsrat und darf dort ebenfalls Steuersparmodelle abnicken.

Siemens

Welcher Gewerkschafter könnte uns etwas über die Steuertricks von Siemens erzählen? Heinz Hawreliuk beispielsweise, Leiter des Ressorts Mitbestimmung der IG Metall.[88] Er ist bereits seit 1985 Aufsichtsrat in diesem deutschen Elektrokonzern und informiert darüber, wie der Konzern sich in den vergangenen Jahren um eine Steuerzahlung in Deutschland gedrückt hat. Hawreliuk sitzt aber auch im Aufsichtsrat anderer Firmen, bei DaimlerChrysler, bei Infineon, beim Hubschrauber-Konzern Eurocopter Deutschland GmbH (auf dessen Homepage lächelt uns Kanzler Schröder zu) und beim Satellitenunternehmen Astrium GmbH in München.

Wir könnten hier noch eine längere Liste gewerkschaftlicher Aufsichtsräte bei Siemens anführen, beschränken uns aber auf Bertin Eichler, geschäftsführenden Vorstandsvorsitzenden der IG Metall, der gleichzeitig auch im Aufsichtsrat der Allgemeinen Deutschen Direktbank und bei Infineon sitzt.

Deutsche Telekom

Der Vorsitzende des Deutschen Gewerkschaftsbundes, Michael Sommer, hat ebenfalls einen Aufsichtsratsposten, und zwar bei der Telekom. Seit dem 15. April 2000 sitzt er dort und könnte bestimmt einige Details zu der Verlustabschreibung beisteuern, die wir auf S. 130 f. beschreiben. Sommer ist nebenbei auch noch stellvertretender Vorsitzender des Aufsichtsrates der Postbank Bonn, bei der Telekomfirma T-Systems International GmbH Bonn und einfacher Aufsichtsrat bei der BHW Bausparkasse in Hameln. Im März 2003 verkündete er: »Wir müssen das Geld bei denen holen, die es haben.«[89] Ob er da an die Firmen dachte, bei denen er Aufsichtsrat ist?

DaimlerChrysler

Erich Klemm, Betriebsratschef des Konzerns, ist seit 1998 stellvertretender Vorsitzender des Aufsichtsrats mit einer jährlichen Vergütung von 150.000 Euro[90]. Diese Bezüge werden zur Gänze an die Hans-Böckler-Stiftung abgeführt.[91] Klemm ist Mitglied im höchsten Beschlussgremium der IG Metall, dem Beirat.[92]

DaimlerChrysler zahlte von 1993 bis 2003 keine Gewerbesteuern (siehe S. 129). Diese Entscheidung wurde im Aufsichtsrat abgesegnet.

Hochrangige Gewerkschafter, die als Aufsichtsräte tätig sind

Konzern	Gewerkschafter	Gewerkschaftsfunktion
Allianz	Hinrich Feddersen	Mitglied des Bundesvorstands ver.di
BASF	Ulrich Küppers	Landesbezirksleiter IG Bergbau, Rheinland-Pfalz/Saarland
Bayer	Hubertus Schmoldt, zusätzlich stellvertretender Aufsichtsratsvorsitzender von E.ON und Aufsichtsrat beim Mineralölkonzern BP, beim Chemiekonzern BUNA SOW Leuna Olefinverbund GmbH und beim Kohleunternehmen RAG Coal International	Vorsitzender der IG Bergbau, Chemie und Energie

BMW	Ulrich Eckelmann	Bereichsleiter Wirtschaft-Technologie-Umwelt, IG Metall
Commerzbank	Uwe Foullong	Leiter Koordinierung Finanzdienstleistungen, ver.di-Bundesverwaltung Berlin
Daimler Chrysler	Wolf Jürgen Röder, zusätzlich im Aufsichtsrat der Robert Bosch GmbH	Vorstand IG Metall
Daimler Chrysler	Erich Klemm, stellvertretender Aufsichtsratsvorsitzender	Mitglied des höchsten Beschlussgremiums der IG Metall – dem Beirat
Degussa	Werner Bischoff	Mitglied des Hauptvorstands der IG Bergbau
Deutsche Bank	Margret Mönig-Raane, zusätzlich im Aufsichtsrat bei E.ON (bis April 2003)	Stellvertretende Vorsitzende ver.di Berlin
Deutsche Telekom	Michael Sommer, zusätzlich stellvertretender Vorsitzender des Aufsichtsrats der Postbank Bonn und Aufsichtsrat bei der BHW Bausparkasse Hameln	Vorsitzender des Deutschen Gewerkschaftsbundes
Hypo Vereinsbank	Klaus Grünewald	Fachsbereichsleiter Bayern, ver.di München
Lufthansa	Frank Bsirske, zusätzlich im Aufsichtsrat bei RWE	Bundesvorsitzender ver.di Berlin
E.ON	Seppel Kraus	Landesbezirksleiter IG Bergbau, Bayern
Metro	Dr. Karlheinz Marth	Sekretär Bundesvorstandsverwaltung ver.di

RWE	Berthold Huber	Gewerkschaftssekretär IG Metall
Siemens	Heinz Hawreliuk, zusätzlich im Aufsichtsrat bei DaimlerChrysler, Infineon, Eurocopter Deutschland GmbH, Astrium GmbH	Leiter des Ressorts Mitbestimmung der IG Metall
Siemens	Bertin Eichler, zusätzlich auch im Aufsichtsrat bei Infineon und bei der Allgemeinen Deutschen Direktbank	Geschäftsführender Vorstandsvorsitzender der IG Metall
Thyssen Krupp	Dr. Karin Benz-Overhage, stellvertretende Vorsitzende im Aufsichtsrat, zusätzlich im Aufsichtsrat von BMW	Ehemaliges Vorstandsmitglied der IG Metall
TUI	Jan Kahmann	Mitglied des Bundesvorstands ver.di Berlin
VW	Jürgen Peters, stellvertretender Vorsitzender im Aufsichtsrat	Chef der IG Metall

Gewerkschafter als Lobbyisten für Steuervorteile der Konzerne?

Ein Interview, das die »Frankfurter Allgemeine Sonntagszeitung« am 30. Mai 2004 mit dem MAN-Vorstandschef Rudolf Rupprecht führte, lässt interessante Vermutungen über die Rolle der Gewerkschaften bei der Verhinderung von gerechteren Steuergesetzen aufkommen:

»Haben Sie jemals erwogen, den Sitz ins Ausland zu verlegen?«
»Ja. Die Steuer-Diskussion hat uns massiv beschäftigt. Es gab Ansätze, die verhindert hätten, Verluste innerhalb eines Konzerns zu verrechnen. Da standen wir vor der Frage: Löst sich

damit das Holding-Konzept auf? Geht man ganz ins Ausland?«

»Das haben Sie ernsthaft geprüft?«
»Das hat jeder gemacht. Wir mussten ja vorbereitet sein. Bis die Sache ganz durchdacht wurde und auffiel, dass mit der Holding-Konstruktion auch viele Aufsichtsräte verschwinden. Das hat in Frankfurt ganz schön Unruhe ausgelöst, und die wurde schnell nach Berlin weitergetragen.«

»Sie verdanken der IG Metall, dass Ihre steuerliche Behandlung nicht verschlechtert wurde?«
»Das habe ich nicht gesagt.«

Und in Österreich?

Auch in Österreich ist die betriebliche Mitbestimmung der Gewerkschafter gesetzlich verankert. Auch hier nicken sie als Aufsichtsräte brav alle Steuersparmodelle ab – zum Beispiel bei Unilever (siehe S. 99 ff.).

Fabelgehälter für schlechte Leistung – was deutsche Spitzenmanager verdienen

Der Maßstab, mit dem in unserer Gesellschaft letztlich alles gemessen wird, ist das Geld. Kann ich mir die notwendigen Lebensmittel, die Wohnung, das Auto, den Kindergarten, den Urlaub leisten? Wie viel Geld habe ich dafür zur Verfügung, wie viel ist meine Arbeit wert?

Die Idee der Gleichheit ist ein utopischer Traum. Die Frage ist jedoch: Wie groß darf in einer demokratischen Gesellschaft Ungleichheit sein? Ist es gerecht, wenn der Vorstandsvorsitzende der Deutschen Bank so viel verdient wie 750 Kindergärtnerinnen?[93] Ist es gerecht, wenn DaimlerChrysler-Chef Jürgen Schrempp 40-mal mehr verdient als der deutsche Bundeskanzler Gerhard Schröder?[94]

Solche Fragen beschäftigten die Öffentlichkeit in Deutschland vor allem seit dem Mannesmann-Prozess, bei dem es um Millionen-Prämien für Manager ging (siehe S. 240 f.). Als nach und nach immer mehr Details über die Umstände dieser Zahlungen bekannt wurden, erhoben sogar Medien, die der Wirtschaft nahe stehen, den Vorwurf, die wirtschaftliche Elite Deutschlands sei raffgierig geworden und habe jeden Sinn für Anstand und Gerechtigkeit verloren; vielen Managern gehe es hauptsächlich um persönliche Bereicherung.

Die Angegriffenen wehrten sich mit dem Argument, hier spreche der Sozialneid. Leistung müsse belohnt werden. Prämienzahlungen seien international üblich und die Höhe der Zahlungen nicht übertrieben. Wer viel leiste, verdiene eben viel.

Daraus kann man den umgekehrten Schluss ziehen: Gemessen an dem, was Spitzenmanager in Deutschland verdienen, müssten sie Unglaubliches leisten.

Spitzengehälter

Zum besseren Schutz der Aktionäre vor unlauteren Praktiken von Managern erließ eine Regierungskommission im Jahre 2002 für börsennotierte Unternehmen in Deutschland verbindliche Regeln für die »gute Unternehmensführung«. Diese Regeln schreiben vor, dass die Vergütungen der Firmenvorstände veröffentlicht werden müssen.[95] Als die Pläne der Kommission bekannt wurden, gab es heftiges Gezeter bei den Managern. »Der Zwang zur Veröffentlichung«, kritisierte MAN-Chef Rudolf Rupprecht, »könnte zu einer nicht sachgerechten und deshalb nicht wünschenswerten Nivellierung der einzelnen Bezüge führen.«[96] Laut einer Umfrage der Tageszeitung »Die Welt« sprachen sich fast alle Konzernchefs gegen eine Veröffentlichung aus.[97] Wenn es nach ihnen ginge, bliebe alles geheim, und die Eigentümer der Firmen würden nie erfahren, wie viel Geld die Manager erhalten, die für Gewinne und Verluste verantwortlich sind. Sehen wir uns an, in welchem Zusammenhang die Einkommen der Spitzenmanager mit dem Geschäftsergebnis ihrer Firmen stehen. Verdienen sie es tatsächlich, so viel zu verdienen?

Die Tageszeitung »Die Welt« hat im April 2004 eine umfangreiche Tabelle über die Gehälter und Prämienzahlungen von Vorstandsmitgliedern großer deutscher Unternehmen veröffentlicht. Da wird erkennbar, wie hoch die Vergütungen dieser Manager im Vergleich zu den Dividendenzahlungen sind – also jenem Gewinnanteil, der an die Eigentümer der Konzerne ausgezahlt wird. Wir haben diese Daten für unseren Zweck vereinfacht und gekürzt. Weil nicht alle Konzerne ihrer Pflicht zur Veröffentlichung nachkommen, sind manche Angaben unvollständig.[98]

Rang	Firma	Vergütung pro Vorstand in Euro	Zuwachs der Vergütung gegenüber dem Vorjahr in Prozent	Zuwachs der Dividende gegenüber dem Vorjahr in Prozent
1	Deutsche Bank	6.690.000,-	58,50	15,4
2	E.ON	4.369.000,-	108,04	14,3
3	DaimlerChrysler	4.298.000,-*	?	0
4	SAP	3.759.000,-	2,22	33,3
5	RWE	2.524.000,-	45,62	0
6	Siemens	2.400.000,-	20	10
7	Schering	2.197.000,-	**-0,82**	0
8	Infineon	2.008.000,-	32,23	0
9	Metro	2.000.000,-	?	0
10	DeutscheTelekom	1.880.000,-	3,86	0
11	BASF	1.803.000,-	5,53	0
12	BMW	1.783.000,-	3,70	11,5
13	VW	1.765.000,-	?	**-19,2**
14	Linde AG	1.730.000,-	0,53	0
15	Henkel	1.664.000,-	21,94	7,1
16	TUI	1.552.000,-	11,82	0
17	Deutsche Post	1.325.000,-	?	10
18	ThyssenKrupp	1.325.000,-	57,53	25
19	HypoVBank	1.299.000,-	17,92	0
20	Adidas	1.261.000,-	?	0
21	Bayer	1.169.000,-	**-11,20**	**-44,4**
22	Commerzbank	1.022.000,-	**-19,11**	**-100**
23	Continental	961.000,-	?	28,9
24	MAN	714.000,-	26,96	25
25	Lufthansa	530.000,-	?	**-100**

* Dieser Betrag ist in Wirklichkeit um einiges höher, weil die Vorstände von DaimlerChrysler zusätzlich noch weitere, leistungsbezogene Prämienzahlungen erhielten (»Performance Based Awards«), deren Wert von DaimlerChrysler aber nicht veröffentlicht wird.

Die Tabelle zeigt, dass die überwiegende Zahl deutscher Spitzenmanager von den Konzernen nicht nach ihrer Leistung bezahlt wird, sondern nach dem Prinzip: Die sollen einfach mehr kriegen. Der Wirtschaftswissenschaftler Prof. Michael Adams von der Universität Hamburg formuliert das noch viel schärfer: Bei den Vergütungen mancher Vorstände handle es sich um »ein Ausplünderungsverfahren« und um »Selbstbedienung«.[99]

Unsere Tabelle zeigt lediglich zwei lobenswerte Ausnahmen von diesem Prinzip, die Autofirma BMW und den Softwarekonzern SAP.

Aus der Tabelle können wir Folgendes ablesen:

- Nur bei zehn Firmen stieg die Dividende an. Wäre die Bezahlung leistungsgerecht, dürften nur die Manager dieser zehn Firmen höhere Bezüge erhalten. Tatsächlich ist das aber bei mindestens 15, wahrscheinlich aber 20 Firmen der Fall.
- Bei zehn Firmen blieb die Dividende unverändert gegenüber dem Vorjahr. Trotzdem erhöhten mindestens sieben, wahrscheinlich jedoch neun Firmen die Bezüge ihrer Manager.
- In vier Fällen sackte die Dividende ab. Die Bezüge der Manager verringerten sich zwar ebenfalls, aber keineswegs im selben Ausmaß wie die Dividende.
- Vorstände der Deutschen Bank verdienen fast 13-mal so viel wie ihre Kollegen bei der Lufthansa. Weil sie mehr Verantwortung haben? Oder mehr leisten? Darüber kann man trefflich streiten.
- Die Vorstände von DaimlerChrysler waren – gemessen an der Gewinnauszahlung für Aktionäre – deutlich weniger erfolgreich als ihre Kollegen von BMW, verdienten aber sehr viel mehr als diese.
- Die Manager von E.ON, RWE, Infineon, Henkel, TUI und ThyssenKrupp wurden im Vergleich zu den Dividendenzahlungen überdurchschnittlich belohnt.

Wer ist der »Beste« im ganzen Land?

Die in der Tabelle gezeigten Einkommen der Vorstände sind nur Durchschnittszahlen. Sie sagen nichts darüber aus, wie viel die Vorstandsvorsitzenden, also die Firmenchefs, erhalten. Nur elf von 30 großen deutschen Unternehmen listen die Bezüge ihrer Vorstände individuell auf, in der Mehrzahl werden nur Durchschnittswerte angegeben.[100]

Unangefochtener Spitzenverdiener unter den deutschen Managern ist der Chef der Deutschen Bank, Josef Ackermann. Mit den 11,1 Millionen Euro, die er im Jahr 2003 verdiente, steigerte er sein Einkommen gegenüber dem Vorjahr um 60 Prozent. Damit erhielt er mehr als alle sechs Vorstandsmitglieder von BMW zusammen.

Anders und etwas anschaulicher ausgedrückt: Ackermann verdiente als Vorstandsvorsitzender der Deutschen Bank im Jahr 2003 beinahe so viel wie alle 350 Beschäftigten der Filiale der Deutschen Bank Luxemburg zusammen. Eine Spitzenleistung.

Höhnisch bemerkte der »Spiegel«, dass die internationalen Konkurrenten der Deutschen Bank sehr viele höhere Gewinnraten erwirtschaften, Ackermann aber ähnlich hohe Bezüge erhält wie seine erfolgreicheren Kollegen.[101]

An zweiter Stelle nach Ackermann – weit abgeschlagen – folgt Henning Kagermann vom Software-Konzern SAP mit rund 5,7 Millionen Euro und an dritter Stelle RWE-Chef Harry Roels mit rund 4,4 Millionen Euro.

Würden alle großen deutschen Konzerne die individuellen Bezüge der Spitzenmanager offen legen, sähe die Rangliste wohl anders aus. Platz eins würde möglicherweise von DaimlerChrysler-Chef Jürgen Schrempp belegt. Im Jahr 2002 kassierte er laut »Manager Magazin« 10,8 Millionen Euro – der absolute Spitzenwert unter Deutschlands Vorständen. Wie viel er im Jahr 2003 erhielt, ist nicht genau bekannt.

Auch E.ON-Chef Wulf Bernotat und Siemens-Chef Heinrich von Pierer würden in der Rangliste wahrscheinlich nach vorne rutschen, wenn die Konzerne die Höhe der Bezüge angeben würden.[102]

Deutsche Mittelstandsunternehmer sind fassungslos über die Gehälter der Konzernmanager. In einem Interview mit der Tageszeitung »Die Welt« sagte Wolfgang Grupp, Chef des deutschen Bekleidungsherstellers Trigema: »Unter Deutschlands Unternehmern herrscht Verantwortungslosigkeit und ein fataler Hang zum Abkassieren. Deutschland braucht verantwortungsvolle Leistungsträger. Die, die Millionen beziehen, müssen auch entsprechende Leistungen erbringen.«[103]

Und der Hamburger Bürgermeister Ole von Beust meinte in einem Interview mit dem »Hamburger Abendblatt«: »Wenn ich mir die Gehälter an der Spitze angucke, dann finde ich das ungerecht. Es geht nicht, dass Vorstände oder Manager mit erhobenem Zeigefinger verlangen, die Leute sollten den Gürtel enger schnallen, und sich den eigenen Gürtel dann drei Stufen weiterstellen. Das finde ich höchst unmoralisch.«[104]

Noch höher hinaus

Die veröffentlichten Spitzengehälter deutscher Manager zeigen noch nicht die ganze Wahrheit. Manche Investment-Banker der Deutschen Bank verdienen als Angestellte samt allen Prämienzahlungen möglicherweise noch weit mehr als die Vorstände der Firma. Laut dem Magazin Focus besitzen 200 bis 300 Top-Banker der Deutschen Bank sieben bis 15 Prozent aller Aktien dieser Bank. Ihr Wert beträgt derzeit mindestens drei Milliarden Euro.[105] Das sind durchschnittlich 10 – 15 Millionen Euro pro Kopf. Wenn Herr Ackermann weiterhin so großzügig im Verteilen von Aktienpaketen an einige wenige Angestellte ist, könnte die Deutsche Bank demnächst diesen wenigen Auserwählten gehören.

Dazu kommt noch, dass Spitzenbanker in ihren Verträgen üblicherweise Klauseln haben, die ihnen beim Verkauf des Unternehmens Millionenzahlungen als Abgeltung versprechen.

Als die Deutsche Bank 1999 das amerikanische Geldhaus Bankers Trust kaufte, sollen neben dem Kaufpreis von neun Milliarden Dollar weitere zwei Milliarden an ein paar Dutzend Manager geflossen sein. Allein der Chef Frank Newman erhielt angeblich 100 Millionen Dollar Abfindung. Da könnten die Vorstände der Deutschen Bank doch glatt vom Neid gefressen werden.

Wie du mir, so ich dir

Hat sich seit Einführung der Regeln über »gute Unternehmensführung« in Deutschland die Situation gebessert? Sind die Bezüge der Spitzenmanager leistungsgerechter geworden?

Die »Frankfurter Allgemeine Zeitung« fällte im Frühjahr 2004 in einem Kommentar auf der Wirtschaftsseite ein vernichtendes Urteil: Es gäbe nach wie vor keine ausreichende Unternehmenskontrolle in Deutschland. Das Verhältnis zwischen Vorständen und Aufsichtsräten erschöpfe sich oft »in der Meistbegünstigung der Gehälter dieser beiden Gremien«.[106]

Etwas schlichter formuliert: In Deutschland besteht Unternehmenskontrolle oft darin, dass sich Aufsichtsräte und Vorstände gegenseitig hohe Gehälter zuschieben. Wie du mir, so ich dir. So bleiben die Herren – es sind ja fast ausschließlich Herren – immer unter ihresgleichen.

Österreich, Insel der Seligen?

Ist die Situation in Österreich besser als in Deutschland?

Keine Spur. Die Gehälter von Konzernmanagern sind zwar um einiges niedriger. Aber wenn es um die Veröffentlichung dieser Gehälter geht und um eine Koppelung der Gehaltshöhe an die Leistung, dann sieht es in Österreich ebenfalls düster aus.

Ein Beispiel: Die Manager der Telekom Austria hatten in ihren Verträgen eine Klausel, die ihnen eine hohe Prämie versprach – falls der Aktienkurs des Unternehmens in der Zeit zwischen 20. und 26. Februar 2004 im Schnitt über 11,70 Euro lag. Warum gerade in diesem Zeitraum? Das wissen die Götter.

Jedenfalls lag der Kurs zunächst knapp darunter, aber dann, kurz vor Schluss, platzierte eine kleine Wiener Bank noch einen Großauftrag zum Kauf von Aktien, der den Kurs so weit nach oben drückte, dass es gerade für die Prämienauszahlung der Manager reichte.

Ein Schelm, wer hier Böses vermutet. Sogar der österreichischen Finanzmarktaufsicht kam die Sache nicht geheuer vor, und sie begann zu ermitteln.

Bei Redaktionsschluss dieses Buches wurde immer noch ermittelt. Eine offizielle Stellungnahme wurde unter Hinweis auf das Amtsgeheimnis abgelehnt. Ein Sprecher erklärte aber gegenüber der Tageszeitung »Die Presse«: »Nach der derzeitigen Rechtslage liegt keine Manipulation vor. Nach der ab Oktober 2004 geltenden Rechtslage wäre es aber mit an Sicherheit grenzender Wahrscheinlichkeit Manipulation gewesen.«

Also Glück für die Manager, aber »eine klare Niederlage für die Glaubwürdigkeit der Wiener Börse«, hieß es dazu in einem Kommentar der Tageszeitung.

Der vorsitzende Aufsichtsrat eines Weltkonzerns erzählt – warum es mit Deutschland bergab geht

Ein sympathischer Herr mit Anzug und Krawatte, lächelnd, souverän und zufrieden, ein Herr von Welt. Er ist in einem Alter, wo Erinnerungen meist wichtiger sind als Visionen. Aber dieser Eindruck täuscht.

Als Aufsichtsratsvorsitzender eines der gewinnträchtigsten Konzerne der Welt lebt er ganz und gar in der heutigen Zeit. Wichtigste Zielgruppe seiner Überlegungen: Jugendliche. Nebenbei sitzt er im Aufsichtsrat einiger anderer Konzerne und berät als Wirtschaftsanwalt Finanzierungsgesellschaften.

Es war gar nicht schwer gewesen, einen Gesprächstermin zu bekommen. Über einen Freund, dessen Freund und den Freund dieses Freundes waren wir schließlich in einem Büro in Frankfurt gelandet.

Eine feine Adresse, eine große Anwaltskanzlei. Ein Metallschild vor der Eingangstüre versammelt die Namen von 18 Anwälten. Die schwere Eisentür signalisiert: Hier wird Wichtiges geschützt. Eine große Eingangshalle. Gedämpfte Farben, nüchtern-elegante Einrichtung. Ledersessel für die Wartenden.

»Möchten Sie Kaffee, Tee, Wasser?«

»Tee, bitte.«

»Dann nehme ich auch einen Tee. Wir gehen ins Besprechungszimmer.«

Ein großer Raum, ein Tisch mit sechs Sesseln, eine Schrankwand. Die Fenster sind mit einer hellgrauen Markise abgedunkelt.

Der Freund des Freundes hatte ihn als einen Spezialisten für Steueroptimierung und Konzernstrukturierung beschrieben. In jüngeren Jahren war er im Vorstand verschiedener Konzerne gewesen, auch in den USA.

Er wirkt, als hätte er endlos Zeit für uns, als gäbe es keinen Druck. Vermittelt den Eindruck, dass er nur noch große wirtschaftliche Entscheidungen trifft. Einige nebenbei fallende Sätze deuten an, dass er mit den wirtschaftlich Mächtigen auf Du und Du ist.

Von diesem Gespräch erwarten wir uns keine großen Enthüllungen, aber einen kleinen Einblick in eine hermetisch abgeschirmte Welt, zu der nur wenige Menschen Zugang haben. Wir hatten in allgemeinen Sätzen von dem Buchprojekt erzählt und darauf geachtet, nicht zu viel preiszugeben. Ein Buch über Konzerne in Europa.

»Ich fürchte, ich kann Ihnen nicht allzu viel erzählen.«

Oh, wenn er wollte, könnte er schon, da sind wir uns sicher. Ganze Bücher könnte man wahrscheinlich mit seinem Insiderwissen füllen. Aber warum sollte er?

Er habe Freude an seiner Arbeit, erklärt er, noch bevor eine Frage gestellt wird. Gestalten, wirklich gestalten, Einfluss nehmen, das interessiere ihn.

»Steuern gestalten?«, haken wir nach.

Er lacht, geht nicht darauf ein.

Unser Gespräch beginnt als vorsichtiges Abtasten. Wir lassen das Wort Konzerne fallen. Das gefällt ihm gar nicht. »Es hat so einen negativen Klang bekommen«, sagt er, »Unternehmen ist besser.«

Von sich aus kommt er auf den Chef von DaimlerChrysler zu sprechen. »Wenn Sie mich fragen: Herr Schrempp sollte gehen. Was der angerichtet hat im Unternehmen!« Er schüttelt den Kopf. »Aber wenn Schrempp geht, sollte Kopper auch gehen müssen.«

Hilmar Kopper ist Aufsichtsratsvorsitzender von Daimler Chrysler, also derjenige, der Schrempps Aktivitäten kontrollieren soll.

»Kopper war ja mitverantwortlich für den Unsinn, ein Unternehmen wie Chrysler und dann auch noch Mitsubishi dazuzukaufen. Warum haben die das gemacht? Größenwahn! Der deutsche Größenwahn. Die wollten endlich wer sein in der Welt, endlich mitreden mit den wirklich Großen. Und was ist daraus geworden? Eine erbärmliche Vorstellung, ein Desaster. Schauen Sie sich den Aktienkurs an! Früher, ohne Chrysler und Mitsubishi, war Daimler ein gesundes Unternehmen. Topfit. Und jetzt? Die hätten sich am japanischen Autokonzern Toyota ein Beispiel nehmen müssen, Toyota ist heute da, wo Daimler einmal war, bevor es Schrempp gab.«

Er ärgert sich über die Stimmung in Deutschland. »Nach dem Krieg, da war alles kaputt, da haben die Leute die Ärmel aufgekrempelt und geschuftet und alles aus dem Boden gestampft. Und heute ...«

Er schweigt viel sagend und fährt nachdenklich fort: »Dabei sind jetzt die Ausgangsbedingungen ungleich viel besser als damals. Andererseits: Heute ist alles geregelt. Der Staat kontrolliert alles und hat alles im Griff. Mindestens 50 Prozent des Bruttonationalproduktes wird in irgendeiner Form vom Staat kontrolliert – wenn man die Sparkassen und die Raiffeisenkassen dazurechnet, bei denen der Staat ja auch die Hand drin hat. Dieser ausufernde Staat erwürgt alles.«

Die Sekretärin tritt ein, fragt, ob wir etwas brauchen.

Nach der kurzen Unterbrechung führt er seine Überlegungen fort: »Es wird noch viel schlimmer kommen. Die Länder in Osteuropa, die jetzt zur EU dazukommen, die sind besessen davon, anzupacken, zu arbeiten. Die lehnen sich nicht zurück wie die Deutschen. Außerdem sind dort die Lohnkosten viel niedriger.«

Deutschland, ein Land im Niedergang?

»Ja. Wenn sich nichts ändert, dann gute Nacht, Deutschland! Es gibt ja kaum mehr große ausländische Unternehmen, die sich in Deutschland niederlassen. Welcher Unternehmer hat ein Interesse daran, dass ihm in alle Entscheidungen hineingeredet wird? Die Mitbestimmung ist als große Errungenschaft gefeiert worden. War es vielleicht auch, eine Zeit lang, aber jetzt... Welche Rolle die Gewerkschaften spielen, sieht man im Mannesmann-Prozess. Die haben keine Ahnung, und entweder unterschreiben sie sowieso alles oder enthalten sich der Stimme oder sie stimmen sowieso dagegen, weil sie das in Vertretung ihrer Kollegen tun müssen. Außerdem bringt das der Gewerkschaft Geld. Die müssen 80 Prozent von dem, was sie als Aufsichtsrat kriegen, an die Gewerkschaft abliefern.«

Er versucht uns den Unterschied zwischen einem börsennotierten Unternehmen und einem Familienunternehmen zu erklären und scheint ein Freund der Letzteren zu sein. Ein Familienunternehmen wie etwa Tchibo oder der Springer-Verlag, meint er, habe ganz andere Ziele als ein börsennotiertes und agiere viel vorsichtiger und langfristiger.

Er erläutert das folgendermaßen: »Für börsennotierte Unternehmen ist es wichtig, nach außen hin ein gutes Bild abzugeben, da werden die Bilanzen dann entsprechend frisiert. Die verantwortlichen Manager haben oft nur ihre eigenen finanziellen Interessen im Kopf, das Unternehmen als solches ist ihnen egal. Das sind häufig vaterlandslose Gesellen.«

Weil auf den Wirtschaftsseiten der Tageszeitungen täglich über den Versuch des französischen Pharmakonzerns Sanofi berichtet wird, den deutsch-französischen Konzern Aventis zu schlucken, fragen wir, was er davon hält.

»Gar nichts«, ist seine knappe Antwort: »Das ist nur ein Spiel, bei dem es mehrere Spieler gibt. Denen geht es überhaupt nicht um das Unternehmen, um Sanofi oder Aventis. Es gibt ein paar Leute, die an solchen Zusammenschlüssen rasend viel Geld verdienen werden. Das ist krank! Die verdienen allein schon durch das Spiel, auch wenn am Ende vielleicht gar kein Zusammenschluss zustande kommt. Meistens sind es Investmentbanker, die solche Pläne aushecken. Die halten Ausschau nach gesunden Unternehmen und überlegen sich: Wie könnten wir an so einem Deal verdienen? Diese Kerle sollten Sie einmal unter die Lupe nehmen. Das sind Wirtschaftsschädlinge. Denen ist es vollkommen egal, wenn ein gesundes Unternehmen zerschlagen wird.«

»Denken Sie da an Mannesmann?«

Aus seinem Mund quält sich ein verächtliches »Ach!«.

Er kommt noch einmal auf die deutsche Pharmaindustrie zu sprechen, auf Bayer und auf Hoechst. Weltspitze seien die gewesen, und dann sei dasselbe passiert wie überall in Deutschland. Man habe sich ausgeruht auf den Lorbeeren, habe alles verschlafen und sei weit zurückgefallen. Er habe das nie verstanden. Die meisten Deutschen in seinem Alter seien längst in Rente, ein Land von verschlafenen Rentnern. Man brauche sich nur die Universitäten anzuschauen. Die seien so schlecht geworden. Wer begabt sei, gehe ins Ausland, nach England oder in die USA.

Wir wollen von ihm wissen, ob er in seinem Bereich mit Korruption zu tun hat.

Er überlegt lange und antwortet ausweichend: »In jenen Bereichen, in denen der Staat mitmischt, gibt es Korruption in besonderem Ausmaß!«

Und in anderen Bereichen, gibt es da normale Korruption?

Er lacht, lässt sich nicht festnageln. »Sehen Sie sich die Baubranche an! Das Olympiastadion in München. Das ist doch wie geschaffen für ein paar Millionen, die unterm Tisch den Besitzer wechseln. Wenn es wenigstens nur Provisionen wären, um einen Auftrag zu kriegen. Aber meistens geht es da ja um Kickbacks. Da kassieren beide Akteure auf Kosten des Zahlers. Und das ist meistens der Steuerzahler.«

Gegen Ende unseres Gesprächs kommt er noch auf das Fernsehen zu sprechen. Man merkt ihm an, dass ihn dieses Thema sehr beschäftigt. Seine ruhige, gelassene Haltung verliert sich: »Die Fernseh-Gesellschaft hat in den letzten Jahren sehr viel verändert, auch im Wirtschaftsbereich. Nicht zum Guten. Früher waren die Deutsche Bank oder DaimlerChrysler seriöse Unternehmen. Und jetzt?«

Missbilligend hebt er die Augenbrauen.

»Früher gab es acht Leute im Vorstand, die waren alle top, die hatten alle etwas zu sagen. Jetzt... jetzt geht es dort sehr napoleonisch zu. Sehen Sie sich den Herrn Ackermann an! Ackermann hier, Ackermann da. Ackermann ist die Deutsche Bank. Die anderen Vorstände, die für das Geschäft der Deutschen Bank wahrscheinlich genauso wichtig sind wie der Herr Ackermann, kommen nicht mehr vor. Genauso ist es mit der Deutschen Bahn. Die Deutsche Bahn, das ist Herr Mehdorn. Sie können fachlich ein Ass sein, besser als jeder andere, aber wenn Sie nicht gerne im Fernsehen auftreten, schaffen Sie es nicht an die Spitze eines Unternehmens. So ist das leider.«

Die trojanischen Pferde der Konzerne – zwei Industriemanager sind verantwortlich für die Steuerpolitik von Rot-Grün

Als Bundeskanzler Gerhard Schröder im Jahr 1998 die Wahlen gewann und an die Macht kam, sollte das ein Aufbruch in eine neue Zeit werden. Auch bei der Steuerpolitik war Neues geplant, um die verkrusteten Industriestrukturen in Deutschland zu modernisieren.

Was am Ende herauskam, war ein riesiger Geschenkkorb für die Konzerne, dramatisch gesunkene Steuereinnahmen des Staates und hoch verschuldete Städte und Gemeinden im ganzen Land.

Wie konnte so etwas passieren? War es Absicht oder Unfähigkeit der Politiker? Hört man sich um in Deutschland, dann fallen immer wieder zwei Namen, die für dieses volkswirtschaftliche Desaster verantwortlich gemacht werden: Werner Müller, früherer Bundeswirtschaftsminister, und Prof. Dr. Heribert Zitzelsberger, früherer Staatssekretär im Finanzministerium.

Die deutsche Steuerreform des Jahres 2000 ist ein Lehrbeispiel dafür, wie die Konzerne erfolgreiche Lobbyarbeit betreiben – indem ihre Leute an entscheidende Schaltstellen der Politik gelangen.

Werner Müller

Werner Müller wird 1946 in Essen geboren, arbeitet von 1973 bis 1980 beim RWE-Konzern und von 1980 bis 1997 im Management der E.ON-Vorläuferfirma VEBA Kraftwerke Ruhr AG.

1991 holt ihn der damalige niedersächsische Ministerpräsident Gerhard Schröder als Wirtschaftsberater in sein Team. Gemeinsam machen sie Karriere. Gerhard Schröder wird Bundeskanzler und beruft im Oktober 1998 Müller zum Bundesminister für Wirtschaft und Technologie. Seine Aufgabe: Er soll zusammen mit Finanzstaatssekretär Zitzelsberger die Weichen für eine Steuerreform stellen.

Das Ergebnis ist so, dass die Konzerne eine helle Freude damit haben: Senkung der Körperschaftssteuer auf 25 Prozent, wobei für bereits versteuerte Gewinne nachträglich dieser niedrige Satz verrechnet werden kann; Steuerbefreiung für Erlöse aus dem Verkauf von Unternehmensteilen; Gegenverrechnung von Gewinnen mit Verlusten zwischen verschiedenen Tochterfirmen und die Anrechnung von Wertminderungen bei einzelnen Unternehmensteilen als Verlustabschreibung.

Die Konzerne nützen die neuen Möglichkeiten sofort und in großem Umfang aus.

Im Jahr 2000 verkauft E.ON seine Tochterfirma VEBA Oel samt dazugehörigen Aral-Tankstellen an den Ölmulti BP und erhält als Gegengeschäft einen großen Anteil der Ruhrgas AG. Weil E.ON damit eine monopolartige Stellung im Gasgeschäft erhalten würde, legt sich das Kartellamt quer und sagt: Kommt nicht in Frage!

Aber die E.ON-Manager wissen, wie sie sich die Ruhrgas AG trotzdem einverleiben können. Sie wenden sich an Bundesminister Werner Müller und finden offene Ohren – schließlich weiß er aus seiner Zeit als Manager bei der E.ON-Vorläuferfirma VEBA Kraftwerke Ruhr AG, welche Nöte einen Manager plagen können.

Müller äußert Sympathie für den E.ON-Monopol-Plan und bringt die Möglichkeit ins Spiel, mit einer so genannten Ministererlaubnis die Entscheidung des Kartellamtes vom Tisch zu wischen: »Es geht darum, die Versorgungssicherheit in Deutschland mindestens zu erhalten, wenn nicht zu verbessern.«

Die »Financial Times«, der man kaum Wirtschaftsfeindlichkeit vorwerfen kann, schreibt im November 2001: »Müller und der E.ON-Chef Hartmann haben sich hinter den Kulissen längst auf eine Ministererlaubnis verständigt, mutmaßt der Manager eines E.ON-Konkurrenten. Im Gegenzug bekomme Müller Gelegenheit, nach Ende seines Ministeramtes zum VEBA-Nachfolger E.ON zurückzukehren. Belegt ist das nicht im Geringsten. Aber allein der höchst heikle Verdacht, Müller könne seinem ehemaligen Arbeitgeber als Minister den Weg für die weitere Expansion freiboxen, sorgt bei der Konkurrenz für schwere Verstimmung.«

Um diesen Verdacht zu entkräften, unternimmt Müller folgenden Schachzug: Er ermächtigt seinen untergebenen Staatssekretär Alfred Tacke, eine Entscheidung zu fällen. Der gibt sich zunächst kratzbürstig, erteilt aber am 5. Juli 2002 »in Vertretung von Bundeswirtschaftsminister Werner Müller E.ON die Erlaubnis zum geplanten Kauf der Ruhrgas AG«.

Tacke erklärt, weder Schröder noch Müller hätten versucht, ihn zu beeinflussen. Der Online-Wirtschaftsdienst »finanzen-net« schreibt dazu: »Auffällig ist, dass Tacke zunächst harte Auflagen gefordert hatte, diese aber nach einer gemeinsamen Reise mit dem Kanzler zum WM-Finale fallen ließ.« Fußball verbindet.

Es gibt dann noch ein paar kleine Verzögerungen, weil E.ON-Konkurrenten vor Gericht ziehen, aber mit Geld kann man vieles regeln, und irgendwann sind auch die Konkurrenten mit dem Deal einverstanden.

Es ist übrigens die erste Fusion seit zwölf Jahren, die eine Bundesregierung gegen den Willen des Bundeskartellamtes genehmigt.

Werner Müller gibt im Jahr 2002 seinen Posten als Wirtschaftsminister auf und wird im Juni 2003 Chef der von der Politik hoch subventionierten Ruhrkohle AG. Dieser Konzern wird von Großaktionären dominiert, bei denen Müller schon vor seinem Ausflug in die Politik tätig war: von E.ON und RWE.

Damit schließt sich der Kreis. Konzernmann Müller wird wieder Konzernmann Müller.

Heribert Zitzelsberger

In den achtziger Jahren zählte der deutsche Pharmakonzern Bayer weltweit noch zu den fünf größten der Branche. Aber dann ging es stetig bergab.

Für Heribert Zitzelsberger hingegen, der 1987 Referatsleiter in der Steuerabteilung des Konzerns wurde, ging es stetig bergauf. Er wurde 1989 Chef der Steuerabteilung, habilitierte sich nebenbei an der Universität Regensburg und übersiedelte im Mai 1999 von Bayer direkt ins Finanzministerium nach Berlin – als Staatssekretär, zuständig für Grundsatzfragen der Finanz- und Wirtschaftspolitik.

Bayer-Konzernchef Manfred Schneider lässt Zitzelsberger gerne ziehen und sagt auf der Aktionärsversammlung 1999: »Wir haben unseren besten Steuer-Mann nach Bonn abgegeben. Ich hoffe, dass er so von Bayer infiltriert worden ist, dass er die richtigen Wege einleiten wird.«[107] Zitzelsberger erfüllt diese Erwartung.

Am 1. Januar 2001 – also genau an dem Tag, zu dem die Steuerreform in Kraft tritt – verkauft der Chemie- und Pharmamulti seine Anteile an der EC-Erdölchemie an den Ölmulti BP. Steuerfreier Gewinn für BAYER: 300 Millionen Euro. Die Stadt Leverkusen, in der Bayer seine Zentrale führt, erhält im selben Jahr von Bayer null Euro an Gewerbesteuern. Außerdem kann Bayer den finanziellen Schaden des Lipobay-Skandals im Jahr 2001 problemlos auf die Allgemeinheit abwälzen (siehe S. 284 f.).

Die Auswirkungen der Zitzelsbergischen Steuerreform sind in der Bayer-Bilanz des Jahres 2001 deutlich erkennbar: Der Chemie- und Pharmariese erhält im Jahr 2001 vom Staat 250 Millionen Euro Steuerrückvergütung und kann an seine Aktionäre mehr als eine Milliarde Euro an Dividenden ausschütten. Auch alle anderen Konzerne in Deutschland ergreifen sofort die Sparmöglichkeiten der Steuerreform. Der Energieriese E.ON etwa verkauft zahlreiche Tochterfirmen bzw. Beteiligungen – alle vollkommen steuerfrei; insgesamt geht es dabei um eine Summe von rund 30 Milliarden Euro:

- 2000 beispielsweise VIAG Intercom (für 11,4 Milliarden Euro), E-Plus und Cablecom;
- 2001 VAW Aluminium, Klöckner & Co. (Stahlhandel), Stinnes (Logistik-Unternehmen), MEMC, Gerresheimer Glas, Schmalbach Lubecca, Veba Electronics und Veba Oel (Aral).

Für die deutschen Staatsfinanzen hat das dramatische Folgen. Einnahmen von 23,6 Milliarden im Jahr 2000 verwandeln sich im Jahr 2001 in ein Minus. Die Finanzämter mussten mehr Körperschaftssteuer erstatten als sie einnahmen.

Ein »Bauer« als Millionär – Josef Ackermann vor Gericht

Josef Ackermann ist nicht nur Vorstandssprecher der Deutschen Bank, sondern auch Aufsichtsratsmitglied von Bayer, Siemens, Deutsche Lufthansa AG, Linde A. »Er arbeitet mehr in London als in Frankfurt«, berichtete die BBC im Februar des Jahres 2003 und wies auf Gerüchte hin, Ackermann wolle den Konzernsitz von Frankfurt nach London verlegen.

»Wenn man in der Ersten Klasse des Lufthansa-Jets einen gut gekleideten, selbstsicher auftretenden Mann fand, der von Frankfurt oder London nach New York düste, aber als Gepäck nur ein kleines Aktenköfferchen trug, dann war es der Vorsitzende des Vorstands der Deutschen Bank. Seinem Deutsch merkte man noch leicht an, dass es in Zürich erlernt war. Josef Ackermann, eine der wichtigen Figuren in der Internationalen Hochfinanz, saß oft in den Linienmaschinen, die ihn über den ›Großen Teich‹ trugen. Das Rätsel seines fehlenden Gepäcks löste sich bei näherem Hinsehen auf. Der Banker verfügt über drei perfekt eingerichtete Wohnungen in New York, in London und in Frankfurt.«[108]

Zwei Finger recken sich in Frankfurt in den Himmel, zwei Türme mit dem Zeichen der Deutschen Bank. Babylon. »Macht muss man wollen«, hatte Alfred Herrhausen verkündet, ein früherer Chef der Deutschen Bank, der 1989 von RAF-Terroristen in die Luft gesprengt wurde. Herrhausen sei sein Vorbild, sagt Ackermann.

Nach seiner großspurigen Geste zu Beginn des Mannesmann-Prozesses – zwei nach oben gereckte Finger – schrieb die »Welt am Sonntag« am 25. Januar 2004: Ackermann, der bis jetzt als Inbegriff schweizerischer Bankentradition galt, trage jetzt auch außerhalb seiner Bank den Titel »der Bauer«. Und die Deutsche Bank arbeite konsequent an ihrem negativen Image.

1948 als Sohn eines Arztes im St. Gallen in der Schweiz geboren, studierte er an der dortigen Eliteuniversität Wirtschafts- und Sozialwissenschaften. Wie in der Schweiz üblich, absolvierte er den Militärdienst und brachte es bis zum Oberst der Reserve. Seine zivile Karriere begann er 1977 bei der Schweizerischen Kreditanstalt. Im Jahr 1993 wurde er Präsident dieses mächtigen Bankkonzerns. 1996 trat er als Vorstandsmitglied in den Dienst der Deutschen Bank. Seit Mai 2002 ist er deren Vorsitzender.

Ein deutscher Topmanager war im März dieses Jahres bereit, anonym mit uns zu reden (siehe S. 231 ff.). Er erzählte, wie Topmanager ihr Geld anlegen: »Wenn ich einer bin wie Josef Ackermann, mache ich Folgendes mit den 11 Millionen Euro, die ich im Jahr 2003 verdient habe: Ich nehme eine Million, kaufe mir eine schöne Wohnung in London, schlage dort meinen Wohnsitz auf und zahle Einkommenssteuer – nur für diese eine Million! Die restlichen 10 Millionen lege ich in einem Trust auf Jersey an und zahle dafür keinen einzigen Cent Einkommenssteuer. Das ist vollkommen legal. Weder das englische noch das deutsche Finanzamt wird sich dafür interessieren. So gute Bedingungen kriege ich nicht einmal in der Schweiz. Das einzige Problem mit London ist, dass dieser paradiesische Zustand nach 17 Jahren vorbei ist. Aber auch das ist kein großes Problem. Dann übersiedle ich mein Vermögen in ein anderes Steuerparadies.«

Vor Gericht

Ackermann hatte ein anderes Problem, das ihn Monate beschäftigte und viel Zeit kostete. Er stand im Frühjahr 2004 wegen Untreue als Angeklagter vor dem Düsseldorfer Landgericht. Was hat er getan?

Seine Pflichten als Manager vernachlässigt und Geld verteilt, das er nicht hätte verteilen dürfen – sagen die Ankläger. Ackermann bestreitet das und behauptet: »Dies ist das einzige Land, wo diejenigen, die erfolgreich sind und Werte schaffen, deswegen vor Gericht stehen!«

Im Februar des Jahres 2000 entschied der Chef der deutschen Traditionsfirma Mannesmann, Klaus Esser, »seinen« Konzern an den britischen Mobilfunkbetreiber Vodafone zu verkaufen.

Kaum war die Entscheidung gefallen, fand eine große Geldverteilungsaktion in der Höhe von rund 111 Millionen Mark statt. Klaus Esser erhielt rund 45 Millionen Mark, Aufsichtsratspräsident Joachim Funk genehmigte sich selbst 9 Millionen Mark (die später auf 6 Millionen verringert wurden) und eine Reihe pensionierter Vorstandsmitglieder erhielt zusammen rund 60 Millionen Mark.

Der 120 Jahre alte Mannesmann-Konzern wurde zerschlagen und ausgeplündert. Tausende verloren ihren Job, einige wenige verdienten daran.

Als die Staatsanwaltschaft Düsseldorf begann, gegen die ehemaligen Mannesmann-Manager zu ermitteln, stieß sie auf merkwürdige Abläufe, merkwürdige Protokolländerungen, merkwürdige Falschbuchungen und merkwürdige Geheimhaltungsaktionen.

Das Gericht erhob Anklage gegen Klaus Esser wegen Beihilfe zur Untreue. Fünf weitere Personen wurden wegen Untreue angeklagt: Personalchef Dieter Droste, die Aufsichtsräte Klaus Zwickel (IG-Metall-Chef), Joachim Funk (Aufsichtsratschef), Jürgen Ladberg (Konzernbetriebsratsvorsitzender).

Und Josef Ackermann, der zur Zeit der Geldverteilung Aufsichtsrat von Mannesmann gewesen war – also Mitglied eines Gremiums, das Vorgänge des Managements kontrollieren sollte. Diese Aufgabe hatte er offenbar nicht ganz so wahrgenommen, wie es der Vorschrift entsprochen hätte. Zu Beginn des Prozesses rechtfertigte er sich damit, er sei nur ein »externer Aufsichtsrat« gewesen und habe nur unterschrieben, was seine Berater vorher geprüft und ihm vorgelegt hätten.

Laut Gesetz gibt es jedoch keine Unterscheidung zwischen »externen Aufsichtsräten« und Aufsichtsräten. Aufsichtsrat ist Aufsichtsrat.

Zentraler Vorwurf der Staatsanwaltschaft: »Alleiniger Grund für die Prämien war die Zustimmung zur freundlichen Übernahme von Mannesmann durch Vodafone.« Der Schaden betrage 111 Millionen Mark (rund 57 Millionen Euro). Den Angeklagten drohte eine Höchststrafe von zehn Jahren Gefängnis.

Etwa zur Halbzeit des Prozesses Ende März 2004 erklärte die Richterin Brigitte Koppenhöfer in einem Rechtsgespräch mit den Prozessbeteiligten, dass sie nach der derzeitigen Beweisaufnahme keine strafbare Untreue im Verhalten der Angeklagten erkennen könne. Allerdings seien die Millionenprämien mit dem Aktienrecht nicht vereinbar. Die Angeklagten triumphierten, die Staatsanwaltschaft hielt die Anklage aber aufrecht.

Am Tag darauf – am 1. April 2004 – besuchten wir die Verhandlung, um uns selbst ein Bild von Ackermann und den anderen Angeklagten zu machen.

Josef Ackermann trägt einen schwarzen Anzug, ein blaues Hemd und eine dunkelblaue Krawatte. Er wirkt ruhig und ernst und telefoniert lange, bevor er den Verhandlungssaal betritt. Esser tritt auf, begrüßt Ackermann mit Handschlag, feixt, verlagert unruhig sein Gewicht von einem Fuß auf den anderen und vergräbt die Hände in den Hosentaschen, als gäbe es dort einen Schatz, der gehoben werden muss.

Sechs Angeklagte und zehn Verteidiger nehmen Platz. Es sind nur Männer, keine einzige Frau. Scheinwerfer blitzen, ein Kamerateam filmt. Irgendwann, verspätet, taucht die Richterin mit Beisitzern und Beisitzerinnen auf.

Der erste Zeuge, 42, gewesener Aufsichtsrat von Mannesmann, hat ein auffallend schlechtes Gedächtnis.

»Haben Sie konkrete Erinnerungen an die damaligen Ereignisse?«, fragt die Richterin.

»Nein, ich habe keine genaue Erinnerung.«

Man liest ihm die Aussage vor, die er vor einiger Zeit vor dem Landeskriminalamt abgegeben hat. Da war sein Erinnerungsvermögen sehr ausgeprägt gewesen.

Er wiederholt: »Ich kann mich nicht erinnern.« Das wird zu seinem Standardsatz, den er wieder und wieder von sich gibt.

Die Richterin: »Sie haben dem Kriminalbeamten sogar handschriftliche Aufzeichnungen über die damaligen Ereignisse übergeben. Können Sie sich daran erinnern?«

»Nein!«

»Dann übergebe ich Ihnen jetzt diese Notizen. Vielleicht frischt das Ihre Erinnerung auf. Ist das Ihre Handschrift?«

»Ja, das ist meine Handschrift, aber ich kann mich nicht erinnern.«

»Sie haben diese Aufzeichnungen in Kopie auch bei sich zu Hause, Sie wussten, dass Sie heute Zeuge sind. Haben Sie sich nicht vorbereitet?«

»Nein.«

»Dann werde ich Sie noch einmal vorladen und fordere Sie auf, sich gebührend vorzubereiten. Ich mache Sie darauf aufmerksam, dass es Ihre Pflicht als Zeuge ist, Ihr Gedächtnis zu strapazieren. Sie sind entlassen.«

Die Aussagen der nächsten drei Zeugen – die im höheren Management von Mannesmann tätig waren – bringen keine neuen Erkenntnisse.

Die Staatsanwälte machen bei der Verhandlung keinen besonders guten Eindruck. Sie ducken sich, sind schlecht zu verstehen, und ihre Wortmeldungen haben keine Überzeugungskraft. So gewinnt man keinen Prozess, bei dem die Angeklagten von den teuersten Anwälten Deutschlands verteidigt werden.

Am Ende der Verhandlung eilt Ackermann in Begleitung eines Leibwächters (oder ist es ein Assistent?) zum Hinterhof. Hier wartet schon die offene Tür seines schwarzen Mercedes. Er gleitet rasch ins Innere, der Leibwächter schließt die Tür, und dann ist Ackermann auch schon verschwunden.

Am 14. April stellt die Staatsanwaltschaft neue Beweisanträge und weitet am 29. April die Anklage um zusätzliche Tatvorwürfe aus.

Ackermanns Verteidiger versuchen, politischen Druck auf die Staatsanwaltschaft auszuüben. Unter dem Titel »verleumderische Beweisanträge der Staatsanwälte« schicken sie an den Justizminister Nordrhein-Westfalens eine Dienstaufsichtsbeschwerde. Der weist sie ab und leitet sie an die Staatsanwaltschaft Düsseldorf weiter.

Die »Frankfurter Allgemeine Zeitung«, gewiss kein wirtschaftsfeindliches Medium, schreibt am 5. Mai 2004 in einem

Kommentar: »Dass die Staatsanwälte eine Anklage wegen schwerer Untreue erhoben haben, war keineswegs an den Haaren herbeigezogen. Zu verdächtig schienen die Hektik und Heimlichkeit, mit der nur drei Personen – Funk, Ackermann und Zwickel – im Aufsichtsratsausschuss einen für deutsche Verhältnisse ungewöhnlich großen ›goldenen Fallschirm‹ für ausscheidende Manager entfalteten.«

Und: »Wer etwa lesen muss, dass der ehemalige Vodafone-Chef Chris Gent seinen Auftritt vor dem deutschen Gericht zuvor mit einem persönlichen Trainer einstudiert hat, mag durchaus daran zweifeln, dass die Justiz hier die volle Wahrheit aufdecken kann.«

Freisprüche mit Makel

Am 21. Juli 2004 fällte das Gericht die Urteile: Freisprüche für alle sechs Angeklagten. In der mündlichen Begründung wies die Richterin Brigitte Koppenhöfer darauf hin, dass die Angeklagten jedoch gegen das Aktienrecht verstoßen hätten – dies sei aber kein strafrechtlicher Tatbestand. Ackermann hätte – wegen der Genehmigung der Millionenprämie für seinen Aufsichtsrats-Kollegen Joachim Funk – auch gegen das Strafrecht verstoßen. Er wurde nur deshalb freigesprochen, weil ihm das als Schweizer nicht bewusst gewesen sei. Die Staatsanwaltschaft hat gegen die Urteile Revision eingelegt. Nun muss der Bundesgerichtshof entscheiden.

Subventionen
für reiche Konzerne

Wer hat, dem wird gegeben – das abenteuerliche Förderkarussell

Die Konzerne nutzen Europa als Selbstbedienungsladen – die Floskel mag abgedroschen sein, beschreibt den Tatbestand aber treffend.

Beispiel Nummer 1. Die Bayerischen Motorenwerke wollen eine ihrer Fabriken modernisieren. Um zu entscheiden, in welches man die dafür vorgesehene Summe investieren soll, lässt BMW erheben, wo die größten Zuschüsse spendiert würden. Österreich bietet 37,2 Millionen Euro an staatlichen Beihilfen. Damit macht die BMW-Fabrik im oberösterreichischen Steyr das Rennen.

Nun wird die EU-Kommission mit der Sache befasst: Sie prüft, ob die Fördermittel mit den europäischen Richtlinien in Einklang stehen. Im Mai 2003 kommt die Kommission zu folgender Entscheidung: Österreich darf BMW mit 29,9 Millionen Euro fördern, die restlichen 7,3 Millionen dürfen nicht ausbezahlt werden, weil sie nicht EU-konform sind. So wird ein Stückchen bei der Regionalförderung weggeknapst, ein anderes bei der Innovationsförderung und ein drittes, größeres Stück bei der Forschungsförderung.

Ausführlich wird in der Entscheidung erläutert, warum die eine Million den Wettbewerb zugunsten BMW verzerren würde und warum die andere Million nicht mit den Prinzipien des gemeinsamen Marktes kompatibel wäre. Völlig unkommentiert aber steht ein schlichter Satz in dem Papier, der das Förderkarussell als absurd entblößt: »Die in Steyr getätigte Investition hätte ebenso gut in der bestehenden BMWFabrik in Landshut, Deutschland, getätigt werden können.«[109]

Mit anderen Worten: Österreichs Steuerzahler haben den Deutschen die BMW-Investition vor der Nase weggeschnappt. Deutschland hat das Nachsehen. Beim nächsten Mal kann es umgekehrt sein. Österreich oder ein anderes Land wird das Nachsehen haben. In allen Fällen aber bleibt einer Sieger: der

Subventionsempfänger, in diesem Fall BMW, der die Mitgliedsstaaten der EU gegeneinander ausspielt.

BMW weiß aus langjähriger Erfahrung, wie man zu Subventionen kommt. Bereits Mitte der neunziger Jahre hatte der bayerische Autokonzern von den Österreichern umgerechnet 33 Millionen Euro Subventionen für sein Werk in Steyr erhalten.[110]

Und Ende des Jahres 2002 erlaubte die EU, dass BMW für sein neues Werk in Leipzig mit 361 Millionen Euro von Bund und Land gefördert wird.[111]

Das Beispiel BMW zeigt auch, dass in der Regel nicht etwa arme Firmen, sondern hoch profitable Konzerne gefördert werden. Die Gewinne können sich sehen lassen:

2001: 3,2 Milliarden Euro
2002: 3,3 Milliarden Euro
2003: 3,2 Milliarden Euro

Beispiel Nummer 2. Auch der zweitgrößte deutsche Autokonzern – Volkswagen – ist ein ausgebuffter Spieler in Sachen Subvention: Für den Bau einer Fabrik in Chemnitz erhielt VW 1994 von der Bundesrepublik staatliche Subventionen in der Höhe von umgerechnet 286 Millionen Euro. Zwei Jahre später legte man noch einmal fast 270 Millionen drauf – als Ausgleich für regionale Nachteile. In einer dritten Tranche wollte Deutschland umgerechnet 95 Millionen Euro zahlen und obendrein noch fast 26 Millionen Euro für ein weiteres VW-Werk in Dresden. Da erst sagte die EU nein.

»Mit einem Schulterzucken«, so berichtete das »Manager Magazin«, habe man bei Volkswagen auf diesen Spruch der EU-Kommission reagiert. »VW sieht in dem Urteil keine Gefahr für die Konzernbilanz.«[112] Kein Wunder – der Konzern ist äußerst flexibel: Für die Fabrik in Dresden hatte Volkswagen im Jahr 2001 von der EU bereits die Erlaubnis erhalten, 70 Millionen Euro Subventionen einzustreichen.[113]

Außerdem kassiert VW regelmäßig auch in anderen europäischen Ländern. 2003 genehmigte die EU 15 Millionen Euro aus regionalen Fördertöpfen für eine Investition im spanischen

VW-Werk Navarro bei Pamplona.[114] Und in der österreichischen Stadt Graz darf VW 10 Millionen Euro kassieren. Obendrein lässt sich VW auch noch in anderen Ländern aus staatlichen Töpfen füttern, etwa in Belgien (siehe »Coordination Centers«, S. 259 ff.).

Subventionen, Subventionen, Subventionen

Fast endlos könnte man diese Subventionsliste fortsetzen.

Mit Infineon etwa: Mehr als eine Milliarde Euro an Steuergeldern hat der von Siemens abgespaltene Chip-Konzern für seine Fabrik in Dresden kassiert. Um dann mit der Abwanderung des Unternehmens in die steuergünstige Schweiz zu drohen. Im österreichischen Bundesland Kärnten hat Infineon in den vergangenen Jahren 14 Millionen Euro von Bund und Land erhalten, und in Portugal genehmigte die EU Anfang des Jahres 2004 eine staatliche Finanzspritze von 41 Millionen.

Oder mit Degussa: Die Spezialchemie-Gruppe hat für ihr Werk in Radebeul bei Dresden Mitte der neunziger Jahre rund 70 Millionen Euro Subventionen bekommen, um Standort und Arbeitsplätze zu erhalten. Jetzt, im Jahr 2004, zieht die Degussa aus Radebeul ab. Den Mitarbeitern bleibt ein Sozialplan und die Hoffnung, bei einem neuen Eigentümer vielleicht Beschäftigung zu finden.

Oder mit AMD: Insgesamt 2,4 Milliarden Dollar will der Chip-Konzern in sein neues Werk in Dresden stecken. 500 Millionen davon steuern der Bund und das Land Sachsen bei. »Angesichts des derzeitigen Geschäftsklimas sind Regierungen mit Hilfen zur Stelle«, erläuterte AMD-Vorstandschef Hector de Jesus Ruiz in einem »Spiegel«-Interview das Spiel: »Es gibt einen Wettbewerb der Nationen. Da wäre es doch fahrlässig, auf Unterstützung zu verzichten. Das könnten wir unseren Aktionären gar nicht erklären.«[115]

Der Mann hat Recht: Insgesamt 49 Milliarden Euro gewährten die 15 Mitgliedstaaten der EU allein im Jahr 2002 an Subventionen. Ein von der EU-Kommission regelmäßig vorgelegter »Anzeiger für staatliche Beihilfen«[116] ist in diesem Sinne auch als eine Rangliste der Großzügigkeit zu lesen: Mit 13 Milliarden Euro hat Deutschland demnach den größten Brocken vergeben. Es folgen Frankreich (10 Milliarden Euro) und Italien (6 Milliarden Euro).

Zusätzlich zu all diesen einzelstaatlichen Fördertöpfen stellt Brüssel noch Jahr für Jahr ein eigenes Subventionspaket im Umfang von fast 100 Milliarden Euro bereit. Schon bislang haben sich die Konzerne bemüht, möglichst große Stücke von diesem Kuchen zu erhalten. Jetzt, im Zuge der Osterweiterung, fällt zum Beispiel auf, dass Unternehmen in Osteuropa ganz gezielt nach einschlägigem Know-how suchen: Sie werben in der EU-Subventionsvergabe ausgebildete Beamte einfach ab.[117]

Obendrein befürchten Experten, dass sich mit der EU-Erweiterung der Trend zum Subventionsbetrug verstärken werde. »Ich erwarte eine deutliche Zunahme der Betrügereien«, erklärte der im Kampf gegen die Korruption engagierte österreichische Europa-Abgeordnete Herbert Bösch in der »Süddeutschen Zeitung«: »Der Brüsseler Etat besteht zu 95 Prozent aus Subventionen. Das ist einmalig auf der Welt und regt die Phantasie von Betrügern an.«[118]

Dunkle Gestalten

Dass sich Europa offensichtlich unvorbereitet diesen Herausforderungen stellt, ist nur mit Nachlässigkeit zu erklären. Denn alles ist ja schon einmal da gewesen: Einschlägige Erfahrungen mit legalen Suventionen – und mitunter auch kriminellen Energien – konnten Politiker und Manager schon seit Jahren im Osten Deutschlands sammeln.

Rund 30 Milliarden Euro wurden dort bis heute als Investitionszuschüsse vergeben, weitere 20 Milliarden kamen als Steuererleichterungen für Investionen hinzu. Dass das Gerangel um diese Beträge groß ist, versteht sich. Wie dabei immer wieder auch dunkle Gestalten erfolgreich waren, erzählt uns ein Informant, der selbst als Regierungspolitiker in einem der neuen deutschen Bundesländer Einblick in dieses Spiel gewonnen hat.

Wir treffen den feinen älteren Herrn in der Kanzlei eines mit ihm befreundeten Rechtsanwalts in Köln. Der Expolitiker ist uns bei der Recherche zu diesem Buch behilflich, weil ihm das Thema grundsätzlich am Herzen liegt: »Dass manche glauben, keine Steuern zahlen zu müssen, ist empörend. Dass solche Unternehmen oder Unternehmer dann oft auch noch versuchen, sich mit unlauteren Mitteln an den Fördertöpfen zu bedienen, ist ein Skandal.« So hofft unser Gesprächspartner, dass »man aus den Erfahrungen, die gemacht wurden, etwas lernt«. Damit setzt er zu seiner Erzählung an:

»Versetzen wir uns zurück in die Jahre 1993 bis 1995. Wir, Sie und ich, haben einen guten Namen, ein gutes Auftreten, ein paar gute Ideen. Wir sitzen an einem Biertisch und planen die Gründung einer GmbH.

Wir erfinden einen schönen englischen Namen. Wir siedeln unsere Firma in Halle an, um dort ein größeres Industrieunternehmen zu übernehmen. Das ist im Metallbereich tätig, hat zu dieser Zeit noch 2.800 Mitarbeiter, die alle um ihre Zukunft fürchten. Alles liegt schön zentral in der Stadt, die Fertigung, die Büros, alle möglichen Gebäude gibt es dazu, Grundstücke, sogar eine Kindertagesstätte und ein Einkaufszentrum – alles, was man braucht.

Wir überlegen: Was könnten wir da machen? Wir sind skrupellos: Wir wollen den Menschen nicht helfen, wir wollen verdienen. Wir erstellen in einer Stunde ein schönes Unternehmenskonzept und unterbreiten es einigen Politikern. Dann melden wir uns bei der Treuhandanstalt und kümmern uns um Landesfördermittel. Allen versichern wir, dass wir gerne helfen würden.

Ich garantiere Ihnen, dass es nicht lange dauert, bis sich jemand bei uns meldet und sagt: Schön, Sie kriegen das Unternehmen. Weil alles so kaputt ist, zahlen Sie 1 DM, dafür kriegen Sie alles inklusive der Liegenschaften. Obendrein bekommen Sie 120 Millionen DM Zuschuss. Dafür unterschreiben Sie folgenden Vertrag: Wenn Sie es nicht schaffen, in zwei Jahren mindestens zehn Prozent der Mitarbeiter dauerhaft zu beschäftigen, dann zahlen Sie eine Strafe von zehn Millionen Mark.

Das war's. Wir gehen und bestellen Champagner. Wir sind nun reich.

Das sagen wir aber nicht laut. Stattdessen engagieren wir uns unübersehbar. Wir wollen das Unternehmen ja retten. Wir machen also eine Betriebsversammlung. Dort sind wir wirklich leidenschaftlich, es geht uns schließlich um die Menschen, um den Standort, um das Land.

Wir verkünden auf der Betriebsversammlung, dass wir jetzt in Dubai nach Partnern, nach Geldgebern für die Restrukturierungs-Maßnahmen suchen werden. Wir fahren nach Dubai – und machen in Wirklichkeit einfach ein paar Tage Urlaub, schließlich waren die vergangenen Wochen sehr anstrengend. Wir kommen zurück. Und sind geknickt: Es sei alles sehr, sehr schwer, erklären wir öffentlich. Irgendwann rücken wir ganz damit heraus: Es ist entsetzlich, es ist grauenhaft, aber niemand will im Osten investieren, keiner hat Vertrauen, keiner nimmt das ernst, keiner will hier rein. Es tut uns Leid, aber so schaffen wir das nicht: Wir müssen das Unternehmen schließen.

Wir schließen es. Wir zahlen 10 Millionen Mark Strafe. Den Rest des Geldes behalten wir. Wir werden in unseren Familien als die großen Helden gefeiert, die sich aufgeopfert haben. Wir werden das Bundesverdienstkreuz kriegen. Wir werden geehrt, geachtet, geschätzt für unser unternehmerisches Verantwortungsgefühl.

Das ist keine Übertreibung, das hat es wirklich gegeben. Nicht einmal, nicht zweimal. Mehrfach. Das nennt man Subvention.«

Nach dem Treffen mit diesem altersweisen Herren suchen wir in diversen Zeitungsarchiven nach Belegen für seine Erzählungen – und finden zahlreiche Beispiele. Wenige Wochen später, im Mai 2004, dominiert in Deutschland zudem die Debatte über die »Tabuzone Ost«. Der »Spiegel« fasst unter dem Titel »Flops statt Jobs«[119] die Geschichte der ostdeutschen Wirtschaftsförderung noch einmal zusammen. Die Erzählung unseres Informanten wird dadurch untermauert:

Allein in Sachsen wurden seit 1991 rund 460 Millionen Euro Fördermittel in Betriebe gesteckt, die in weiterer Folge Pleite gingen. In Brandenburg waren es 450 Millionen. Ausbezahlt wurden all diese Gelder als Investitionszulagen. Rund 90 Prozent der ostdeutschen Industrie habe solche Investitionszulagen in den letzten Jahren in Anspruch genommen, heißt es im »Spiegel«: »Etwa 1,2 Milliarden Euro Steuergelder entgingen den öffentlichen Haushalten dadurch jährlich.«

Beispiel Dresden: 1998 wurde ein privater Investor für das »Zentrum für Mikroelektronik« (ZMD) gesucht.[120] Ein Hamburger Anwalt gründete eine Firma, verlagerte deren Sitz nach Dresden und nannte sie QMF. Das Land Sachsen sorgte dafür, dass die QMF aus dem Europäischen Sozialfonds gefördert wurden. Die ersten 13 Millionen Mark flossen. Später wurden weitere 38 Millionen Mark bewilligt. Nun ist die QMF insolvent, das Geld ist verschwunden. Der QMF-Geschäftsführer wurde wegen des Verdachts der Untreue in U-Haft genommen. Noch ist seine Schuld nicht erwiesen – dieser erst im Mai 2004 öffentlich gewordene Fall zeigt einmal mehr, dass unser Informant wusste, wovon er sprach.

Die Phantasie ist grenzenlos

Dass es im Subventionswesen auch ohne Betrug ein breites Feld an Gestaltungsmöglichkeiten gibt, erläutert uns ein paar Wochen später ein damit befasster deutscher Anwalt in Brüssel.

Dr. Dietmar Reich ist Experte für Subventionsfragen und EU-Wettbewerbsrecht und führt das Brüsseler Büro der internationalen Anwaltssozietät Beiten Burkhardt. »Blättern wir einmal gemeinsam durch das Amtsblatt der EU. Da werden uns zahllose Möglichkeiten ins Auge stechen, die auch ausgenutzt werden.«

Dr. Reich blättert. Bei den »Leitlinien für die Rettung und Umstrukturierung von Unternehmen« stoppt er, überfliegt den Text und legt den Finger auf die Wunde: »Hier. Bei der Rettungsbeihilfe, da steht, ›es sollte sich um eine einmalige Maßnahme handeln‹.« Dr. Reich schüttelt den Kopf. »Sollte, steht hier. Man kann nämlich auch noch die Verlängerung einer Rettungsbeihilfe gewähren. Und obendrein noch eine Beihilfe für Umstrukturierungsmaßnahmen. Und die kann dann auch noch ein zweites Mal gewährt werde.«

Dr. Reich schiebt einen Artikel aus dem »Handelsblatt« über den Tisch: »EU-Kommission zeigt mit Frankreich viel Geduld.«[121]

Der Fall ist pikant: Schon 1994 hatte der französische Computerhersteller Bull eine Umstrukturierungsbeihilfe in Höhe von 1,3 Milliarden Euro erhalten. Theoretisch dürfte Bull danach zehn Jahre lang keine weiteren Subventionen kassieren. Trotzdem genehmigte Frankreich dem Prestige-Unternehmen im Jahr 2002 eine Rettungsbeihilfe von 450 Millionen Euro. Die EU-Kommission schritt ein und forderte Frankreich auf, für die Rückzahlung zu sorgen.

Bis heute steht der Betrag aus. Der Konzern sei, so heißt es, aufgrund seines Verschuldungsgrades zu einer Rückzahlung gar nicht in der Lage. Nun hat die EU-Kommission vor dem Europäischen Gerichtshof gegen Frankreich geklagt. Die Reaktion der französischen Regierung: Sie will dem Konzern eine weitere Restrukturierungshilfe in Höhe von 520 Millionen Euro zukommen lassen.

Da ist auch Dr. Reich mit seinem Latein am Ende. »Sie sehen, die Phantasie ist so grenzenlos, wie die Beihilfenbestimmungen lückenhaft sind.«

Nach dem Treffen mit Dr. Reich erinnern wir uns an einen Artikel des deutschen Soziologen Ulrich Beck. Unter dem Titel »Orwell lässt grüßen – Rückschritt ist Innovation« hat Beck in der »Süddeutschen Zeitung« Anfang 2004 beschrieben, wie sich die Subventionsgeber selbst den Ast abschneiden, auf dem sie sitzen: »Was bedeutet es eigentlich, wenn die ›deutsche‹ Wirtschaft boomt, aber in Deutschland weder neue Arbeitsplätze schafft noch Steuern zahlt. Die ungezählten Milliarden, die die so genannten deutschen Konzerne (wie Siemens) in den letzten Jahren vom deutschen Steuerzahler erhalten haben, haben die Emanzipation der Wirtschaftsgiganten von Deutschland vorangetrieben.«[122]

Das dürfte auch bei Siemens bekannt sein. Schließlich zeigt der Konzern der Öffentlichkeit gegenüber ein schlechtes Gewissen beim Abkassieren von Subventionen. Auf Subventionen verzichten aber will man auch wieder nicht.

Der Finanzchef von Siemens, Heinz-Joachim Neubürger, prangerte in Luxemburg in einer Rede vor hochkarätigen Finanzexperten (siehe »Vodafone ist kein Einzelfall«, S. 123 ff.) die Subventionsmentalität in Deutschland an: »Was wir brauchen, sind mehr Flexibilität am Arbeitsplatz, weniger Umverteilung und weniger Subventionen.«

Inzwischen hat sich Neubürgers Chef, Heinrich von Pierer, zum Wortführer einer Debatte über Jobverlagerung ins Ausland gemacht und längere Arbeitszeiten ohne Lohnausgleich gefordert. Neubürger selbst drohte angesichts der Steuerdebatte in Deutschland erneut mit der Verlagerung von Konzernfunktionen ins Ausland. Die geplante Verbreiterung der Bemessungsgrundlage für die Gewerbesteuer sei »der absolut falsche Weg«. Die Konzernfinanzierung müsse nicht unbedingt von München aus gesteuert werden.

Seine Forderung, der Staat solle weniger Subventionen verteilen, hatte er da offenbar schon wieder vergessen. Aber kann er auch all die Subventionen vergessen haben, die Siemens im Lauf der Jahre kassiert hat?

- 1999 genehmigte die EU 280 Millionen Euro Förderungen für Siemens und ThyssenKrupp, um die Magnetschwebebahn Transrapid zu entwickeln.[123]
- Ebenfalls im Jahr 1999: Wie hoch war die Summe, mit der die deutschen Steuerzahler die Ausfallshaftung für Staudammprojekte wie etwa den »Drei-Schluchten-Damm« in China übernahmen? Wenn wir uns richtig erinnern, ging es dabei um mehr als 200 Millionen Euro.
- Wie viele Milliarden kassierte Siemens aus Kernkraftwerksgeschäften in Brasilien, die ebenfalls mit Bürgschaften der deutschen Steuerzahler abgesichert waren?

  Schwamm drüber. Die Gentlemen schweigen.

Doch nicht nur Manager, auch deutsche Kommunen geben sich verschlossen, wenn sie um Auskünfte über die Höhe von Subventionen gebeten werden.

Im Frühjahr 2002 kündigte der Software-Konzern SAP eine Verdoppelung seiner Mitarbeiter am Berliner Standort an. Nebenbei war die Rede von einer Förderzusage des damaligen Wirtschaftssenators Gregor Gysi. Wir wollten von ihm die Höhe der Förderung wissen. Gysi verwies uns an den Pressesprecher der Senatsverwaltung für Wirtschaft, Arbeit und Frauen.

Antwort vom 26. März 2004: »Wir können Ihnen leider keine Auskunft geben, da wir verpflichtet sind, Unternehmensinterna nicht zu veröffentlichen.«

Eine interessante Sichtweise. Förderungen mit öffentlichen Geldern werden als »Unternehmensinterna« bezeichnet. Das klingt, als wäre die Senatsverwaltung für Wirtschaft, Arbeit und Frauen in Berlin bereits eine Abteilung innerhalb des SAP-Konzerns.

Coordination Centers – wie Belgien die Konzerne subventioniert

CC. Coordination Center. Ein Begriff aus der Welt der Militärs und der Katastrophenhelfer. Angehörige beider Berufsgruppen wissen, wie man eine große Organisation schnell und effektiv von einem Teil der Welt in einen anderen verlegt. Und wie man diese Organisation dort in kürzester Zeit funktionsfähig macht – mit einem Koordinationszentrum nämlich.

Nach diesem Vorbild haben seit den achtziger Jahren rund 200 multinationale Konzerne in Belgien »Coordination Centers« gegründet: Schnell und unauffällig haben sie ihre Firmenstrukturen so umgebaut, dass sich alle Finanzoperationen zentral von Belgien aus steuern lassen. Genauer: zentral an der heimischen Finanzbehörde vorbeisteuern lassen.

Prominentes Beispiel: Volkswagen. »Rund 500 Millionen Euro« habe die »Konzern-Mutter in Deutschland« über die Jahre durch ihr »Volkswagen Coordination Center« gespart, schätzt ein Experte.[124]

Angelockt wurde VW – wie viele andere Multis auch – durch ein Angebot des belgischen Staates: Wer in Belgien ein solches Koordinationszentrum gründet, das sich in der Hauptsache mit dem Finanzgeschäft der Mutter beschäftigt, dem wird die sonst übliche Körperschaftssteuer (ursprünglich: 40,17 Prozent) erlassen. Stattdessen wird nur ein bescheidener Anteil der in Belgien anfallenden Betriebskosten versteuert. Im Ergebnis führt das bei Volkswagen in den meisten Jahren zu Steuerzahlungen, die sich am Gewinn gemessen im Promillebereich bewegen. Um das zu dokumentieren, genügt ein Blick in die Amadeus-Datenbanken. Die dort gesammelten Zahlen lassen das VW-Koordinationszentrum nach wenigen Mausklicks in all seiner Steuersparkraft erstrahlen.

Volkswagen Coordination Center, Brüssel		
Jahr	**Gewinn in Euro**	**Steuern in Euro**
2000	136.502.000	74.000
2001	138.030.000	150.000
2002	73.234.000	93.000
2003	81.132.000	87.000

In Worten: Im Jahr 2003 hat Volkswagen für jene 81 Millionen Euro Gewinn, die aus anderen Staaten abgezogen und im belgischen Koordinationszentrum angehäuft wurden, exakt 87.000 Euro an Steuern gezahlt. Das entspricht einem Steuersatz von 0,1 Prozent.

Um diesem Steuersparwunder auf den Grund zu gehen, wollen wir dem Coordination Center der deutschen Autobauer im Rahmen einer Brüssel-Reise einen Besuch abstatten. Mit einer Straßenbahn zuckeln wir über die anfangs prachtvolle Avenue Luise. Dort wo sich die Straße im grauen Nichts zu verlieren droht, wächst ein 22 Stock hoher Turm aus braunem Glas und Stahl aus dem Boden: »IT Tower« steht darauf. Ein mächtiger Edelstahlwürfel trägt die auf Hochglanz polierte Hausnummer (480). Daneben eine übermannsgroße Glastafel mit einer Reihe von Firmennamen: Banque Privee de Edmond de Rothschild. Banca di Roma Capitalia. CC VW/Liaison Office to the EU. Coordination Center Volkswagen.

Im exklusiven Entree, das trockenen Fußes nur über eine verspielte Brückenkonstruktion zu erreichen ist, liegen die »Financial Times« und das »Wall Street Journal« für Besucher auf. Hier sind, man merkt es auf Schritt und Tritt, Menschen in wichtigen Angelegenheiten unterwegs. Dunkle Aktentaschen. Graue Anzüge. Ernste Mienen. Man weiß, wohin man will. Zielstrebig gehen auch wir zu den Aufzügen. Und werden höflich, aber bestimmt von einer resoluten Empfangsdame und einem uniformierten Herrn von der Security ausgebremst: »Wohin wollen Sie?«

»In das Coordination Center von VW.«

»Da dürfen Sie nicht hinauf. Warten Sie hier.«

Zwei Minuten später sind wir am Rezeptionstelefon mit

dem Coordination Center verbunden. Eine Assistentin der Geschäftsführung wehrt uns ab: Nein, sie könne uns nicht mit dem Geschäftsführer verbinden. Nein, es sei auch nicht möglich, mit ihm einen Termin zu vereinbaren. Nein, auch nicht mit irgendjemandem sonst. Nein, auch eine Besichtigung komme nicht in Frage. Nein, sie würde keinerlei Auskünfte über das Coordination Center geben. »Rufen Sie in Wolfsburg an, dort wird man Sie an die Pressestelle weiterleiten.«

Schade. Gerne hätte wir uns angeschaut, wie Volkswagen hier mit nur 42 Arbeitskräften Jahresgewinne von 80, 90 und auch schon mal 150 Millionen Euro macht. Aber das bleibt ein wohl gehütetes Geheimnis, das uns auch in der Pressestelle niemand enthüllen wird. Pech.

Wir haben aber anderswo Glück. Weil Brüssel Belgien und Europa zugleich ist, führt unsere Recherche in derselben Stadt in eine ganz andere Welt: Wir sind mit einem Beamten der EU-Kommission zum Mittagessen verabredet. Er vertritt nicht Belgiens Interessen, sondern die Europas – ihm sind diese Koordinationszentren ein Dorn im Auge.

Seit Jahren argumentiert die EU, dass Belgien mit dieser Einrichtung den in Bürokratenkreisen so genannten schädlichen Steuerwettbewerb fördere. Belgien aber weigert sich, diese einträgliche Quelle einfach trockenzulegen: 2003 hat man mit einer Steuerreform die Bedingungen für die Coordination Centers zwar etwas verschärft, um die Eurokraten zu beruhigen. Im Grunde aber soll alles so bleiben, wie es ist: Belgien will sein Steuergeschäft weiterhin über die Masse der ins Land gelockten Konzerne machen. Dass das in jedem Einzelfall auf Kosten anderer europäischer Länder geht – nun, so ist das Leben.

Genau das will unser Gesprächspartner aus der Kommission aber nicht auf Dauer schlucken: »Zwar hat der Europäische Rat anklingen lassen, dass er diese belgische Steueroase noch bis 2010 dulden könnte – man wolle die Sache noch einmal ›wohlwollend prüfen‹, so heißt das im Originalton der Ankündigung. Auch wir in der Kommission müssen vorerst zur Kenntnis nehmen, dass die jüngste Steuerreform die Wirksamkeit der Koordinationszentren ein bisschen einschränkt. Aber eben nur ein bisschen. In der Wettbewerbsbehörde ist man da weniger nachsichtig: Die Koordinationszentren stellen den Tatbestand einer illegalen Subventionsvergabe dar, argumentieren die.«

Es werde in den nächsten Monaten also zu beobachten sein, so unser Gesprächspartner, ob Wettbewerbskommissar Mario Monti sich gegen die Macht der Lobbys durchsetzen und die Belgier doch noch früher in die Knie zwingen könne. Der, so fügt unser Informant an, sei jedenfalls auf der richtigen Fährte: »In seiner ersten Brüsseler Amtszeit hat er sich als EU-Kommissar um die Steuerpolitik gekümmert. Der weiß also, was die Konzerne treiben.«

So weit die Sachlage. Die Empörung bleibt dem Beamten die ganze Zeit über ins Gesicht geschrieben. »Ich habe Ihnen etwas mitgebracht. Ganz privat.« Aus einer Aktenmappe zieht unser Informant eine drei Seiten lange, eng bedruckte Liste: »Bénéfices et impots des 207 centres de coordination«, steht darüber. Hier hat sich ganz offenkundig jemand die Mühe gemacht, 207 Koordinationszentren ausfindig zu machen und jeweils den Gewinn mit der bezahlten Steuer für das Jahr 2002 zu vergleichen. »Sind Sie vorsichtig mit diesen Zahlen«, sagt der Beamte: »Das ist kein offizielles Papier. Ich hab es von einem Freund bekommen und kann nicht dafür bürgen. Aber wenn das, was ich hier gelesen habe, in den Größenordnungen halbwegs stimmt – dann sind die Zentren ein noch größerer Skandal, als wir alle glauben.«

Wir machen die Probe aufs Exempel. Kommt Volkswagen in dieser Liste vor? Ja, auf Position 20. Decken sich die Zahlen mit denen, die wir aus den Amadeus-Datenbanken filtern konnten? Ja – nicht zu einhundert Prozent, aber so weit, dass die Sache plausibel ist. Laut Amadeus weist das Coordination Center von VW im Jahr 2002 einen Gewinn von 73.234.000 Euro aus. In dieser Liste nur knapp weniger – 73.115.000 Euro. Unseren Berechnungen zufolge hat das Coordination Center 0,1 Prozent Steuern gezahlt. In dieser Liste sind 0,2 Prozent ausgewiesen. Das kommt also so gut hin, dass auch der Rest der Liste lesenwert erscheint.

Hier ein Auszug:

Coordination Center	Gewinn in Euro	Steuerleistung in Euro	Steuersatz
BASF CC	300.325.000	100.000	0,03 %
Hewlett-Packard CC	276.189.000	5.166.000	1,87 %
IkeaServiceCenter	124.188.000	189.000	0,15 %
BayerInternational	96.405.000	589.000	0,61 %
BMW CC	65.994.000	142.000	0,22 %
Coca-Cola Enterpr. Service	45.192.000	546.000	1,21 %
Philips CC	35.351.000	177.000	0,50 %
DaimlerChrysler	29.296.000	111.000	0,38 %
Volvo Treasury Europe	21.917.000	100.000	0,46 %
Boehringer Ingelheim CC	16.880.000	140.000	0,83 %
Henkel CC	6.405.000	153.000	2,39 %

Imposanter noch wird das Papier am bitteren Ende: Dort hat der Autor zusammengerechnet, wie viel Steuern die 207 Coordination und Service Centers in Summe gezahlt haben: Auf insgesamt fünf Milliarden Euro Gewinn wurden 73 Millionen Steuern gezahlt – ein Schnitt von 1,36 Prozent. Wäre der im Jahr 2002 gültige Körperschaftssteuersatz von 40,17 Prozent zur Anwendung gekommen, dann hätten all diese Konzerne insgesamt 2,15 Milliarden Euro Steuern bezahlen müssen. Andersherum: Die Konzerne haben in den belgischen Coordination Centers in einem Jahr fast 2,1 Milliarden Euro gespart.

Unser Mittagessen neigt sich dem Ende zu. Nicht nur das üppige Mahl verlangt nach einem Digestif.

Zurück in Wien. Noch einmal bestaunen wir die Liste. Noch einmal vergleichen wir in Stichproben die Amadeus-Zahlen mit diesen hier: Die beiden Sets sind nie absolut deckungsgleich, aber in den Relationen immer so stimmig, dass die Quelle für diese Zahlen seriös sein muss.

Wir befragen die Suchmaschine »Google«, um Näheres

über die Liste herauszufinden: Recherchiert hat das Papier der belgische Journalist Marco Louvier. In einer Publikation, die er für die Website der belgischen Kommunisten verfasst hat[125], gibt er auch seine Quelle für das Zahlenmaterial preis: »Trends, Top 100.000, 2004«. Diese renommierteste Wirtschaftsdatenbank[126] Belgiens enthält die Firmendaten der wichtigsten 100.000 Unternehmen des Landes.

Wir sind beeindruckt. Und überrascht, aus welchen Quellen Europas Beamte mitunter schöpfen.

Wem nützen Steuerreformen?

Denn sie wissen, was sie tun – Steuerwettbewerb in Osteuropa

Auf den ersten Blick ist alles simpel. Doch am Ende wird die Sache erst recht wieder kompliziert.

Also: Was tut ein Land, das keine Konzerne hat? Es lockt welche an. Wie tut es das? Es bietet billige Arbeitskräfte und niedrige Steuersätze. Was passiert dann? Die Konzerne kommen in dieses Land.

So weit der einfache Teil.

Und nun der schwierige: Was tut das Land, aus dem der Konzern wegen zu teurer Arbeitskräfte und zu hoher Steuersätze weggezogen ist?

Da gibt es zwei Möglichkeiten:

Deutschland jammert. Der CSU-Generalsekretär Markus Söder warnt vor einem »europäischen Steuerdumping in nie da gewesenem Ausmaß«. Der bayrische Ministerpräsident Edmund Stoiber beklagt, »dass wir diesen Ländern über die EU finanzielle Zuwendungen zukommen lassen, mit denen diese dann ihre niedrigen Steuersätze aufrechterhalten können«. Und auch Bundeskanzler Gerhard Schröder kritisierte den Umstand, dass Osteuropas Länder auf Milliarden aus Brüssel hoffen und zugleich ausländische Investoren mit Steuersenkungen umgarnen.[127]

Österreich senkt die Steuern so tief, damit sich die Konzerne den Wegzug noch einmal überlegen oder sogar neue dazu kommen (siehe »Sind die Österreicher verrückt?«, S. 270 ff.).

Welche Strategie auf Dauer erfolgreich ist, wird sich erst zeigen. Auch wird in wenigen Jahren zu erkennen sein, welches osteuropäische Land im Steuerwettbewerb den Kopf über Wasser halten kann.

Die Slowaken? Sie bieten seit 2004 einen einheitlichen Sensationstarif von 19 Prozent – 19 Prozent Einkommenssteuer, 19 Prozent Körperschaftssteuer, 19 Prozent Mehrwertsteuer.

Auf den ersten Blick sind sie damit für die Zukunft gut gerüstet. Steuerfachleute halten dagegen, dass sie in dieser Hinsicht trotzdem hinter den Österreichern zurückbleiben, weil es in der Slowakei weniger Ausnahmeregelungen gibt, mit denen die zu versteuernden Gewinne klein gerechnet werden können. Der Teufel steckt eben immer im Detail.

Die Esten? Dort müssen Unternehmen für nicht ausbezahlte Gewinne überhaupt keine Steuern mehr zahlen.

Die Polen? Sie haben ihren Körperschaftssteuersatz gerade von 27 auf 19 Prozent gesenkt. Das ist noch nicht beeindruckend – und deshalb gibt es hier obendrein noch 14 so genannte Sonderzonen mit besonders günstigen Bedingungen.

Die Ungarn? Die bieten einen Körperschaftssteuersatz von 16 Prozent und dazu noch unter bestimmten Bedingungen eine zeitlich begrenzte völlige Steuerfreiheit für Konzerne.

Bei aller Unklarheit ist zumindest klar, wer die Sieger sind.

Volkswagen zum Beispiel: Weil der slowakische Einheitssteuertarif für Volkswagen immer noch zu hoch ist, hat sich VW zehn steuerfreie Jahre im slowakischen Bratislawa ausgehandelt – bis 2007.[128]

Oder Audi: Auch dieser Konzern hat sich zehn Jahre Steuerfreiheit im ungarischen Györ rausgeholt.[129]

Oder Siemens: Das Unternehmen plant, wesentliche Teile seiner Handy-Produktion nach Ungarn zu verlegen. Bis zu 37 Prozent der Investitionskosten würden dem Konzern aus EU-Mitteln rückerstattet, weiß IG-Metall-Vize Berthold Huber.[130] Obendrein bliebe Siemens in Ungarn bis 2011 steuerfrei.

Abseits solcher Einzelbeispiele lässt sich die Entwicklung in eine simple Zahl fassen, die der deutsche Ökonom Christoph Spengel errechnet hat: »Das effektive Steuerniveau der Beitrittsstaaten liegt im Durchschnitt um 16 Prozent unter dem von Deutschland.«[131]

Weil die Sache so klar ist, legen nun selbst Deutschlands Wirtschaftslobbyisten die Karten offen auf den Tisch: Für deutsche Firmen, so bekannte etwa der Steuerexperte Winfried Fuest vom »Institut der Deutschen Wirtschaft«, »sind niedrige Steuersätze neben den geringen Arbeitskosten inzwischen der zweitwichtigste Grund für eine Standortverlagerung«.[132]

Und das sorgt nicht zuletzt auch bei der Beraterbranche wieder für Euphorie, denn sie zählt neben den Konzernen zu den Gewinnern des Steuerwettbewerbs.

Die Beratungsgesellschaft KPMG etwa pries ihre Dienste in einer kleinen Broschüre rechtzeitig zur EU-Erweiterung im Frühjahr 2004 so an: »Die wirtschaftlichen Freiheiten, die im EU-Gründungsvertrag festgelegt wurden und aus den Urteilen des Europäischen Gerichtshofs hervorgehen, eröffnen neue Abzugs- und Steuerplanungsmöglichkeiten. Gerne unterstützen wir Sie bei der Optimierung der Steuerquote in Ihrem Unternehmen – sowohl bei der Körperschaftssteuer als auch bei den indirekten Steuern können in den Beitrittsländern künftig Steuerplanungstechniken angewandt werden, die in anderen Ländern Europas bereits Anwendung finden.«[133]

Irgendwann wird so wohl der Punkt erreicht sein, an dem Konzerne überhaupt keine Steuern mehr zahlen müssen. Es sei denn, Europa einigt sich rechtzeitig auf eine gemeinsame Strategie.

Sind die Österreicher verrückt? – Eine Steuerreform für Konzerne

Der österreichische Finanzminister Karl-Heinz Grasser und sein Staatssekretär Alfred Finz haben die Korruption wieder zu einem großen Thema gemacht. Im Mai 2003 veröffentlichten sie eine »Antikorruptions-Broschüre«, die »der Vorbeugung dienen« soll.

Da stehen lauter wichtige Erkenntnisse: »Beziehungen zwischen Beschäftigten der öffentlichen Verwaltung und deren ›Kunden‹ führen oft zu Abhängigkeiten, aus denen es – je länger sie dauern – immer schwieriger wird, auszusteigen. Seien Sie Vorbild! Machen Sie durch Ihr Verhalten deutlich, dass Sie Korruption weder dulden noch unterstützen. Lehnen Sie Geschenke und Vorteile konsequent ab.«

Es gibt im Finanzministerium sogar einen Hofrat, der unter der Hotline 01/514 33–1345 als Antikorruptions-Beauftragter erreichbar ist.

Kurz nach Veröffentlichung der Antikorruptions-Broschüre sind sowohl der Finanzminister als auch sein Staatssekretär ins Gerede geraten. Und zwar derart, dass heute jedermann ungestraft behaupten darf: »Rund um die Causa Grasser dampft die Korruption.« Ein Politiker der Grünen hat sich dieses Recht gerichtlich erstritten.[134]

Bei der »Causa Grasser« geht es um eine Spende der Österreichischen Industriellenvereinigung in Höhe von 280.000,- Euro an einen Verein namens »New Economy«, der von engen Vertrauten des Finanzministers betrieben wird. Der Vereinschef ist gleichzeitig auch Kabinettchef des Finanzministers. Die Aktivität des Vereins beschränkte sich im Wesentlichen darauf, mit der Spende der Industriellenvereinigung eine Jubel-Homepage für Grasser zu basteln, und zwar zum sagenhaften Preis von 240.000,- Euro.

Ein bisschen viel steuerfreies Geld für ein bisschen private

Werbung des Finanzministers, fanden sowohl die politische Opposition als auch renommierte Finanzfachleute.

Untergebene des Finanzministers, wie etwa sein Staatssekretär und zwei Leiter von Finanzämtern, fanden aber alles in Ordnung. Auch die Staatsanwaltschaft und die Volksanwaltschaft hatten nichts an der Sache auszusetzen. Dass der Wiener Finanzrechtsprofessor Werner Doralt den Fall Grasser als einen »Rechtsbruch vor den Augen der Öffentlichkeit« bezeichnete – na und? Lediglich der Rechnungshof ist nicht ganz einverstanden. Das legt ein vertrauliches Untersuchungsergebnis nahe, das im Juni 2004 an die Öffentlichkeit gelangte.

Gibt es nun einen Zusammenhang zwischen der Spende und der Dienstbeflissenheit des Finanzministers? Der Chef der Industriellenvereinigung erklärte der Wiener Stadtzeitung »Falter«: »Ich bitte Sie! Hier kann sich wirklich keiner eine politische Entscheidung kaufen. Wir sind doch keine Bananenrepublik!«

Der Finanzminister selbst gab sich unschuldig und reagierte mit Verwunderung. Was soll daran schlecht sein, wenn sich der Finanzminister eine persönliche Homepage von einem Verein namens »New Economy« zahlen lässt, der wiederum eine Spende in der Höhe von 280.000 Euro von der Industriellenvereinigung erhält?

Und an dieser Stelle müssen wir uns die Frage gefallen lassen: Was hat das alles mit dem Thema »Steuerreform in Österreich« zu tun? Natürlich gar nichts, Gott behüte, wir sind einfach nur ein wenig abgeschweift. Kommen wir also zur Sache.

Im Januar 2004 präsentierten Finanzminister Grasser und sein Staatssekretär Finz eine neue Steuerreform unter dem Motto »Weniger Steuern. Mehr fürs Leben«.

Bundeskanzler Wolfgang Schüssel feierte das als »großen Wurf«, der ab 2005 gelten soll und Österreichs Wettbewerbsfähigkeit entscheidend verbessere.

Selbst die sonst trockene »Neue Züricher Zeitung« geriet daraufhin in Erregung und titelte auf ihrer Wirtschaftsseite: »Gruppenbesteuerung als Aphrodisiakum«. Ausführlich wurden die Vorzüge dieser Steuerreform gepriesen.

Auch die »FAZ« war begeistert. Österreich habe mit dieser

Reform Steuerregelungen für Konzerne geschaffen, die es nach Einschätzung von Fachleuten in dieser Form nirgends gebe. Beispielsweise werde es Konzernen durch die neue Gruppenbesteuerung erlaubt, Verluste von Tochterfirmen im Ausland mit Gewinnen in Österreich »steuerlich zu neutralisieren«. Ein schönes Wort, das die »FAZ« hier verwendet. Es passt gut zu diesem Land, denn die Österreicher sind stolz darauf, neutral zu sein.

Auch »Zwischenholdings«, also Firmen, die einfach nur Geld anderer Konzerntöchter verwalten, können sich unter diesen Deckmantel der österreichischen Neutralität flüchten. Was das für Auswirkungen haben wird, kann man bereits jetzt in Deutschland am Beispiel der Verlustabschreibung von Vodafone studieren (siehe S. 131 ff.).

Außerdem können ab 2005 Kreditzinsen für den Erwerb von Firmenanteilen problemlos von der Steuer abgezogen werden. Der Unilever-Konzern erspart sich damit in Zukunft komplizierte Umgründungsmanöver (siehe S. 99 ff.).

Nach dem großen Lob, das die österreichische Steuerreform von Industrieseite erhalten hat, wollen wir nun einen Fachmann zu Wort kommen lassen, der auf der anderen Seite steht, einen hochrangigen Finanzbeamten, dessen Aufgabe es ist, den Konzernen auf die Finger zu schauen.

Zum Zeitpunkt, als wir ihn treffen, ist die »Causa Grasser« gerade wieder einmal am Dampfen, und so ist es nicht verwunderlich, dass er zunächst einmal Dampf ablassen will über seinen Chef. Wir können das hier allerdings nicht wiedergeben, weil wir uns damit eine Klage des Finanzministers einhandeln würden. Jedenfalls findet er dessen Verhalten empörend und meint schlicht: »Der gehört weg.«

Wir wollten von ihm wissen, was er von der Steuerreform hält.

Seine Antwort: »Bei Bekanntgabe der Steuerreform hieß es, das Geldvolumen, das der Finanzminister verteilen will, kommt zur Hälfte den Lohnsteuerzahlern zugute, zur Hälfte den Unternehmen. In Wirklichkeit ist es ganz anders. Der Großteil des Kuchens wird an die Konzerne verteilt. Es gibt in Österreich offenbar eine einflussreiche Lobby, die das in diese Richtung dreht.

Den Österreichern ist gesagt worden: Wir senken die Körperschaftssteuer für Gewinne und verbreitern die Basis für die Bemessung dieser Steuer – indem wir einige für die Konzerne vorteilhafte Ausnahmeregelungen abschaffen.

In Wirklichkeit hat der Finanzminister das Gegenteil davon gemacht. Geplant war, die Körperschaftssteuer von 34 auf 29 Prozent zu senken. Jetzt steht da die Zahl 25! Warum man den Konzernen dieses Geschenk gemacht hat, weiß ich nicht, denn die wären mit 29 Prozent auch zufrieden gewesen. Wenn Sie mich fragen: Es wäre besser, die Körperschaftssteuer vollkommen abzuschaffen und stattdessen weltweit auf jede Finanztransaktion einen festgelegten, niedrigen Steuersatz zu erheben. Das wäre viel einfacher und würde viel mehr Geld bringen.

Die Höhe des Körperschaftssteuer-Satzes ist sowieso bedeutungslos. Entscheidend sind die vielen kleinen Paragraphen, die daneben stehen und den Gewinn verringern, der zur Berechnung der Körperschaftssteuer herangezogen wird.

Denn da hat der Finanzminister die wirklich großen Steuergeschenke für Konzerne versteckt. Zum Beispiel die Gruppenbesteuerung. Wenn ein internationaler Konzern jetzt in Österreich eine Tochterfirma ansiedelt, die hohe Gewinne erzielt, kann er das in Zukunft mit allen Verlusten von Auslandstöchtern gegenrechnen, sodass am Ende kein Gewinn und keine Steuer übrig bleiben.

Ich weiß nicht, was sich die hohen Herren im Ministerium dabei gedacht haben. Jedenfalls ist das ein Ausverkauf unseres Landes.

Es gibt noch weitere schöne Steuerzuckerln für Konzerne. Beim Kauf einer Firma kann der Firmenwert von der Steuer abgeschrieben werden. Vielleicht hat das die Industriellenvereinigung gefordert. Irgendjemand muss ja ein Interesse daran haben. Wem nützt es? Das ist die alte Frage. Österreich wird mit dieser Steuerreform zum Steuerparadies für Kapitalgesellschaften. Das wird uns und vor allem andere europäische Länder sehr viel Geld kosten. Die Einnahmen aus Kapitalerträgen werden noch weiter runtergehen, und die Steuerleistung von Konzernen wird zur freiwilligen Spende verkommen. Die

Kleinen hängt man, die Großen lässt man laufen. So ist das eben.«

Man konnte den Zorn spüren, der in den Worten des Finanzbeamten mitschwang, aber auch die Resignation. Zum Schluss wartete er noch mit einer kleinen Überraschung auf: »Haben Sie gewusst, dass bei dieser Steuerreform auch die Sektsteuer abgeschafft wurde?«

Nein, das wussten wir nicht. Aber darauf sollten wir jetzt einen trinken. Streng getrennt, jeder für sich, denn bei einem Finanzbeamten könnte das als Korruption eingestuft werden.

attac – wie sich die Globalisierungskritiker die Steuerzukunft vorstellen

Fast im Wochenrhythmus führen Fachleute, Politiker und Unternehmensverbände neue Vorschläge und Konzepte für Steuerreformen in die politische Debatte ein. Aus dieser für den Laien unübersichtlichen Masse ragt ein Modell wegen seiner Andersartigkeit weit hervor: das im Mai 2004 vom globalisierungskritischen Netzwerk attac gemeinsam mit der Dienstleistungsgewerkschaft ver.di präsentierte »Konzept für eine Solidarische Einfachsteuer« (SES). Es hat den unbestreitbaren Vorteil, dass es getragen ist vom Anspruch auf soziale Gerechtigkeit in unserer Gesellschaft.

Erarbeitet wurde das Papier von einer Expertenrunde:

- den Wirtschaftswissenschaftlern Sven Giegold und Astrid Kraus von attac,
- dem ver.di-Bundesvorstand Ralf Krämer,
- dem Wirtschaftsprofessor Rudolf Hickel (Uni Bremen),
- dem Steuerexperten Detlev von Larcher (SPD-Linke und attac),
- dem Finanzwissenschaftler Axel Trost von der Memorandum-Gruppe Alternativer Wirtschaftsforscher,
- dem Volkswirtschaftler Achim Truger vom Wirtschafts- und Sozialwissenschaftlichen Institut (WSI).

Wir haben attac gebeten, das Konzept zusammenzufassen, um es hier in einer Kurzform zur Debatte stellen zu können.

Das Konzept für eine »Solidarische Einfachsteuer«. Zusammengefasst von Corell Wex (attac)

1997 stellt der Soziologe Ulrich Beck fest: »Die große Frage nach der sozialen Gerechtigkeit muss im Zeitalter der Globalisierung theoretisch und politisch neu verhandelt werden.«

Deshalb stellen wir ein Steuerkonzept vor, das die Frage der sozialen Gerechtigkeit insofern neu verhandelt, als im Inland neue Steuergerechtigkeit hergestellt und der ruinöse Steuerwettbewerb der Staaten untereinander verhindert werden soll. Dabei wollen wir auch vereinfachen. Denn die Konsequenzen aller sonst vorliegenden Reformvorschläge bedeuten, dass vor allem höhere Einkommensgruppen weniger Steuern zahlen müssen.

Im Dezember 2003 gründeten wir eine Kommission. Diese hat ein 16-seitiges Papier ausgearbeitet, das trocken daherkommt, aber Zündstoff enthält: »Solidarische Einfachsteuer«.

Solidarisch: weil die öffentliche Infrastruktur gemeinsam durch Steuern bezahlt wird.

Einfach: weil das Konzept mit Steuerschlupflöchern aufräumt und dort vereinfacht, wo das heutige Recht kompliziert ist – dort also, wo es »Sondertatbestände« gibt, die für den normalen Lohn- oder Gehaltsempfänger nicht gelten.

Das Erheben der Steuer soll möglichst einfach gestaltet werden, indem jeder Bürger eine Steuernummer bekommt, die er ein Leben lang behält. Diese Nummer wird sowohl bei der Arbeitsstelle als auch bei Finanzdienstleistern angegeben. All diese Stellen führen über elektronische Datenvermittlung die Quellensteuer einfach an die Finanzämter ab. Für die Bürger entfällt die aufwändige Deklaration der Kapitaleinkünfte. Dazu muss nur das steuerliche Bankgeheimnis abgeschafft werden, das ohnehin nur ein Steuerfluchtgeheimnis ist. Durch eine solche Deklarationspflicht wird Steuerhinterziehung zumindest bei inländischen Kapitaleinkünften weitgehend verhindert. Zudem bekommen die Bürger jedes Jahr einen Steuervorschlag, der schon die wesentlichen Daten enthält.

Entrümpelt werden auch die steuerlichen Einkommensarten. Statt sieben soll es in Zukunft nur vier geben, die Einkünfte aus unternehmerischer und freiberuflicher Tätigkeit werden zusammengefasst. Historische Kategorien wie Land- und Forstwirtschaft oder die Unterscheidung von Gewerbe und Freiberufler werden aufgehoben. Damit wird der heutige Wildwuchs aus Freibeträgen und Vergünstigungen abgeschafft.

Eine Vereinfachung fordert unser Konzept auch bei den Unternehmenssteuern: Gewinne sollen gleichmäßig und zeitgerecht besteuert werden. Dazu wird der Körperschaftssteuersatz einheitlich mit 30 Prozent auf einbehaltene und ausgeschüttete Gewinne festgesetzt. Anforderungen an die Rückstellungen werden verschärft und Sonderregelungen abgeschafft.

Die Gewinn- und Verlustverrechnungsmöglichkeiten zwischen rechtlich selbstständigen Unternehmen werden eingeschränkt. Erfasst werden auch die Gewinne, die sich aus der Veräußerung von Unternehmen ergeben. Gewinne werden in Deutschland besteuert, wenn sie hier erwirtschaftet wurden. Steuersparmodellen, die auf der Verlagerung von Scheingewinnen beruhen, wird ein Riegel vorgeschoben. Auch die Möglichkeiten zur Gewinnverlagerung durch Verrechnungspreisgestaltung werden minimiert.

Für diese Ziele setzt die attac-Kommission auch auf vermehrte Betriebsprüfungen.

Wichtig ist uns auch die Stabilisierung der Gemeindefinanzen. Hier folgen wir dem Konzept der deutschen kommunalen Spitzenverbände, die eine Gemeindewirtschaftssteuer vorschlagen. Ihr sollen alle Einkommen aus selbstständiger Arbeit unterliegen, alle Zinsen aus Dauerschulden sowie Leasingraten sollen zum Steuerbilanzgewinn gerechnet werden. So können sich Firmen nicht mehr arm rechnen, indem sie eine Tochter ausgründen, um von dieser dann Material oder Maschinen zurückzuleasen.

Aber auch für die Arbeitnehmer soll sich einiges ändern. Wenn diese auch insgesamt »überbesteuert« sind, so gibt es dennoch unsinnige Regelungen. Statt der Entfernungspauschale wird eine Pendlerzulage von 8,5 Cent pro Kilometer eingeführt, die von der Steuerschuld abgezogen wird. Dadurch bekommt jeder den gleichen Betrag je Kilometer – unabhängig von der Progression. Die Eigenheimzulage wird abgeschafft. Auch das Ehegattensplitting wird abgeschafft.

Der allgemeine Steuertarif soll – wie bei anderen Konzepten auch – sinken. Doch im Gegensatz zu anderen Konzepten vor allem für die unteren Einkommen. Im Konzept der Bundesregierung etwa sehen wir eine Mogelpackung, denn schon ab einem zu versteuernden Einkommen von 13.700 Euro steigt die Besteuerung rasant an.

Der Spitzensteuersatz von derzeit 45 Prozent bleibt bestehen. Da die oberen Einkommen in den letzten Jahren ohnehin schon entlastet wurden, sieht das attac-Konzept hier keinen Bedarf für weitere Entlastungen. Deshalb wird auch die Vermögenssteuer wieder eingeführt, wobei endlich die Immobilienwerte realistisch berechnet werden sollen. Was im Übrigen auch für die Erbschaftssteuer gilt.

Die Besonderheit der solidarischen Einfachsteuer besteht darin, dass sie nicht nur finanzierbar ist, sondern sogar Mehreinnahmen erbringen würde, ohne dabei die Mehrzahl zu belasten.

Mit diesem Konzept nimmt attac den Kampf gegen mächtige Gegner auf: die Steuersparindustrie und die Unternehmerverbände. Die Durchsetzungschancen stehen naturgemäß schlecht, doch zumindest werden rechenbare Alternativen präsentiert, die zu Mehreinnahmen von 17 Milliarden jährlich führen würden.

Natürlich ist ein Steuerkonzept nicht der Archimedische Punkt, der eine ganze Gesellschaft verändern kann. Wenn aber eine solidarische Einfachsteuer und die gleichzeitige Bekämpfung der Steuerflucht dazu beitragen könnten, eine gerechtere Welt zu gestalten, in der öffentliche Dienstleistungen für alle finanzierbar wären, Arbeitslosigkeit wirklich aktiv bekämpft wird und die Umverteilung endlich von oben nach unten stattfände – dann wäre viel gewonnen.

attac und ver.di (2004): Initiative für eine Solidarische Einfachsteuer. Das vollständige Konzept ist im Internet abrufbar unter: http:/www.attac.de/aktuell/steuer.pdf.

So sparen die Multis –
20 Konzerne auf einen Blick

Steuerporträts von 20 multinationalen Konzernen

Multinational – so nennt man jene Unternehmen, die mindestens ein Tochterunternehmen irgendwo im Ausland haben. Rund 65.000 solcher Multis gibt es heute. Zusammengenommen haben all diese Multis fast eine Million Tochterfirmen. Insgesamt beschäftigen sie weit über 50 Millionen Menschen. Was immer sie unterscheiden mag, eines ist ihnen allen gemein: Sie sparen Steuern, wo immer sie können.

Wir haben aus der angesehenen Liste »Forbes 2000«, die 2000 Konzerne nach Umsatz, Gewinn, Vermögen und Marktwert reiht, mehr als ein Dutzend ausgewählt, die ihren Hauptsitz in Deutschland haben, die zu den größten ihrer Branche zählen und obendrein im deutschen Aktienindex DAX-30 gelistet sind. Dieser Reihung zufolge steht der in Deutschland erstgereihte Konzern – DaimlerChrysler – weltweit an 21. Stelle. Die Deutsche Bank, in Deutschland auf Platz 2, belegt weltweit betrachtet Rang 34. Der drittplatzierte deutsche Multi – Siemens – nimmt den 35. Weltrang ein.

Außerdem haben wir einige Konzerne in unsere Auswahl aufgenommen, die sich im Zuge der Recherchen für dieses Buch als erfahrene Steuergestalter erwiesen haben – etwa den in Holland und England angesiedelten Nahrungs- und Waschmittelmulti Unilever, der allein durch diverse Umgründungsmaßnahmen viele Millionen Euro gespart hat.

Die Datensätze (Umsatz, Gewinn, Steuerleistung) für die folgenden Tabellen entstammen zum Teil den veröffentlichten Geschäftsberichten und Bilanzen der Unternehmen. Darüber hinaus haben wir in Handelsregistern in Deutschland, Österreich, Holland und der Schweiz recherchiert. Schließlich wurden wir von Informanten immer wieder mit einschlägigem Zahlenmaterial versorgt, das teilweise aus hochseriösen Konzerndatenbanken wie WorldScope Global oder Amadeus stammt. Mitunter mussten wir dabei feststellen, dass die Zahlen in den Geschäftsberichten und jene in den Datenbanken nicht deckungsgleich waren; in diesen Fällen haben wir jeweils die für uns plausibel erscheinende Zahl ausgewählt. Weitere Informationen für die Porträts verdanken wir dem Standardwerk von Rüdiger Liedtke (»Wem gehört die Republik?«) sowie der Steuerstudie von Lorenz Jarass und Gustav Obermair (»Geheimnisse der Unternehmenssteuern«).[135]

Für Leser, die bei einzelnen Firmen genauere Details nachfragen wollen, haben wir am Ende der Porträts Kontaktadressen angefügt.

Adidas-Salomon AG

»Nichts ist unmöglich«

Firmensitz: Herzogenaurach

Geschäft: Unter der Marke adidas werden Sportschuhe, Sportbekleidung und Sportzubehör entwickelt, produziert und verkauft. Salomon gehört zu den weltweit führenden Anbietern von Wintersportartikeln.

Steuertricks: adidas ist in den einschlägig bekannten **Steueroasen** mit diversen Töchtern vertreten – in Hongkong, Irland, Libanon, Panama, Uruguay und der Schweiz. Dort etwa mit mehreren Unternehmen in Cham im besonders steuergünstigen Kanton Zug. Zudem hat sich der Konzern mit einer adidas-Salomon Emerging Markets L. L. C. in Dubai (VAE) niedergelassen – die Geschäfte dort sind steuerfrei (siehe »Auf nach Dubai«, S. 163 ff.).

Darüber hinaus hat adidas ein steuerschonendes **Lizenzmodell** aufgebaut: Die adidas International B. V. mit Sitz in Amsterdam vermarktet das Warenzeichen adidas weltweit und nimmt dafür Lizenzgebühren ein – durch diesen Kanal lassen sich Gewinne legal ins steuergünstigere Holland transferieren (siehe »das unmögliche Möbelhaus«, S. 97 f.). Die diversen Steuersparaktivitäten der International B. V. sind auf drei hoch spezialisierte Töchter verteilt: eine International Trading, eine International Marketing und eine International Finance B. V.

Konzernadresse für Nachfragen:
Adidas-Salomon AG
Adi-Dassler-Straße 1–2
D-91074 Herzogenaurach
Tel.: +49/9132/84–0
Fax: +49/9132/842241

Corporate PR: Jan Runau
E-Mail: jan.runau@adidas.de
Presse: Oliver Brüggen
E-Mail: oliver.brueggen@adidas.de

Adidas-Salomon AG

Jahr	Umsatz in Millionen Euro	Gewinn in Millionen Euro	Gewinn in Prozent vom Umsatz	Steuerleistung in Millionen Euro*	Steuerleistung in Prozent vom Umsatz	Beschäftigte
1995	1.889	150	7,9%	22	1,2%	5.442
1996	2.504	227	9,1%	57	2,3%	6.431
1997	3.553	358	10,1%	99	2,8%	7.642
1998	5.110	-135	-2,6%	105	2,1%	11.661
1999	5.388	393	7,3%	152	2,8%	12.433
2000	5.877	346	5,9%	139	2,4%	13.157
2001	6.154	374	6,1%	146	2,4%	13.840
2002	6.569	390	5,9%	147	2,2%	14.461
2003	6.308	438	6,9%	166	2,6%	15.411

* Uns liegen keine Unterlagen vor, aus denen ersichtlich wäre, wie viel Steuern adidas in Deutschland gezahlt bzw. als Rückzahlung erhalten hat.

Bayer AG

»Wir wollen unseren nachfolgenden Generationen eine zukunftsfähige Welt gestalten«

Firmensitz: Leverkusen

Geschäft: Medikamente für Menschen: Adalat, Aktren, Alka Seltzer, Aspirin, Canesten, Ciprobay, Glucobay, Glukometer, Lefax, Lipobay, Saroten, Talcid, Trasylol u. a.
Medikamente für Tiere: Baytril (Antibiotikum) und andere
Medizinische Geräte: Blutzucker-Messgeräte wie Glucometer Dex u. a.
Fotokameras, Filme, Fotopapier und verschiedene technische Geräte der Marke Agfa
Pflanzenschutzmittel und Haushaltsinsektizide: Autan, Baysiston, Gaucho, Tamaron u. a.
Textilfasern wie Dorlastan

Steuertricks: Die Gewinnzahlen dokumentieren den steilen **Abstieg** eines Weltkonzerns – von der ersten in die zweite Liga. Bis 1998 erreichte Bayer Gewinnraten, die so hoch waren wie die heutigen Gewinnraten der Weltmarktführer Pfizer, GlaxoSmithKline oder Novartis. Auch die Steuerleistung sinkt seit Jahren ins Bodenlose, von 3,9 Prozent im Jahr 1995 bis auf –2,2 Prozent im Jahr 2003.
Ein früherer Chef der Bayer-Steuerabteilung, Heribert Zitzelsberger, wechselte im Jahr 1999 als Staatssekretär ins Finanzministerium nach Bonn und kurz darauf nach Berlin. Dort entwickelte er eine Steuerreform, die für deutsche Unternehmen ein Geschenk in Milliardenhöhe bedeutet. Bayer durfte seit dem 1. Januar 2001 Gewinne aus dem Verkauf von Unternehmensteilen steuerfrei einstecken und verringerte seine Gewerbesteuerleistung in Leverkusen, dem Ort der Firmenzentrale,

auf null. Im selben Jahr erhielt der Pharmamulti vom Staat eine Steuerrückvergütung in der Höhe von 250 Millionen Euro und konnte an seine Aktionäre mehr als eine Milliarde Euro an Dividenden ausschütten.
Außerdem darf Bayer den finanziellen Schaden aus dem Skandal um den Fettstoffsenker Lipobay auf die Allgemeinheit abwälzen.

Konzernadresse für Nachfragen:

Bayer AG
Gebäude W11
D-51368 Leverkusen
Tel.: 0214 – 30 58 059
Fax: 0214 – 30 50 243
Leitung Unternehmenskommunikation und Presse: Michael Schade
E-Mail: michael.schade.ms@bayer-ag.de

Bayer AG

Jahr	Umsatz in Millionen Euro	Gewinn in Millionen Euro	Gewinn in Prozent vom Umsatz	Steuerleistung in Millionen Euro*	Steuerleistung in Prozent vom Umsatz	Beschäftigte
1995	23.191	6.070	26,2%	901	3,9%	144.050
1996	25.256	7.130	28,2%	877	3,5%	143.361
1997	28.814	8.390	29,1%	1.102	3,8%	144.728
1998	28.872	5.452	18,9%	1.113	3,9%	142.881
1999	27.005	2.836	10,5%	818	3,0%	120.279
2000	29.263	2.990	10,2%	1.148	3,9%	113.547
2001	29.787	1.115	3,7%	154	0,5%	114.058
2002	31.670	956	3,0%	-107	-0,3%	124.592
2003	29.725	-1.994	-6,7%	-645	-2,2%	118.280

* Uns liegen keine vollständigen Unterlagen vor, aus denen ersichtlich wäre, wie viel Steuern Bayer in Deutschland gezahlt bzw. als Rückzahlung erhalten hat.

BMW

»Nachhaltig denken. Verantwortungsvoll handeln. Dauerhaft erfolgreich sein.«

Firmensitz: München

Geschäft: Der Konzern produziert Autos der Marke BMW, MINI und Rolls-Royce sowie Motorräder der Marke BMW.

Steuertricks: Anfang der neunziger Jahre sah es nicht besonders gut aus für BMW, aber seither sind Umsätze und Gewinne kräftig gestiegen. Die Steuerleistung hingegen ist zurückgeblieben und hat sich im selben Zeitraum nur verdoppelt. Daraus kann man schließen, dass der Autokonzern zunehmend erfolgreicher **Lücken im Steuersystem** ausnützt. Beispielsweise unterhält BMW ein »Financial Services Center« in Belgien, wo der Konzern Gewinne hinschiebt, aber mit einer einzigen Ausnahme – im Jahr 2001 – keine Steuern zahlt. Oder das »BMW Coordination Center« in Belgien, wo die Steuerleistung nicht einmal 0,1 Prozent des Gewinns beträgt. Oder die Tochterfirma »BMW Financial Services (GB) Ltd.« in Großbritannien, die Steuerleistungen von null oder fast null aufweist.

BMW hat sein Vermögen hauptsächlich in den steuergünstigen Ländern Großbritannien (9,9 Milliarden US-Dollar) und Holland (4,3 Milliarden US-Dollar) geparkt.

Das gescheiterte Abenteuer mit der englischen Autofirma Rover ließ sich BMW indirekt vom deutschen Steuerzahler finanzieren. BMW hat angeblich knapp 5 Milliarden Euro Verlust gebaut. Mehrere deutsche Städte, in denen BMW ansässig ist, mussten daraufhin auf Gewerbesteuereinnahmen verzichten. Allein München für den Zeitraum 2000 bis 2004 auf etwa 200 Millionen Euro.[136] Auch Regensburg, Landshut und Dingolfing sind betroffen.

Der Leiter des Instituts für Wirtschaftsprüfung an der Universität Saarbrücken, Karlheinz Küting, hat zahlreiche Bilanztricks von BMW entdeckt: **Gewinne wurden verschleiert**, und dadurch konnte der Konzern erheblich Steuern »sparen«.[137] Ende 2002 erlaubte die EU dem BMW-Konzern eine staatliche Förderung in der Höhe von 371 Millionen Euro für ein neues Werk in Leipzig – das sind rund 50.000 Euro pro neuen Arbeitsplatz. Auch in Österreich erhält BMW immer wieder Förderungen. Zum Beispiel umgerechnet 33 Millionen Euro für ein Motorenwerk in Steyr, die 1994 von der damaligen europäischen Behörde EFTA, und mehr als 29,9 Millionen Euro, die im Mai 2003 von der EU-Kommission für dasselbe Werk genehmigt wurden.

Konzernadresse für Nachfragen:

BMW-Group
Petuelring 130
80809 München
Tel.: 089 – 382 – 0
Fax: 089 – 382 – 25 885
Public Relations/Society: Konstanze Carreras
E-Mail: Konstanze.Carreras@bmw.com

BMW

Jahr	Umsatz in Millionen Euro	Gewinn in Millionen Euro	Gewinn in Prozent vom Umsatz	Steuerleistung in Millionen Euro*	Steuerleistung in Prozent vom Umsatz	Beschäftigte
1995	24.520	337	1,4%	345	1,4%	106.944
1996	27.785	712	2,6%	429	1,5%	109.128
1997	31.880	596	1,9%	655	2,1%	109.615
1998	33.398	1.429	4,3%	599	1,8%	115.927
1999	36.103	1.111	3,1%	448	1,2%	114.874
2000	37.291	1.663	4,5%	637	1,7%	100.319
2001	40.326	3.242	8,0%	1.376	3,4%	94.636
2002	43.622	3.297	7,6%	1.277	2,9%	98.478
2003	42.636	3.206	7,5%	1.258	3,0%	93.821

* Uns liegen keine Unterlagen vor, aus denen ersichtlich wäre, wie viel Steuern BMW in Deutschland gezahlt bzw. als Rückzahlung erhalten hat.

Canon Inc.

Canon

»Canons Ziel ist es, beizutragen zum Wachstum des Wohlstands und zum Glück der Menschheit.«

Firmensitz: Tokyo/Japan

Geschäft: Herstellung und Vertrieb von Kameras, Kopiergeräten, Druckern, Faxgeräten, Scannern, Laser-Beamern und optischen Geräten der Marke Canon

Steuertricks: An der Tabelle sieht man: Der Gewinn von Canon hat sich von 1995 bis 2003 im Verhältnis zum Umsatz fast verdreifacht, von 5,4 auf 14 Prozent. Die Steuerleistung hat sich hingegen nur knapp verdoppelt, von 2,7 auf 5,1 Prozent. Das ist ein deutliches Anzeichen dafür, dass der Konzern zunehmend erfolgreicher Mittel und Wege findet, um seine Steuerleistung zu verringern.

Eine wichtige Steuersparmethode scheint die Umstellung von herkömmlichen Vertriebsgesellschaften in so genannte Kommissionärsgesellschaften zu sein (siehe »Strohmänner«, S. 113 ff.).

»Herkömmliche Vertriebsgesellschaft« bedeutet, dass beispielsweise die deutsche Tochterfirma von Canon ihre Ware von einer anderen Canon-Tochterfirma im Ausland einkauft und diese auf dem deutschen Markt weiterverkauft. Damit werden üblicherweise Gewinne zwischen 1 bis 5 Prozent des Umsatzes erzielt.

»**Kommissionärsgesellschaft**« bedeutet, dass der Vertrieb nicht mehr für alles verantwortlich ist, sondern nur noch eine Strohmannfunktion hat. Für Garantieleistungen und andere Funktionen ist eine ausländische Canon-Firma zuständig, die in einer Steueroase angesiedelt ist. Durch diese Konstruktion wird der Gewinn und damit die Steuerleistung in einem Hochsteuerland wie Deutschland dramatisch verringert – auf etwa ein

Zehntel der früheren Werte. Die Umstellung auf Kommissionärsstrukturen wurde in Deutschland, Frankreich und der Schweiz erst im Jahr 2003 vorgenommen, wir haben dafür aber noch keine Zahlen über Gewinne und Steuerleistung zur Verfügung. In Großbritannien, wo Canon die Umstellung schon früher durchführte, zeigt sich jetzt schon eine **dramatische Verringerung der Steuerleistung** (siehe S. 113 ff.).
Finanzbeamte rechnen damit, dass in nächster Zukunft alle großen Konzerne auf diese Art des Vertriebs umstellen und dadurch die Steuereinnahmen aus Konzerngewinnen in Ländern wie Deutschland und Österreich weiter sinken werden.

Konzernadresse für Nachfragen:

Canon Deutschland GmbH
Europark Fichtenhein A10
D-47807 Krefeld
Tel.: 02151 – 345 – 0
Fax: 02151 – 345 – 102
Public Relations: Ulrike Hemmerle
E-Mail: Ulrike.Hemmerle@canon.de

Canon Inc.

Jahr	Umsatz in Millionen Euro	Gewinn in Millionen Euro	Gewinn in Prozent vom Umsatz	Steuerleistung in Millionen Euro*	Steuerleistung in Prozent vom Umsatz	Beschäftigte
1995	16.242	879	5,4%	440	2,7%	72.280
1996	19.187	1.370	7,1%	604	3,1%	75.628
1997	20.708	1.761	8,5%	820	4,0%	78.767
1998	21.197	1.796	8,5%	928	4,4%	79.799
1999	19.667	1.170	5,9%	629	3,2%	81.009
2000	20.860	1.704	8,2%	653	3,1%	86.673
2001	21.814	2.111	9,7%	863	4,0%	93.620
2002	22.051	2.475	11,2%	1.010	4,6%	97.802
2003	23.986	3.361	14,0%	1.219	5,1%	102.567

* Steuerleistung der Canon Deutschland GmbH: 2000: 2,6 Millionen Euro; 2001: – 3 Millionen Euro (= Steuergutschrift); 2002: 14,1 Millionen Euro.

Continental AG

Continental »Im Mittelpunkt – Wert steigern«

Firmensitz: Hannover

Geschäft: Continental ist der größte Produzent von Kautschukwaren in Deutschland. Es werden vor allem Reifen, aber auch Brems-, Luftfeder- und Sensorsysteme für den Automobilbau hergestellt.

Steuertricks: Bis in die zweite Hälfte der neunziger Jahre war Continental der **Traum der Aktionäre:** Bei fünf bis sechs Milliarden Umsatz blieb Jahr für Jahr eine gute Milliarde Gewinn – die Steuern bezahlte der Konzern in diesen Jahren aus der Portokasse: meist weniger als ein Prozent des Umsatzes. Dann kam – fast – alles anders: Die Umsatzzahlen verdoppelten sich, die Gewinne schrumpften, im Jahr 2001 war gar ein Verlust zu verzeichnen. In den Jahren 2002 und 2003 wurden auf den ersten Blick wohl ganz passable Steuerleistungen erbracht. Diesen positiven Eindruck relativiert ein Blick in die Geschäftsberichte dieser Jahre. Von den für 2003 ausgewiesenen 393 Millionen Euro wurden nur 208 – also rund die Hälfte – an **Deutschlands Finanzämter** abgeführt. Ähnlich im Jahr 2002: Da wird zwar die Steuerleistung mit 298 Millionen Euro angegeben. In Deutschland bezahlt wurden aber nur etwa 140 Millionen. »**Niedrigere Steuersätze**«, so heißt es weiter, zahlte der Konzern in »Frankreich, Portugal, Rumänien, Tschechien und Ungarn«.
Dass Continental auch im Einstreichen von **Subventionen** erfahren ist, wird im Geschäftsbericht zwar nicht detailliert ausgeführt, aber doch erwähnt: »Im Zusammenhang mit dem Ausbau ausländischer Produktionsstätten wurden Steuerminderungen durch Förderungen sowie befristete Befreiungen realisiert.« All das hindert Continental aber nicht daran, Werke zu schließen und

die Produktion in osteuropäische Billiglohnländer wie Rumänien, Slowakei und Tschechien zu verlagern.

Konzern-adresse für Nachfragen:

Continental Aktiengesellschaft
Vahrenwalder Straße 9
D-30165 Hannover
Leiter Unternehmenskommunikation:
Dr. Heimo Prokop
Tel.: 0511 – 938 – 1485
Fax: 0511 – 938 – 1055
E-Mail: heimo.prokop@conti.de
Leiter Presse: Hannes Boekhoff
Tel.: 0511 – 938 – 1278
Fax: 0511 – 938 – 1055
E-Mail: hannes.boekhoff@conti.de

Continental AG

Jahr	Umsatz in Millionen Euro	Gewinn in Millionen Euro	Gewinn in Prozent vom Umsatz	Steuerleistung in Millionen Euro*	Steuerleistung in Prozent vom Umsatz	Beschäftigte
1995	5.372	3.106	57,8 %	20	0,4 %	48.366
1996	5.465	1.194	21,8 %	28	0,5 %	46.461
1997	5.831	1.086	18,6 %	70	1,2 %	44.819
1998	6.898	1.232	17,9 %	101	1,5 %	50.227
1999	9.319	359	3,9 %	117	1,3 %	62.554
2000	10.265	250	2,4 %	50	0,5 %	63.154
2001	11.413	-176	-1,5 %	63	0,6 %	66.970
2002	11.446	529	4,6 %	289	2,5 %	65.127
2003	11.534	722	6,3 %	393	3,4 %	68.829

* davon Steuerleistung in Deutschland: 2002: 156 Millionen Euro; 2003: 193 Millionen Euro

DaimlerChrysler AG

Mercedes-Benz

»Gemeinsam wollen Unternehmensleitung und Weltarbeitnehmervertretung dazu beitragen, der Globalisierung ein menschliches Gesicht zu geben«

Firmensitze: Stuttgart und Auburn Hills, Michigan/USA

Geschäft: DaimlerChrysler produziert Autos der Marken Maybach, Mercedes-Benz, Chrysler, Jeep, Dodge, smart, Freightliner, Sterling, Western Star, Setra, Mitsubishi Fuso

Steuertricks: Kurzfristig Verluste zu machen ist für einen weltweit operierenden Konzern nicht bedrohlich, denn diese verwandeln sich in wirtschaftlichen Nutzen, wenn sie mit Gewinnen gegenverrechnet werden und damit die Steuerleistung verringern. Im Jahr 2001 konnte DaimlerChrysler sogar eine Steuer**minderung** von 777 Millionen Euro verbuchen – und gleichzeitig mehr als eine Milliarde Euro Dividende an seine Aktionäre zahlen (siehe S. 130).

Von 1993 bis 2003 zahlte DaimlerChrysler in Deutschland keine Gewerbesteuer, weil der Konzern Verluste aus der Beteiligung an der Firma AEG mit den Gewinnen verrechnen durfte.

Sieht man sich die Tabelle an, zeigt sich, dass sich die Steuerleistung des Konzerns über die Jahre hinweg ohnedies auf minimalem Niveau bewegt – zwischen – 0,5 und 3 Prozent.

DaimlerChrysler hat einen Teil seines beträchtlichen Vermögens steuerschonend in Belgien untergebracht. 16 Angestellte verwalteten im Jahr 2002 rund 4,5 Milliarden Euro. Im selben Jahr wurde für das belgische »DaimlerChrysler Coordination Center« ein Gewinn von mehr als 29 Millionen Euro ausgewiesen. Steuerleistung: magere 71.000 Euro. Das entspricht 0,24 Prozent Steueranteil vom Gewinn.

Der Chef von DaimlerChrysler, Jürgen Schrempp, war im Jahr 2002 laut »Manager Magazin« der höchstbezahlte deutsche Manager. Einkünfte: 10,8 Millionen Euro.
1998 genehmigte die EU die **Förderung** eines DaimlerChrysler-Werks in Ludwigsfelde (Brandenburg) in der Höhe von 11,2 Millionen Euro. Im Jahr 2001 erlaubte die EU die Förderung eines Motorenwerks in Kölleda (Thüringen) in der Höhe von 57 Millionen Euro.

Konzernadresse für Nachfragen:

DaimlerChrysler AG
70546 Stuttgart
Tel.: 0711 – 17 – 0
Fax: 0711 – 17 – 222 44
Leiter Global Communications: Hartmut Schick
E-Mail: hartmut.schick@daimlerchrysler.com

DaimlerChrysler AG

Jahr	Umsatz in Millionen Euro	Gewinn in Millionen Euro	Gewinn in Prozent vom Umsatz	Steuerleistung in Millionen Euro*	Steuerleistung in Prozent vom Umsatz	Beschäftigte
1996	100.233	5.406	5,4%	?	?	419.758
1997	116.057	5.995	5,2%	?	?	421.661
1998	130.122	7.697	5,9%	3.074	2,3%	433.939
1999	150.812	9.657	6,4%	4.533	3,0%	463.561
2000	163.330	4.476	2,7%	1.999	1,2%	449.594
2001	154.085	-1.483	-1,0%	-777	-0,5%	379.544
2002	150.375	6.068	4,0%	1.177	0,8%	370.677
2003	137.150	596	0,4%	979	0,7%	370.684

* davon Steuerleistung in Deutschland: 2001: 1.347 Millionen Euro; 2002: 700 Millionen Euro; 2003: 938 Millionen Euro

Deutsche Bank AG

Deutsche Bank »Leistung aus Leidenschaft«

Konzernsitz: Frankfurt/Main

Geschäft: Die Deutsche Bank ist unter anderem beteiligt an der DaimlerChrysler AG, an der Allianz AG, an der Linde AG, an der Axel Springer AG. Sie hat mehr Tochterunternehmen als jede andere Bank – im Jahr 2003 waren es genau 2.181.

Steuertricks: Die Deutsche Bank ist über Tochterfirmen in fast jeder **Steueroase** der Welt vertreten – auf der Kanalinsel **Jersey**, auf den niederländischen Antillen, den Cayman Islands, den Philippinen, auf **Mauritius**, in Bahrein, Hongkong, Irland, Luxemburg, Macao, Monaco, Singapur und in der Schweiz. In Deutschland nutzt sie **Gewerbesteueroasen** wie Norderfriedrichskoog oder Sössen so intensiv wie kaum ein anderes Unternehmen (siehe S. 47 ff.).

Im Jahr 2000 erwirtschaftete die Deutsche Bank trotz satter Gewinne ein **Steuerminus** – und verbuchte Steuerrückzahlungen in Höhe von 6,6 Milliarden Euro vom deutschen Staat. In den darauffolgenden Jahren zahlte der Konzern zwar insgesamt 6,2 Milliarden Steuern – allerdings nicht in Deutschland, sondern an vielen anderen Standorten der Bank, etwa in Luxemburg, in Irland, in der Schweiz und in den USA. Im selben Zeitraum schüttete die Bank an ihre Aktionäre Jahr für Jahr **Dividenden** in Höhe von durchschnittlich 800 Millionen Euro aus. Für das Jahr 2004 stellte Konzernchef Josef Ackermann sogar noch eine deutliche **Ertragsverbesserung** in Aussicht.

In den USA gerät die Deutsche Bank immer wieder in den Verdacht, in **Finanzskandale** verwickelt zu sein – derzeit etwa in den so genannten US-Fondsskandal: Der New Yorker Generalstaatsanwalt interessiert sich für die Handelspraktiken der Bank und forderte sie zur Herausgabe von Unterlagen auf. Zumeist enden solche Ermittlungen mit einem Vergleich. Jüngst musste die Bank im Rahmen eines solchen Vergleichs mit der Börsenaufsicht SEC und dem Generalstaatsanwalt 80 Millionen Euro zahlen.[138] Im Jahr 2003 wurde die Deutsche Bank vom Frankfurter Landgericht zu einer Strafe von 59 Millionen Euro verurteilt, weil sie Kunden bei der **Steuerflucht** nach Luxemburg und in die Schweiz unterstützt und damit Geld verdient hat.[139]

Konzernadresse für Nachfragen:

Deutsche Bank
Presseabteilung
Taunusanlage 12
60325 Frankfurt am Main
Tel.: 069 – 910 – 43 800
Fax: 069 – 910 – 33 422
E-Mail: db.presse@db.com

Deutsche Bank AG*

Jahr	Ertrag in Millionen Euro	Gewinn in Millionen Euro	Gewinn in Prozent vom Ertrag	Steuerleistung in Millionen Euro**	Steuerleistung in Prozent vom Ertrag	Beschäftigte
2000	26.569	6.869	25,9 %	-6.644	-25,0 %	–
2001	25.455	1.803	7,1 %	1.636	6,4 %	86.524
2002	22.560	3.549	15,7 %	3.152	14,0 %	77.442
2003	21.144	2.756	13,0 %	1.391	6,6 %	67.682

* Mangels Umsatzzahlen werden hier die Ertragszahlen ausgewiesen; dies lässt die Prozentsätze für Gewinn bzw. Steuerleistung relativ hoch erscheinen.

** davon Steuerleistung in Deutschland: 2001: 586 Millionen Euro; 2002: 3.107 Millionen Euro; 2003: 342 Millionen Euro. Im Jahr 2000 hat die Deutsche Bank in Deutschland einen Steuerbonus in Rekordhöhe erhalten – 8.019 Millionen Euro.

Deutsche Telekom AG

Deutsche Telekom »Einstellung, Engagement, Erfolg«

Konzernsitz: Bonn

Geschäft: Die Deutsche Telekom ist in die Geschäftsfelder Mobilfunk (T-Mobile), Internet (T-Online), Festnetz (T-Com) und Systemlösungen (T-Systems) gegliedert. Mehr als ein Drittel der Umsätze im Geschäftsjahr 2003 wurde außerhalb Deutschlands erwirtschaftet.

Steuertricks: Als »Extremfall« bezeichnet der Steuerexperte Lorenz Jarass in seiner Studie über die 30-DAX-Unternehmen das Steuersparspiel der Deutschen Telekom. Ein Blick in den Geschäftsbericht 2003 belegt das: Da wird ausdrücklich darauf hingewiesen, dass zwar 1,4 Milliarden Gewinn gemacht wurden, aber aufgrund »nutzbarer körperschaftsteuerlicher und gewerbesteuerlicher **Verlustvorträge**« keine Steuern zu zahlen waren.

Dabei ist selbst dieses auffällige Maß an Offenheit noch Untertreibung: Im Jahr 2003 hat die Telekom nicht nur keine Steuern gezahlt, sondern obendrein noch Anspruch auf 225 Millionen Euro **Steuerrückerstattung**. Im Jahr davor musste der deutsche Steuerzahler noch tiefer in die Tasche greifen: Da erwirtschaftete die Deutsche Telekom AG insgesamt 2,8 Milliarden Euro an Körperschafts- und Gewerbesteuer-Gutschriften.

Wie das Modell in der Vergangenheit funktioniert hat, ist im Kapitel »Verlustabschreibungen« nachzulesen (siehe S. 130 f.). Dass die Telekom auch in Zukunft noch viel Steuern sparen wird, kündigt sie im eigenen Geschäftsbericht an: Sie verfüge Ende 2003 über fast 18 Milliarden Euro Verlustvorträge – der Großteil davon kann bis in alle Ewigkeit steuermindernd genutzt werden. Zum allergrößten Teil sind diese Verluste auf den

Erwerb von ausländischen Beteiligungen zu **überhöhten Preisen** zurückzuführen.
Steuerexperte Jarass hat obendrein noch erhoben, dass »die Dividendenausschüttung von diesen Ereignissen weitgehend unberührt« geblieben sei: Nur im Jahr 2003 wurde nichts bezahlt.
Angehäuft wurden die Verluste unter der Regie des Vorstandsvorsitzenden **Ron Sommer**, dem der Abschied von der Telekom mit einer Abfindung von 11,6 Millionen Euro erleichtert wurde.

Konzernadresse für Nachfragen:

Deutsche Telekom AG
Friedrich-Ebert-Allee 140
53113 Bonn
Leiter Pressestelle: Stephan Broszio
Leiter Unternehmenskommunikation:
Ulrich Lissek
Pressestelle: Tel.: 0228 – 181 49 49

Deutsche Telekom AG

Jahr	Umsatz in Millionen Euro	Gewinn in Millionen Euro	Gewinn in Prozent vom Umsatz	Steuerleistung in Millionen Euro*	Steuerleistung in Prozent vom Umsatz	Beschäftigte
1995	34.907	3.607	10,3%	347	1,0%	231.720
1996	34.246	1.842	5,4%	1.132	3,3%	236.812
1997	36.454	2.891	7,9%	1.844	5,1%	222.259
1998	37.788	4.456	11,8%	2.654	7,0%	209.539
1999	38.288	3.184	8,3%	1.420	3,7%	198.006
2000	35.246	-3.121	-8,9%	212	0,6%	131.948
2001	33.182	7.292	22,0%	660	2,0%	125.836
2002	58.124	-26.786	-46,1%	-2.847	-4,9%	255.896
2003	55.838	1.398	2,5%	-225	-0,4%	251.000

* davon Steuerleistung in Deutschland: 2001: 656 Millionen Euro; 2002: – 18 Millionen Euro (= Steuergutschrift); 2003: – 538 Millionen Euro (= Steuergutschrift). Im Jahr 2002 erwirtschaftete die Deutsche Telekom allein mit ihren Lizenzen für die Mobilkommunikation bei T-Mobile USA/Powertel einen Steuerbonus von rund 3 Milliarden Euro. Der wurde in der Folge gegengerechnet und reduzierte die Gesamtsteuerlast des Konzerns.

E.ON AG

»Unser Ziel ist es,
zum eindeutigen Marktführer
unserer Branche aufzusteigen«

Firmensitz: Düsseldorf

Geschäft: Energieerzeugung (Strom und Gas), Wasserlieferung, Spezialchemieproduktion (Fa. Degussa)

Steuertricks: E.ON ist ein junger Konzern, der im Jahr 2000 durch einen Zusammenschluss von Veba und VIAG entstand. Die in der Tabelle angeführten Zahlen von 1995 bis 1999 sind zusammengerechnete Zahlen der beiden Vorgängerfirmen.

Die dominierende Firmenfarbe von E.ON ist rot, aber die dominierenden Bilanzzahlen sind tiefschwarz. Eine danebengeratene Unternehmens-Steuerreform der rot-grünen Regierung erlaubte es E.ON im Jahr 2000, die Tochterfirma VIAG Intercom für 11,4 Milliarden Euro und die Tochterfirmen E-Plus und Cablecom für weitere Milliarden **vollkommen steuerfrei** zu verkaufen. In den folgenden Jahren 2001 und 2002 trennte sich E.ON unter denselben günstigen Steuerbedingungen von einer Reihe weiterer Tochterfirmen und erzielte damit Milliardengewinne.

Seit Beginn der Firmengründung stiegen die Dividendenzahlungen an die Aktionäre Jahr für Jahr. Im Jahr 2001 erhielten diese 1,1 Milliarden, im Jahr 2002 1,2 Milliarden (obwohl ein Verlust von 704 Millionen Euro ausgewiesen wurde) und 2003 1,3 Milliarden Euro.

Aus den an die US-Börsenkontrollstelle gelieferten Unterlagen (Form 20-F, 25. März 2004) geht hervor, dass E.ON im Jahr 2001 in Deutschland **keine Gewinnsteuern** bezahlt, sondern vom deutschen Staat 78 Millionen Euro erhalten hat. Im Jahr 2002 konnte der Konzern ebenfalls eine Steuereinnahme verbuchen, in der Höhe von 953

Millionen Euro. Und in Holland genoss die Tochterfirma E.ON Benelux Generation N.V. zwischen 1998 und 2001 Steuerferien. Das bedeutet: eine Steuerleistung von null.

Die Energieerzeugung des E.ON-Konzerns wird vom Staat hoch **gefördert**, egal, ob es sich um kohlebetriebene Anlagen, Atomenergie-, Windkraft- oder Sonnenergie-Anlagen handelt. Wie hoch die direkten und indirekten Förderungen sind, ist für uns nicht nachvollziehbar. Beispielsweise kassiert E.ON indirekt – durch seine 39,2-Prozent-Beteiligung an der Firma RAG – beträchtliche Staatsunterstützungen für den Kohlebergbau. Der Bundesrechnungshof kritisierte diese Förderungen Ende Mai 2004: Ihre volle Höhe sei nur schwer durchschaubar.[140]

Konzernadresse für Nachfragen:

E.ON
E.ON-Platz 1
D-40479 Düsseldorf
Tel.: 0211 – 4579 – 627
Fax.: 0211 – 4579 – 629
E-Mail: www.eon-ag.com/eon9173650713

E.ON AG

Jahr	Umsatz in Millionen Euro	Gewinn in Millionen Euro	Gewinn in Prozent vom Umsatz	Steuerleistung in Millionen Euro*	Steuerleistung in Prozent vom Umsatz	Beschäftigte
1995	35.535	1.961	5,5%	884	2,5%	123.000
1996	36.575	2.267	6,2%	920	2,5%	121.273
1997	40.691	2.542	6,2%	999	2,5%	126.734
1998	41.912	2.392	5,7%	1.239	3,0%	132.337
1999	48.583	4.400	9,1%	1.277	2,6%	132.930
2000	75.838	6.551	8,6%	2.512	3,3%	186.788
2001	74.349	3.898	5,2%	761	1,0%	155.953
2002	41.155	-704	-1,7%	-645	-1,6%	104.433
2003	45.442	5.538	12,2%	1.124	2,5%	66.549

* davon Steuerleistung in Deutschland: 2001: – 78 Millionen Euro (= Steuergutschrift); 2002: – 953 Millionen Euro (= Steuergutschrift); 2003: 610 Millionen Euro

KarstadtQuelle AG

»Wir haben uns entschieden, eine an sozialen und ökologischen Zielen orientierte Geschäftspolitik zu verwirklichen.«

Firmensitz: Essen

Geschäft: Die KarstadtQuelle AG ist Europas größter Warenhaus- und Versandhandelskonzern.

Steuertricks: Die Steuerleistung der KarstadtQuelle AG ist konstant niedrig (siehe Tabelle).
Die Schickedanz-Gruppe ist mit über 36 Prozent der größte Einzelaktionär der KarstadtQuelle AG und dominiert die unternehmerische Führung des Konzerns. Daraus folgt ein recht ausgeprägter Hang zur **Steueroase Schweiz**, wo die Erträge dieser Gruppe landen.
Das Vermögen von Madeleine Schickedanz-Herl, der in der Schweiz lebenden **Quelle-Versandhaus-Erbin**, wird vom Wirtschaftsmagazin »Bilanz« auf fast zwei Milliarden Euro geschätzt. Einen Anhaltspunkt gibt auch die im Aktionärsbuch von KarstadtQuelle aufgeführte Schweizer Grisfonta AG, die zur Schickedanz-Gruppe gehört und einen Anteil in Höhe von 2,6 Prozent am Konzern hält – allein dieses Päckchen wird auf 60 bis 70 Millionen Euro geschätzt.
Weil KarstadtQuelle in den letzten Jahren nur bescheidene Gewinne schreibt, wird immer stärker am Personal gespart. Der Betriebsrat von KarstadtQuelle in der Hamburger Wochenzeitung »Die Zeit«: »Wir wundern uns sehr, dass die Arbeitnehmer fast eine halbe Milliarde Euro draufgezahlt haben, die Dividende aber unverändert bezahlt wird.« Der Hintergrund: Der Konzern hat bei den Arbeitnehmern Kürzungen bei der betrieblichen Altersversorgung und bei übertariflichen Leistungen durchgesetzt. Die **Dividen-**

de aber bleibt über die Jahre stabil. Zuletzt wurden 75 Millionen Euro ausbezahlt – obwohl sich der Aktienkurs fast halbierte.
Während in den Konzerndaten der Amadeus-Datenbank für 2003 ein **Steueraufwand** von immerhin noch 55 Millionen Euro ausgewiesen ist, relativiert der Konzern diese Zahl im Kleingedruckten des Geschäftsberichts: Diese 55 Millionen werden dort als der »erwartete Steueraufwand« ausgewiesen; laut Gewinn- und Verlustrechnung ist tatsächlich nur die Hälfte – knapp 27 Millionen – bezahlt worden.

Konzernadresse für Nachfragen:

KarstadtQuelle AG
Konzernzentrale
Theodor-Althoff-Straße 2
D-45133 Essen
Tel.: 0201 – 727 – 1
Fax: 0201 – 727 – 52 16

KarstadtQuelle AG

Jahr	Umsatz in Millionen Euro	Gewinn in Millionen Euro	Gewinn in Prozent vom Umsatz	Steuerleistung in Millionen Euro*	Steuerleistung in Prozent vom Umsatz	Beschäftigte
1995	12.929	76	0,6%	19	0,1%	97.299
1996	12.916	64	0,5%	30	0,2%	94.243
1997	12.675	139	1,1%	57	0,4%	89.300
1998	9.813	158	1,6%	56	0,6%	66.235
1999	15.364	256	1,7%	38	0,2%	88.171
2000	15.843	306	1,9%	49	0,3%	88.163
2001	16.717	366	2,2%	127	0,8%	89.379
2002	16.737	231	1,4%	61	0,4%	83.926
2003	16.426	168	1,0%	55	0,3%	97.416

* Uns liegen keine Unterlagen vor, aus denen ersichtlich wäre, wie viel Steuern Karstadt Quelle in Deutschland gezahlt bzw. als Rückzahlung erhalten hat.

Lufthansa AG

»Es gibt keinen besseren Weg zu fliegen«

Firmensitz: Köln

Geschäft: Der Konzern verfügt über rund 340 Flugzeuge. Pro Jahr werden rund 500.000 Flüge angeboten und 45 Millionen Passagiere befördert. Angeflogen werden etwa 450 Ziele in rund 100 Ländern.

Steuertricks: In der **Gewerbesteueroase** Norderfriedrichskoog ist die Lufthansa prominent wie kein zweiter Konzern vertreten. Der Grund: Am Firmenstandort Köln wären die hierher verlagerten Geschäfte gewerbesteuerpflichtig (Hebesatz 450 Prozent), in Norderfriedrichskoog waren sie es bis Ende 2003 nicht. Das Handelsregister listet fast zwei Dutzend einschlägig benannte Firmen mit Sitz Norderfriedrichskoog auf: von der Lufthansa Leasing GmbH & Co. Charlie-Romeo KG über die Lufthansa Leasing GmbH & Co. Delta Fox KG bis zur LLG Nord GmbH & Co. Bravo KG und der LLG Nord GmbH & Co. Charlie oHG. Gehalten werden diese Firmen meist über die Lufthansa Leasing GmbH (LLG), einem Joint Venture der Deutschen Lufthansa AG mit dem Finanzdienstleister KGAL. Bei KGAL brüstet man sich auf der firmeneigenen Website, dass die »LLG seit ihrer Gründung 1989 über 200 Flugzeugtransaktionen für die Lufthansa-Gruppe mit einem Investitionsvolumen von rund sechs Milliarden Euro konzipiert« habe.

Jürgen Weber, Vorsitzender des Aufsichtsrats Lufthansa AG, wirbt in seiner Eigenschaft als Bundesbeauftragter für Auslandsinvestitionen für die Gewerbesteueroase an der Nordseeküste (siehe »Von Norderfriedrichskoog nach Sössen«, S. 47ff.). Im Geschäftsbericht 2003 weist die Lufthansa auf »Steueransprüche aus **Verlustvor-**

trägen in Höhe von 146 Millionen Euro« hin: Teilweise müssen diese Beträge in den nächsten Jahren steuermindernd geltend gemacht werden, der größte Brocken ist »bis nach 2015 nutzbar«. Kurios: In ihrem Geschäftsbericht versichert die Lufthansa AG ihren Aktionären ausdrücklich, »dass der Konzern über ausreichende Steuerstrategien verfügt, um Verlustvorträge nutzen zu können«.

Konzernadresse für Nachfragen:

Lufthansa AG
Hauptverwaltung
Von-Gablenz-Straße 2–6
D-50679 Köln
Leiter Konzernkommunikation: Klaus Walther
Tel.: 069 – 696 – 36 59
Fax: 069 – 696 – 61 98
E-Mail: klaus.walther@dlh.de
Leiter Media Relations: Thomas Ellerbeck
Tel.: 069 – 696 – 60 345
Fax: 069 – 696 – 68 18
E-Mail: thomas.ellerbeck@dlh.de

Lufthansa AG

Jahr	Umsatz in Millionen Euro	Gewinn in Millionen Euro	Gewinn in Prozent vom Umsatz	Steuerleistung in Millionen Euro*	Steuerleistung in Prozent vom Umsatz	Beschäftigte
1995	10.985	372	3,4 %	81	0,7 %	57.586
1996	11.668	259	2,2 %	65	0,6 %	57.999
1997	12.880	785	6,1 %	416	3,2 %	58.250
1998	12.909	1.178	9,1 %	537	4,2 %	54.867
1999	14.208	1.002	7,1 %	363	2,6 %	66.207
2000	16.885	1.215	7,2 %	529	3,1 %	69.523
2001	18.188	-744	-4,1 %	-140	-0,8 %	87.975
2002	19.089	952	5,0 %	230	1,2 %	94.135
2003	17.714	-785	-4,4 %	193	1,1 %	94.798

* Uns liegen keine Unterlagen vor, aus denen ersichtlich wäre, wie viel Steuern Lufthansa in Deutschland gezahlt bzw. als Rückzahlung erhalten hat.

Metro AG/Metro Group

METRO Group »Der Geist des Handels«

Konzernsitz: Düsseldorf

Geschäft: Die Metro AG ist das größte börsennotierte Handelsunternehmen Deutschlands. Zu ihr gehören die Metro Cash & Carry Märkte, die Media-Saturn-Kette, die Praktiker-Baumärkte und die Kaufhof Warenhaus AG. Die Metro Group ist in 28 Ländern an über 2.300 Standorten vertreten.

Steuertricks: Was die Metro verdient, landet zum größten Teil in der Schweiz: **Otto Beisheim**, der 80-jährige Metro-Gründer, hat 1988 einen Schweizer Pass angenommen und lebt steuerlich entsprechend günstig im Kanton Zug. Ebendort ist auch die Beisheim Holding Schweiz AG angesiedelt, die 70 Beteiligungen an Internet- und Immobilienfirmen hält.

Das Vermögen Beisheims wird auf bis zu 4,2 Milliarden Euro geschätzt. Seine Aktien hat der kinderlose Witwer großteils bei der ebenfalls in der Schweiz angesiedelten Professor Beisheim Stiftung angelegt. Dazu gibt es noch eine Otto Beisheim Vermögensverwaltung. In Summe sorgt diese Konstruktion dafür, dass keinerlei Details über Beisheims Steuergestaltung öffentlich werden.

Auch die zweite Eigentümer-Gruppe der Metro AG ist in der Schweiz untergekommen: die deutsche Familie **Schmidt-Ruthenbeck**. Die Brüder Reiner und Michael (geschätztes Vermögen: 4,2 Milliarden Euro) gaben Beisheim das Startkapital zur Metro-Gründung. Jetzt genießen sie mit ihm die Steuerschonungsqualitäten der Alpenrepublik.

Inzwischen haben Beisheims Steuersparaktivitäten auch in anderer Hinsicht weit reichende Wirkung: Als der Metro-Gründer einst mit seiner Holding in die Schweiz übersiedelte, brachte er auch Hans-Dieter Cleven, seinen wichtigsten Vertrauten und Manager, mit. Der hat sich wohl mit Beisheim inzwischen überworfen[141], aber das Schweizer Steuersparmodell so schätzen gelernt, dass er jüngst seinen Freund Boris Becker und die gemeinsame Sportmarketing-Firma Becker & Co in den Kanton Zug holte.[142]

Konzern-adresse für Nachfragen:

METRO AG
Metro-Straße 1
D-40235 Düsseldorf
Unternehmenskommunikation:
Albrecht von Truchseß
Tel.: 0211 – 68 86 – 29 47
Fax: 0211 – 68 86 – 20 00
E-Mail: truchsess@metro.de
Jürgen Homeyer
Tel.: 0211 – 68 86 – 26 82
Fax: 0211 – 68 86 – 20 00
E-Mail: homeyer@metro.de

Metro AG/Metro Group

Jahr	Umsatz in Millionen Euro	Gewinn in Millionen Euro	Gewinn in Prozent vom Umsatz	Steuerleistung in Millionen Euro*	Steuerleistung in Prozent vom Umsatz	Beschäftigte
1996	29.382	498	1,7 %	176	0,6 %	176.518
1997	30.445	499	1,6 %	157	0,5 %	184.931
1998	49.043	666	1,4 %	247	0,5 %	250.361
1999	46.088	690	1,5 %	325	0,7 %	225.265
2000	48.889	754	1,5 %	331	0,7 %	234.351
2001	51.544	673	1,3 %	224	0,4 %	240.769
2002	53.058	830	1,6 %	328	0,6 %	245.164
2003	55.056	817	1,5 %	246	0,4 %	252.037

* davon Steuerleistung in Deutschland: 2002: 96 Millionen Euro; 2003: 122 Millionen Euro.

Pfizer Inc.

»Wir werden die Nummer 1 der Pharmaindustrie in jedem wichtigen Markt der Welt sein«

Firmensitz: New York/USA

Geschäft: Medikamente wie Benadryl, Celebrex, Codipront, Diflucan, Gelonida, Norvasc, Sortis, Viagra; Rasiermesser und -zubehör von Wilkinson; Trident-Kaugummis

Steuertricks: »An dieser Tabelle sieht man: Umsatz und Gewinn steigen zwischen 1996 und 2002 steil an. Die einzige Ausnahme ist das Jahr 2003. Die Steuerleistung des Gesamtkonzerns liegt in diesem Zeitraum zwischen 3,6 und 8,4 Prozent des Umsatzes.

Sieht man sich hingegen die Bilanzzahlen von Pfizer in einzelnen Ländern an, zeigt sich ein ganz anderes Bild: In Ländern mit hohen Steuersätzen wie Deutschland und Österreich steigt der Umsatz etwa genauso steil an wie beim Gesamtkonzern, der Anteil des Gewinns am Umsatz ist sehr viel niedriger und sinkt zudem. In Österreich beispielsweise von 10,8 Prozent im Jahr 1997 auf 6,8 Prozent im Jahr 2002. Dementsprechend **sinken auch die Steuerleistungen**: von 3,6 Prozent des Umsatzes im Jahr 1997 auf 2,5 Prozent im Jahr 2002.

In Ländern mit niedrigen Steuersätzen wie Holland und Irland hingegen verbucht Pfizer hohe Gewinne und zahlt keine oder fast keine Steuern. Zum Beispiel wird für die holländische Pfizer Holdings B.V. im Jahr 2000 ein Gewinn von mehr als 775 Millionen Euro ausgewiesen. Steuerleistung: knapp 2 Millionen Euro. Das entspricht einem Anteil von 0,25 Prozent. Diese Firma hat nur einen einzigen Angestellten. Noch günstigere Ergebnisse erzielt Pfizer in Irland. Bei-

spielsweise erzielte die Pfizer Service Company Ireland im Jahr 1999 30 Millionen Euro, im Jahr 2000 rund 37 Millionen Euro Gewinn. Steuerleistung in beiden Jahren: null. Diese Tochterfirma verwaltete im Jahr 2000 ein Vermögen von 7,5 Milliarden Euro.
Hier werden also Gewinne in Steuerparadiese verlagert, und zwar mit Hilfe unterschiedlicher Medikamentenpreise, die sich die Tochterfirmen des Konzerns gegenseitig verrechnen. Der echte Preis ist für uns Finanzfahnder nicht nachvollziehbar. Die Konzerne sagen: Das kostet so und so viel, und damit basta.« (Interview mit einem Finanzfahnder; ausführlich werden diese Gestaltungsmöglichkeiten auf S. 82 ff. beschrieben.)

Konzernadresse für Nachfragen:

Pfizer GmbH,
Postfach 4949
D-76032 Karlsruhe
Unternehmenskommunikation: Linda Schneider
Tel.: 0721 – 6101 – 561
Fax: 0721 – 6203 – 561
E-Mail: herlinde.schneider@pfizer.com

Pfizer Inc.

Jahr	Umsatz in Millionen Euro	Gewinn in Millionen Euro	Gewinn in Prozent vom Umsatz	Steuerleistung in Millionen Euro*	Steuerleistung in Prozent vom Umsatz	Beschäftigte
1996	14.829	3.184	21,5 %	952	6,4 %	47.000
1997	15.300	3.174	20,7 %	862	5,6 %	50.000
1998	18.584	3.517	18,9 %	930	5,0 %	?
1999	21.732	5.556	25,6 %	1.574	7,2 %	94.900
2000	20.836	4.400	21,1 %	1.556	7,5 %	90.000
2001	23.219	7.987	34,4 %	1.946	8,4 %	90.000
2002	25.898	9.436	36,4 %	2.087	8,1 %	98.000
2003	36.150	2.610	7,2 %	1.296	3,6 %	122.000

* davon Steuerleistung der Pfizer GmbH Deutschland: 1998: 0,1 Millionen Euro; 1999: 0,4 Millionen Euro; 2000: – 0,2 Millionen Euro (= Steuergutschrift).

Porsche AG

»Weniger ist manchmal mehr«

Firmensitz: Zuffenhausen

Geschäft: Sportwagen der Marke Porsche: 911, Boxter, Carrera GT; Geländewagen der Marke Cayenne

Steuern: Porsche ist ein ungewöhnlicher Konzern. Die Bilanzzahlen Mitte der neunziger Jahre deuten auf eine kranke Firma hin, aber ab 1997 geht es steil bergauf. Die Umsätze steigen, die Gewinne steigen und am Erstaunlichsten ist, dass die **Steuerleistungen steigen** und seit 1999 im Verhältnis zum Umsatz eine Höhe erreicht haben, mit denen sich kein anderes deutsches Großunternehmen messen kann. Ist Porsche also ein Konzern, den man als Vorbild hinstellen kann?

Der Großteil des Konzernvermögens befindet sich in Deutschland (10,3 Milliarden Euro) und in Österreich (4,7 Milliarden Euro). Wie viel Gewinn die österreichischen Tochterfirmen abwerfen und wie viel Steuern sie bezahlen, ist uns nicht bekannt. Die Wirtschaftsdatenbank Amadeus bleibt hier diskret verschwiegen. Jedenfalls erwirtschaftet Porsche in Österreich etwa die Hälfte des gesamten Konzernumsatzes. Wir vermuten, dass günstige Steuerbedingungen zu dieser Schwerpunktsetzung Österreich führten. Der Porsche-Konzern befindet sich zu einem Gutteil in Familienbesitz (Porsche und Piech).

Im Gegensatz zu den Chefs anderer Autokonzerne ist Porsche-Vorstandsvorsitzender Wendelin Wiedeking kein Freund öffentlicher **Subventionen.** Seit Jahren kritisiert er die als Strukturbeihilfen getarnten Förderungen an die Konkurrenz. In der Aktionärs-Hauptversammlung des Jahres 2000 erklärte er, Porsche habe »nicht einmal in den Krisenzeiten Anfang der neunziger Jahre

Hilfen beantragt«. Und teilte einen versteckten Seitenhieb auf seinen Münchner Konkurrenten BMW aus: »Porsche-Käufer können Luxus und Zuschüsse nicht auf einen Nenner bringen.« Der BMW-Konzern suchte für sein neues Werk in Leipzig um Subventionen an, Porsche verzichtete darauf, sein dortiges Geländewagenwerk fördern zu lassen.

Konzern-adresse für Nachfragen:

Porsche AG
Porscheplatz 1
D-70435 Stuttgart
Tel.: 0711 – 911 – 0
Fax: 0711 – 911 – 5777
Öffentlichkeitsarbeit: Anton Hunger
E-Mail: anton.hunger@porsche.de

Porsche AG

Jahr	Umsatz in Millionen Euro	Gewinn in Millionen Euro	Gewinn in Prozent vom Umsatz	Steuerleistung in Millionen Euro*	Steuerleistung in Prozent vom Umsatz	Beschäftigte
1995	1.381	-11	-0,8%	5	0,4%	6.882
1996	1.507	-14	-0,9%	3	0,2%	6.956
1997	2.160	36	1,7%	13	0,6%	7.863
1998	2.607	147	5,6%	24	0,9%	8.171
1999	2.504	248	9,9%	139	5,6%	8.506
2000	3.846	433	11,3%	224	5,8%	9.064
2001	4.563	592	13,0%	322	7,1%	9.487
2002	5.021	829	16,5%	367	7,3%	10.112
2003	5.610	933	16,6%	368	6,6%	10.519

* Uns liegen keine Unterlagen vor, aus denen ersichtlich wäre, wie viel Steuern Porsche in Deutschland gezahlt bzw. als Rückzahlung erhalten hat.

RWE AG

»Alles aus einer Hand. Strom, Naturgas, Wasser, Entsorgung«

Firmensitz: Essen

Geschäft: Erzeugung und Handel mit Strom, Gas, Wasser sowie Abfallentsorgung

Steuertricks: Bis zum Stichtag 30. Juni 1999 bilanzierte RWE nach deutschem Handelsgesetzbuch, ab diesem Datum nach »International Accounting Standards«. Bis Mitte bzw. Ende des Jahres 2001 dauerte ein Geschäftsjahr bei RWE immer von 30. Juni bis 30. Juni, seither jedoch von 1. Januar bis 31. Dezember. Deshalb lassen wir die Tabelle erst 1998 beginnen; und die Zahlen sind deshalb auch nur bedingt miteinander vergleichbar. Unter diesem Vorbehalt lässt sich aber sagen, dass die Gewinne des Konzerns im Verhältnis zum Umsatz seit 2000 relativ konstant bleiben, die Steuerleistung bewegt sich im selben Zeitraum auf niedrigem Niveau zwischen 0,8 und 2,8 Prozent.

Der ehemalige RWE-Manager **Werner Müller** spielte eine bedeutsame Rolle bei der Unternehmenssteuer-Reform der rot-grünen Regierung, die den Konzernen viele Milliarden Euro einbrachte. Müller wurde 1998 von Bundeskanzler Schröder zum Bundesminister für Wirtschaft und Technologie berufen. Er ist seit Juni 2003 wieder Manager des Energiekonzerns RAG, der unter anderem vom Großaktionär RWE dominiert wird.

Die Energieerzeugung des RWE-Konzerns wird vom Staat hoch **gefördert**, egal, ob es sich um kohlebetriebene Anlagen, Atomenergie, Windkraft oder Sonnenergieanlagen handelt. Wie hoch die direkten und indirekten Förderungen sind, ist nicht nachvollziehbar. Beispielsweise kassiert

RWE indirekt – durch seine 30,2-Prozent-Beteiligung an der Firma RAG – beträchtliche Staatsunterstützungen für den Kohlebergbau. Der Bundesrechnungshof kritisierte diese Förderungen Ende Mai 2004: Ihre volle Höhe sei nur schwer durchschaubar.[143]
Die Zeitschrift »Windinvestor« (www.windinvestor.de/pdf/wb38_net.pdf) berichtet:
»Auch RWE ist im Windmarkt aktiv – ›npower‹ ist der größte Anbieter von Windstrom auf den britischen Inseln, offeriert sogar gemeinsam mit Greenpeace Ökostrom. Weil es in England bessere Förderungen gebe, verriet ein RWE-Manager unter großem Gelächter auf einer Veranstaltung der CDU in Bonn.«

Konzern-adresse für Nachfragen:

RWE AG
Opernplatz 1
D-45128 Essen
Tel.: 0201 – 12 – 15 095
Fax: 0201 – 12 – 15 094
Konzernkommunikation: Bill McAndrews
E-Mail: bill.mcandrews@rwe.com

RWE AG

Jahr	Umsatz in Millionen Euro	Gewinn in Millionen Euro	Gewinn in Prozent vom Umsatz	Steuerleistung in Millionen Euro*	Steuerleistung in Prozent vom Umsatz	Beschäftigte
1997/98	37.524	2.581	6,9 %	1.166	3,1 %	145.000
1998/99	38.415	2.722	7,1 %	1.177	3,1 %	155.576
99/2000	47.918	2.151	4,5 %	595	1,2 %	155.697
2000/01	62.878	2.238	3,5 %	478	0,8 %	160.481
2. Halbj. 2001	33.301	1.143	3,3 %	916	2,8 %	?
2002	48.214	2.722	5,6 %	1.367	2,8 %	132.607
2003	47.470	2.123	4,5 %	1.187	2,5 %	139.535

* Uns liegen keine Unterlagen vor, aus denen ersichtlich wäre, wie viel Steuern RWE in Deutschland gezahlt bzw. als Rückzahlung erhalten hat.

SAP AG

»Veränderung ist gut«

Firmensitz: Walldorf

Geschäft: SAP ist der weltweit führende Anbieter, Markt- und Technologieführer betriebswirtschaftlicher Standardsoftware. Zu den wichtigsten Kunden zählen IBM, Coca Cola, Shell, General Motors. Etwa zehn Millionen Arbeitsplätze sind mit SAP-Systemlösungen ausgestattet. SAP betreibt Niederlassungen in mehr als 50 Ländern.

Steuern: Die Umsätze bei SAP sind so rasant gestiegen wie bei kaum einem anderen Konzern. Konstant hoch sind die Gewinnanteile – sie pendeln zwischen 15 und 25 Prozent. Entsprechend hoch ist auch die ausgewiesene **Steuerleistung.**

Die drei **Gründungsaktionäre** Hasso Plattner, Dietmar Hopp und Klaus Tschira halten mit ihren Familien und Stiftungen insgesamt 39,5 Prozent der Firmenanteile. Es gibt keinen Einblick in ihre Steuergestaltung.

Auch sonst ist SAP hinsichtlich seiner Steuerzahlungen unauffällig. Der Steuerexperte Lorenz Jarass, der die **Bilanzzahlen** des Unternehmens in seiner Studie durchleuchtete und mit anderen DAX-Unternehmen verglich, kommt zu folgendem Schluss: SAP weist ein stetiges Wachstum des Ergebnisses von etwa 5 Prozent pro Jahr aus. Die ausgewiesenen Steuern spiegeln in etwa die Senkung des Steuersatzes in Deutschland wider. Bemerkenswert ist, dass die **Verlustvorträge** auf einem niedrigen Niveau liegen. Jarass: »Gerne würde man diese reguläre Entwicklung als Normalfall betrachten.«[144]

Rüdiger Liedtke (»Wem gehört die Republik?«) schreibt: »SAP wirkt bei aller Erfolgsverwöhntheit vergleichsweise unstrukturiert und **intransparent.**«[145]

Anzumerken ist allenfalls, dass SAP vom Land Berlin im Jahr 2002 **Förderungen** bezogen haben soll, über deren Höhe allerdings keine Angaben zu finden waren. Der ehemalige Berliner Wirtschaftssenator Gysi wollte darüber keine Auskunft geben. Und auch die Senatsverwaltung für Wirtschaft gab sich zugeknöpft (siehe S. 255). Vom SAP-Vorstandsvorsitzenden Henning Kagermann ist in diesem Zusammenhang nur ein Zitat überliefert: »Ich brauche keine Zuschüsse, ich brauche Freiheiten.«

Konzernadresse für Nachfragen:

SAP AG
Neurottstraße 16
D-69190 Walldorf
Pressesprecher:
Herbert Heitmann
Tel.: 06227 – 76 11 37
Markus Berner
Tel.: 06227 – 74 25 48
E-Mail: info.germany@sap.com

SAP AG

Jahr	Umsatz in Millionen Euro	Gewinn in Millionen Euro	Gewinn in Prozent vom Umsatz	Steuerleistung in Millionen Euro*	Steuerleistung in Prozent vom Umsatz	Beschäftigte
1995	1.406	344	24,5 %	138	9,8 %	6.443
1996	1.941	496	25,6 %	204	10,5 %	8.177
1997	3.118	850	27,3 %	379	12,2 %	11.558
1998	4.415	989	22,4 %	444	10,1 %	17.323
1999	5.159	980	19,0 %	376	7,3 %	20.975
2000	6.419	1.031	16,1 %	392	6,1 %	23.335
2001	7.501	1.069	14,2 %	476	6,3 %	27.452
2002	7.680	1.108	14,4 %	599	7,8 %	29.598
2003	7.345	1.777	24,2 %	693	9,4 %	29.098

* davon Steuerleistung in Deutschland: 2001: 337 Millionen Euro; 2002: 359 Millionen Euro; 2003: 474 Millionen Euro.

Siemens AG

»Wir dienen den Menschen,
der Gesellschaft und der Umwelt.«

SIEMENS

Firmensitz: München

Geschäft: Siemens ist – an Umsatz und Mitarbeiterzahlen gemessen – eines der drei größten Elektronikunternehmen der Welt. Der Konzern hält weltweit rund 1.500 Gesellschaften und Beteiligungen. In 45 Ländern verfügt Siemens über insgesamt 400 Produktionsstätten. Der Bereich Halbleiter wurde unter dem Namen Infineon an die Börse gebracht.

Steuertricks: In Belgien betreibt Siemens ein so genanntes **Coordination Center**: Im Jahr 2002 wurde der Gewinn von 1.075.000 Euro mit 115.000 Euro besteuert, also einem Steuersatz von 10,7 Prozent. Das ist wohl auffällig viel für Belgien – die meisten Konzerne dort haben es sich mit Steuersätzen im Promillebereich gerichtet. Gemessen an deutschen Gegebenheiten lohnt die Sache aber dennoch.

Der von Siemens abgespaltene Chip-Konzern Infineon hat mehr als eine Milliarde Euro an **Subventionen** für seine Produktionsstätten in Dresden kassiert. Im österreichischen Bundesland Kärnten hat Infineon in den vergangenen Jahren 14 Millionen Euro von Bund und Land erhalten. In Portugal genehmigte die EU 2004 eine staatliche Finanzspritze von 41 Millionen. 1999 gab die EU 280 Millionen Euro Förderungen für Siemens und ThyssenKrupp zur Entwicklung der Magnetschwebebahn Transrapid frei (siehe »Wer hat, dem wird gegeben«, S. 249 ff.).

Dass man bei Siemens etwas von Steuergestaltung versteht, ist auch den Geschäftsberichten zu entnehmen. Im Jahr 2002 wird dort ganz offen darauf verwiesen, dass man dank der **»steuer-**

freien Veräußerung von Infineon-Aktien« die Steuerleistung deutlich senken konnte: 936 Millionen Euro hat das Unternehmen aus dieser Transaktion steuerfrei kassiert. Obendrein habe man noch den auf Siemens entfallenden Verlustanteil von Infineon in Höhe von 452 Millionen Euro zur Steuergestaltung nutzen können. Positiv erwähnt wird auch, dass das Unternehmen »durch die im Oktober 2000 verabschiedete Steuerreform« exakt 222 Millionen Euro an Steuern gespart hat.

Konzernadresse für Nachfragen:

Siemens AG
Postfach
80312 München
Corporate Communications:
Dr. Eberhard Posner
Tel.: 089 – 636 – 33 470
Fax: 089 – 636 – 32 844
E-Mail: Eberhard.Posner@siemens.com
Presse: Andreas Fischer
Tel.: 089 – 636 – 36 641
Fax: 089 – 636 – 32 825
E-Mail: Andreas.Fischer@siemens.com

Siemens AG

Jahr	Umsatz in Millionen Euro	Gewinn in Millionen Euro	Gewinn in Prozent vom Umsatz	Steuerleistung in Millionen Euro*	Steuerleistung in Prozent vom Umsatz	Beschäftigte
1999	69.408	2.869	4,1%	1.004	1,4%	440.200
2000	79.338	12.239	15,4%	3.017	3,8%	430.200
2001	87.817	2.678	3,0%	781	0,9%	477.100
2002	85.715	3.475	4,1%	849	1,0%	445.100
2003	74.875	3.372	4,5%	867	1,2%	419.300

* davon Steuerleistung in Deutschland: 2001: 97 Millionen Euro; 2002: – 349 Millionen Euro (= Steuergutschrift); 2003: 165 Millionen Euro.

TUI AG

»Eine Reise zu planen, heißt Fernweh in Vorfreude zu verwandeln.«

Konzernsitz: Hannover

Geschäft: Die TUI AG ist aus der ehemaligen Preussag AG, einem Industriekonglomerat, hervorgegangen. Mit einem Umsatz von rund 13 Milliarden Euro ist der Touristikkonzern heute Marktführer in Europa. Zur TUI Gruppe gehören die Fluglinien Hapag-Lloyd Flug, Britannia Airways UK, Britannia Airways SE, TUI Airlines Belgium und Corsair.

Steuertricks: Im Jahr 2003 erzielte die TUI AG einen Umsatz von 19 Milliarden und einen kümmerlichen **Gewinn** von 246 Millionen. Die Aktionäre wurden mit 137 Millionen Euro Dividende bedient. Nur der Fiskus schaut durch die Finger: Er steht bei der TUI AG mit mehr als 68 Millionen Euro in der Kreide.

Wie das möglich ist? Im Geschäftsbericht 2003 wird die Sache so erklärt: Man hätte aufgrund des in Deutschland gültigen Steuertarifs eigentlich 98,4 Millionen Euro Steuern zahlen müssen. Zwei Faktoren haben aus dieser Steuerschuld dann aber ein **Steuerguthaben** gemacht: Zum einen werden die Tochterfirmen im Ausland deutlich niedriger besteuert als in Deutschland. Zum anderen hat die TUI AG **Verlustvorträge** in großem Umfang nutzen können: 346 Millionen bei der Körperschaftssteuer, 312 Millionen bei der Gewerbesteuer. Und darüber hinaus noch 609 Millionen an ausländischen Verlustvorträgen. In Summe hat das Unternehmen so 167 Millionen Euro gespart.

Dass damit noch längst nicht das ganze Potential verbraucht ist, steht auch im Geschäftsbericht: Dort werden 1,2 Milliarden Euro »noch nicht genutzter Verlustvorträge« ausgewiesen – 1,1

Milliarden davon sind als »unverfallbar« gekennzeichnet.

Konzern-adresse für Nachfragen:

TUI AG
Karl-Wiechert-Allee 4
30625 Hannover
Leiter Konzern-Kommunikation:
Uwe Kattwinkel
Tel.: 0511 – 566 – 14 17
Fax: 0511 – 566 – 11 66
Leiter Presse: Mario Köpers
Tel.: 0511 – 566 – 14 88
Fax: 0511 – 566 – 11 66

TUI AG

Jahr	Umsatz in Millionen Euro	Gewinn in Millionen Euro	Gewinn in Prozent vom Umsatz	Steuerleistung in Millionen Euro*	Steuerleistung in Prozent vom Umsatz	Beschäftigte
1995	14.031	-129	-0,9%	108	0,8%	63.603
1996	13.445	321	2,4%	79	0,6%	65.470
1997	14.412	407	2,8%	139	1,0%	63.021
1998	17.593	533	3,0%	187	1,1%	57.673
1999	23.160	576	2,5%	173	0,7%	76.392
2000	5.577	33	0,6%	9	0,2%	75.676
2001	23.797	533	2,2%	121	0,5%	77.295
2002	21.667	280	1,3%	238	1,1%	68.937
2003	19.215	246	1,3%	-68	-0,4%	64.257

* Steuerleistung in Deutschland: 2002: maximal 76 Millionen Euro; 2003: Da im Ausland mindestens 100 Millionen Euro an Steuern gezahlt wurden, muss der Steuerbonus in Deutschland noch beträchtlich höher sein als die ausgewiesenen 68 Millionen Euro.

Unilever

»Gute ›Corporate Citizens‹ in allem, was wir tun«

Firmensitz: London / England und Rotterdam / Holland

Geschäft: Herstellung und Vertrieb von Nahrungsmitteln der Marken BiFi, Calvé, Becel, Bertolli, Bresso, Colman's, Du darfst, Eskimo, Iglo, Knorr, Langnese, Lätta, Lipton, Magnum, Rama, Tchaé u. a.
Wasch- und Reinigungsmittel der Marken Cif, Coral, Domestos, Omo, Sunil, Viss u. a.
Körperpflege- und Kosmetikmarken wie Axe, Calvin Klein, Dove, Elizabeth Arden, Lagerfeld, Mentadent, Lux, Organics, Rexona, Signal, Skip, Timotei, Vaseline u. a.

Steuertricks: Die Tabelle zeigt von 1995 bis 2001 leicht steigende und seither wieder leicht fallende Umsätze, mit Gewinnraten zwischen 5,7 und 16,9 Prozent vom Umsatz. Die Steuerleistung des Gesamtkonzerns bewegt sich offenbar ziemlich unabhängig von der Gewinnhöhe zwischen 2,5 und 4,4 Prozent des Umsatzes.
Unilever verwendet zum **Steuersparen** gerne die Methode, innerhalb des Konzerns Tochterfirmen hin und her zu schieben oder umzutaufen. Beispielsweise wechselte Unilever Österreich an einem einzigen Tag, dem 30. September 2002, mehrfach den Besitzer, um am Ende wieder beim ursprünglichen Besitzer zu landen (siehe »Firma hin, Firma her«, S. 100 ff.). Es handelte sich um folgende holländische Firmen, die alle zum Reich des Unilever-Konzerns gehören: KHE Investment B. V. Rotterdam, Unilever N. V. Rotterdam, Marga B. V. Rotterdam, Mixhold B. V. Rotterdam.
Eine andere Variante des Steuersparens: Ein Unilever-Manager gründet im Juli 2000 in Österreich eine Firma mit dem schönen Namen

ADAM. Die wiederum kauft mit Hilfe eines Kredits, den sie von einer holländischen Unilever-Firma erhält, Unilever Österreich auf. Unilever Österreich heißt nun einige Stunden lang ADAM und wird sofort wieder zurückgekauft. Wozu dieses Spiel? Die Zinsen für den Kredit können steuerlich abgesetzt werden – das vermindert die Steuerleistung.
Ähnliche Kreditaktionen führte Unilever auch in Deutschland durch. Die Unilever Deutschland GmbH wies beispielsweise allein für den Zeitraum Januar bis September 2003 Zinszahlungen in Höhe von 335 Millionen Euro aus, die an andere Unilever-Firmen geleistet werden mussten.

Konzernadresse für Nachfragen:

Unilever Deutschland
Dammtorwall 15
D-20355 Hamburg
Pressesprecher: Rüdiger Ziegler
Tel.: 040 – 3493 – 11 62
Fax: 040 – 3490 – 35 20
E-Mail: Rüdiger.Ziegler@unilever.com

Unilever

Jahr	Umsatz in Millionen Euro	Gewinn in Millionen Euro	Gewinn in Prozent vom Umsatz	Steuerleistung in Millionen Euro*	Steuerleistung in Prozent vom Umsatz	Beschäftigte
1995	36.167	2.660	7,4%	896	2,5%	308.000
1996	39.839	3.158	7,9%	1.148	2,9%	306.000
1997	42.926	7.001	16,3%	1.899	4,4%	287.000
1998	40.437	4.603	11,4%	1.514	3,7%	267.000
1999	40.974	4.340	10,6%	1.369	3,3%	255.000
2000	47.582	2.723	5,7%	1.403	2,9%	261.000
2001	51.514	3.624	7,0%	1.547	3,0%	279.000
2002	48.270	3.979	8,2%	1.538	3,2%	258.000
2003	42.693	4.538	10,6%	1.527	3,6%	240.000

* Uns liegen keine Unterlagen vor, aus denen ersichtlich wäre, wie viel Steuern RWE in Deutschland gezahlt bzw. als Rückzahlung erhalten hat.

Volkswagen AG

»Mobilität und Verantwortung«

Firmensitz: Wolfsburg

Geschäft: Autos der Marken Audi, Bentley, Bugatti, Lamborghini, Seat, Skoda, VW

Steuertricks: Was sagt uns die Tabelle? Der Umsatz von VW hat sich von 1995 bis 2000 verdoppelt und stagniert seither. Bis 1998 war der Konzern hoch profitabel. Die Gewinnraten von 14 bis 21 Prozent waren beinahe so hoch wie die von Pharmakonzernen. Seit 1999 hat VW offenbar große Probleme. Die Steuerleistung ist seit 1995 durchgängig mehr als dürftig und steht in keinem Zusammenhang mit der Höhe des Gewinns.

Das heimliche VW-Motto lautet offenbar: **Steuern? Nein, danke!**

Auch im Ausland scheint sich VW daran zu halten. Für sein Skoda-Werk in Tschechien wird im Jahr 2002 ein Umsatz von 4,2 Milliarden und ein Gewinn von 122 Millionen Euro ausgewiesen. Steuerleistung: 0.

Für das Werk Navarra in Spanien zahlt VW seit Jahren keine Steuern, sondern kassiert:

- 1998: 24 Millionen Euro
- 1999: 18 Millionen Euro
- 2000: 11 Millionen Euro
- 2001: 9 Millionen Euro
- 2002: 12 Millionen Euro

Und das bei einem Gewinn, der sich in diesem Zeitraum zwischen 36 und 56 Millionen Euro bewegt.

Im Jahr 2003 zahlte VW an keinem seiner neun deutschen Standorte **Gewerbesteuern.**

Bis Mitte der neunziger Jahre kassierte VW vom Freistaat Sachsen insgesamt 267 Millionen Euro **Subventionen** für die Werke in Chemnitz und

Zwickau. Sachsen wollte weitere 120 Millionen nachschieben, aber da sagte die EU-Kommission nein. Trotz dieser EU-Verfügung zahlte Ministerpräsident Kurt Biedenkopf 45 Millionen, die VW aber 1997 zurückzahlte. Im Jahr 2001 genehmigte die EU eine Förderung für ein VW-Werk in Dresden in der Höhe von rund 70 Millionen Euro. 1997 erhielt Volkswagen für sein Werk in Kassel/Baunatal die Genehmigung, vom Land Hessen rund 50 Millionen Euro an Förderungen zu kassieren. Und im Juni 2003 gab die EU-Kommission ihren Segen für eine 15-Millionen-Euro-Förderung des spanischen VW-Werks Navarra. Dieser Standort wird ohnedies schon seit vielen Jahren dadurch unterstützt, dass die spanischen Finanzbehörden Steuern zahlen anstatt zu kassieren (siehe »Wer hat, dem wird gegeben«, S. 249 ff.).
Eine besondere Art der Förderung leistet sich Belgien. Dieser Staat erlaubt es Konzernen, so genannte Coordination Centers zu gründen. Ihr einziger Zweck besteht darin, Geld aus verschiedenen europäischen Ländern nach Belgien zu verschieben und dort fast steuerfrei einzusammeln (siehe S. 259 ff.). So wie viele andere Konzerne nützt auch VW diese Möglichkeit und zahlte beispielsweise im Jahr 2003 für einen Gewinn von 81 Millionen Euro 87.000 Euro an Steuern. Das entspricht einem Steuersatz von 0,1 Prozent.

Konzernadresse für Nachfragen:

Volkswagen AG
Brieffach 19700
38436 Wolfsburg
Leitung Konzernkommunikation:
Dirk Große-Leege
Tel.: 05361 – 923 – 155
Fax: 05361 – 921 – 473
E-Mail: Dirk.Grosse-Leege@volkswagen.de

Volkswagen AG

Jahr	Umsatz in Millionen Euro	Gewinn in Millionen Euro	Gewinn in Prozent vom Umsatz	Steuerleistung in Millionen Euro*	Steuerleistung in Prozent vom Umsatz	Beschäftigte
1995	48.536	7.211	14,9 %	397	0,8 %	242.285
1996	55.020	8.388	15,2 %	661	1,2 %	242.770
1997	61.323	8.571	14,0 %	1.270	2,1 %	256.132
1998	72.182	15.782	21,9 %	2.067	2,9 %	294.385
1999	78.986	2.522	3,2 %	1.678	2,1 %	305.667
2000	90.325	4.179	4,6 %	1.407	1,6 %	322.415
2001	92.658	4.409	4,8 %	1.483	1,6 %	324.413
2002	91.085	3.986	4,4 %	1.389	1,5 %	323.865
2003	91.556	1.529	1,7 %	411	0,4 %	334.873

* davon Steuerleistung in Deutschland: 2001: 1.072 Millionen Euro; 2002: 934 Millionen Euro; 2003: 142 Millionen Euro

Insiderlexikon

Absaugen	»Schönheitsoperation« für Firmengewinne – diese werden in Steuerländern wie Deutschland und Österreich mit Hilfe von Kreditzinsen »verschlankt« und in Steueroasen »abgesaugt« (siehe Unilever, S. 106 ff.)
Amadeus	Nein, hier geht es nicht um Musik. Das ist der Name einer Wirtschaftsdatenbank. Sündteuer, aber sehr gut
Aufsichtsrat	Was ist der Unterschied zwischen einer Hundehütte und einem Aufsichtsrat? – Die Hundehütte ist für den Hund und der Aufsichtsrat für die Katz (Bonmot von Hermann Josef Abs, dem früheren Chef der Deutschen Bank)
Bilanz	Das Reich der falschen Zahlen (siehe Parmalat, Enron etc.)
Cashflow	Wenn der Zaster fließt
Cash Pooling	Ein steuerschonendes Auffangbecken, in dem Verluste und Gewinne aller Firmentöchter so lange aufgerechnet werden, bis das Finanzamt durch die Finger schaut.
Desinvestition	Verkauf von Geschäftsanteilen oder Tochterfirmen – für Kapitalgesellschaften in Deutschland steuerfrei (siehe E.ON, S. 298 f.)
Double Non Taxation	Eine akrobatische Nummer aus dem geheimnisvollen Reich der Doppelbesteuerungsabkommen. Als gelungen gilt sie dann, wenn der Konzern in keinem Land mehr Steuern zahlen muss
Enkel-Tochter-Verschmelzung	Eine Umgründungstechnik zur Steuervermeidung

Firmenumgründung	Einmal hin, einmal her, rundherum, dann krieg ich mehr
Gestaltung	Der Wille zu mehr Geld
Gestaltungsspielraum	Freiheit der Steuerberater
Gewinn	Bleibt unter uns
Holding	Ein Firmendach, das errichtet wird, um Zinsen und Lizenzen zwischen Niedrigsteuer- und Hochsteuerländern zu verschieben; um die Verluste der einen Tochter gegen die Gewinne der anderen aufzurechnen; um ausländische Steuern im Inland oder Steuergutschriften im Ausland anzurechnen; um Steuern zu sparen
Kapitalauskehrungsmodell	Eine sehr schöne Sache – die Firma Unilever weiß genau, wie das geht (siehe S. 100 ff.)
Konzernstrukturierung	Aufgliederung eines Konzerns in zahlreiche Einzelgesellschaften, um Geld- und Gewinnströme zu verschleiern
Koordinationszentrum	Belgische Spezialität, erlaubt es Konzernen, den Steuersatz in Promillebereiche zu drücken
Mantelkauf	Ein Firmenmantel ist besonders viel wert, wenn sich darunter verrechenbare Verluste verbergen. Wenn der Mantel allerdings nur wegen dieser verborgenen Reize gekauft wurde, dann verdirbt das Finanzamt dem Käufer die Freude an seinem neuen Mantel
Missbrauch	Sehr schwer nachzuweisen
Mutterkonzern	Hier fallen alle wichtigen Entscheidungen – wenn es um Konzerne geht, verwenden Manager bevorzugt weibliche Begriffe; die Chefs sind jedoch fast immer männlich

Offshore Firmenholding	So nennt man reiche Firmentöchter
Produktionsstandort	Heute hier, morgen dort
Steuerertrag	Wenn ein Unternehmen vom Staat oder der Kommune Steuern zurückbekommt (siehe Deutsche Bank, S. 294 f.)
Steueroase	Länder, die steuerflüchtigem Geld Asyl gewähren
Steueroptimierung	Zahlenspiel für Steuerberater, bei dem es darum geht, am Ende eine möglichst geringe Steuerzahlung zu erreichen
Steuerreform	Da freuen sich die Konzerne, und die Normalbürger schnallen den Gürtel enger
Subventionen	Staatliche Geschenkverteilungsaktion – wer viel hat, kriegt mehr
Treaty Shopping	Einfacher Weg, um Träume wahr zu machen. Was tun, wenn eine steuerrechtliche Vorschrift reizvolle Steuersparmöglichkeiten bietet, im heimischen Steuerrecht aber nicht vorgesehen ist? Dann verlegt man die Geschäfte eben in ein Land, in dem es diese Möglichkeit gibt
Verlustabschreibung	Damit können sich Konzerne ums Steuerzahlen drücken und ihre Gewinne erhöhen

Anmerkungen

1 »Reichtum & Armut«, Materialien und Bausteine, in: www.woek.de/pdf/r&a_arb_teil2.pdf
2 Plädoyer der AG Öffentliche Finanzen des Wissenschaftlichen Beirats von attac zum Sonderparteitag der SPD am 1. Juni und der Agenda 2010 – Berlin 29. Mai 2003, in: www.attac.de
3 Siehe »The Guardian«, 14. Februar 2003, »Scandal of crashed company's taxevasion«
4 www.time.com/time/business/printout/0,8816,193907,00.html
5 David Sherman (HW), David S. Young, Harris Collingwood: Profits You Can Trust, FT Prentice Hall, New Jersey 2003
6 Shell-Manager wussten von Manipulationen, siehe »Economist International«, in der Tageszeitung »Die Presse«, 22. Juni 2004, S. 19
7 www.pwc.com/extweb/pwcpublications.nsf/DocID/4BD5B50F91F51D3780256C79003DF671
8 »Focus« 11/2004, Seite 171: Globalisierung. Ist Ihr Job noch sicher?
9 »Die Welt«, 1. April 2004
10 Die Kunden der Deutschen Bank hätten dies gefordert. – So steht es in einem Porträt von Roger Winfield, dem »aufgehenden Stern« und Chef der Deutschen Bank Mauritius, erschienen in der Zeitschrift »Mauritius Financial Services Review 2002«
11 »Deutsche fined for tax evasion«, in: »FAZ«, 4. April 2003
12 Zahlen aus: www.finanztreff.de/ftreff/kurse_einzelkurs_profil.htm?sektion=guv&u=0&k=0&s=DBKA&b=18&l=40&n=DEUTSCHE%20BANK; aus der Datenbank »Bankscope« und aus: www.manager-magazin.de/geld/geldanlage/0,2828,288096–2,00.html
13 Angaben laut Datenbank »Bankscope«; uns stehen nur Zahlen aus den Jahren 2000 bis 2002 zur Verfügung
14 Dieser Schluss ergibt sich aus folgenden Indizien: 1. den veröffentlichten Bilanzzahlen der Deutschen Bank (siehe unsere Tabelle »Deutsche Bank AG [In- und Ausland]«); 2. der bekannten und in vielen deutschen Medien publizierten Tatsache, dass die Deutsche Bank im Jahr 2001 keine Ertragssteuern in Deutschland bezahlt hat. Daraus ergibt sich, dass die in der Gesamtbilanz ausgewiesene Steuerzahlung von 1.429 Euro von ausländischen Tochterfirmen bezahlt wurde, darunter auch solchen, die in bekannten Steueroasen ihren Sitz haben; 3. den uns vorliegenden Zahlen aus der Datenbank ›Bankscope‹, die belegen, dass die Deutsche Bank für ausländische Tochterfirmen regelmäßig Ertragssteuern bezahlt hat.
15 »Spiegel« 7/2004, S. 75
16 »Welt am Sonntag«, 6. Oktober 2002
17 »Süddeutsche Zeitung«, 15. Februar 2003
18 »Fakt. Das MDR-Magazin«, 22. September 2003

19 Horst Afheldt: Wirtschaft, die arm macht. Kunstmann Verlag, München 2003
20 Ebenda
21 »Süddeutsche Zeitung«, 24. Dezember 2002
22 Lorenz Jarass, Gustav M. Obermair: Geheimnisse der Unternehmenssteuern. Steigende Dividenden, sinkendes Steueraufkommen. Eine Analyse der DAX-30-Geschäftsberichte 1996–2002 unter Berücksichtigung der Volkswirtschaftlichen Gesamtrechnung. Metropolis Verlag, Marburg 2004
23 Laut »Roter Liste«, dem Medikamentenverzeichnis der pharmazeutischen Industrie in Deutschland, kostet eine Packung Viagra mit vier Tabletten zu je 50 Milligramm 48 Euro. Eine einzelne kostet also 12 Euro.
24 Siehe z. B. Bilanz 2003: http://dominoext.novartis.com/NC/NCPRRE01.nsf/0/98c040f350473853c1256e22004b1f45/$FILE/Breu_Media_d_Web.pdf
25 Scrip 2004, Nr. 2956
26 www.pmlive.com/pharm_market/news.cfm?showArticle=1&ArticleID=3063
27 www.bizjournals.com/pittsburgh/stories/2004/03/08/daily28.html
28 www.fs-arzneimittelindustrie.de/
29 Laut Handelsblatt Nr. 159 vom 20.08.1998, Seite 14
30 Bilanz, das Schweizer Wirtschafts-Magazin. Ausgabe Nr. 12/2003
31 www.kpmg.ie/services/tax/publication/taxmonitor/dec2000.pdf, Dezember 2000
32 Ernst & Young, monthly newsletter, Heft 7, September/October 2003, Tax Effective Supply Chain Management in an Expanding EU, S. 5
33 www.taxonline.pl/eu/materials/prudukty.zespol.pdf
34 www.deloitte.com/dtt/newsletter/0,2307,sid%253D18634%2526cid%253D28521,00.html
35 www.canon.ch/pix/d/dyn/Prospectus-g.pdf
36 Canon UK, Ltd. Annual Report 2002, S. 22
37 www.afu-net.de/steuern/oase/niederla.htm
38 Für 2003 und 2004: www.canon.com/finance/conf2004q1/conf2004q1e.pdf; für 2002 und 2001: www.canon.com/finance//historical/01htm
39 http://translate.google.com/translate?hl=de&sl=fr&u=http://www.gouvernement.lu/salle_presse/actualite/2002/10/23junckerforum/&prev=/search%3Fq%3DLuxemburger%2Bfinanzmarktforum%2B2002%26hl%3Dde%26lr%3D%26ie%3DUTF-8%26sa%3DG
40 »Wir sind in 190 Ländern der Welt geschäftlich aktiv und generieren mittlerweile rund 80 Prozent unseres Umsatzes außerhalb Deutschlands. Nur noch 40 Prozent unserer Mitarbeiter sind hierzulande beschäftigt. … Die in Relation zum Geschäftsvolumen

überproportionale inländische Wertschöpfungsbasis ist einer der Gründe, warum unsere inländische Steuerposition so ist, wie sie ist. Es gibt aber noch weitere wichtige Gründe. Ich will zwei ansprechen: (i) F+E-Standort: Der Großteil unserer Forschungs- und Entwicklungsaktivitäten findet in Deutschland statt, obwohl zunehmend andere internationale Standorte deutlich an Attraktivität gewinnen (Stichwort Kosten, Arbeitszeit, poll of talent etc.), und (ii) Konzernzentrale: Wir steuern den weltweit tätigen Konzern (80 % des Umsatzes werden außerhalb Deutschlands generiert) aus Deutschland heraus. Wenn man die sich aus diesen guten Gründen ergebenden steuerlichen Konsequenzen (niedriges oder sogar zeitweilig negatives inländisches Ergebnis) politisch nicht mehr will – und die Koalitionsvereinbarung insbesondere bzgl. der Verlustvorträge lässt diese Interpretation zu –, dann muss dies die Wirtschaft so zur Kenntnis nehmen und sich daran ausrichten.«

41 www.siemens.de/Daten/siecom/HQ/CC/Internet/Investor_Relations/WORKAREA/ir_ed/templatedata/English/file/binary/pdf_20F_5Dec_1130439.pdf, Seite F-21

42 www.labournet.de/diskussion/wipo/armutreich.html

43 http://archiv.waz.de/main_mappe2.asp?file=12&docid=00995607&verid=001

44 www.daimlerchrysler.com/Projects/c2c/channel/documents/97219_form20f_02.pdf

45 www.daimlerchrysler.com/Projects/c2c/channel/documents/97219_form20f_02.pdf

46 www.vodafone.com/article_with_thumbnail/0,3038,CATEGORY_ID%253D201%2526LANGUAGE_ID%253D0%2526CONTENT_ID%253D70299,00.html

47 Bundessteuerblatt 2004, Teil 1, Nr. 5, S. 270 ff.: Bundesministerium für Finanzen IV B4-S1300–12/04; sowie S. 171 ff.: Abgabenordnung/Außensteuerrecht

48 Angaben des Stadtkämmerers von Gelsenkirchen an Hans Weiss am 15. März 2002

49 www.ariva.de/statistics/facunda.m?secu=320@ANY&page=-1

50 www.abenteuerreisen.de/rp/bm/wg_bm__rp00__03.htm

51 www.travelshop.de/land/cayman.html

52 www.urlaub.de/antillen.0.html

53 www.spanien.citysam.de/granada-malaga.htm

54 www.deutschland-macht-urlaub.com/Zypern-Urlaub.html

55 www.firma-ausland.de/zypern.htm

56 Reiseführer Mauritius, Mauritius Tourism Information Service, Zürich

57 www.reiserat.de/reisen_europa/irland/insel.html

58 www.berlinonline.de/berliner-zeitung/archiv/.bin/dump.fcgi/2003/1230/politik/0005/

59 www.ftd.de/pw/eu/1084608603139.html
60 www.legalmediagroup.com/internationaltaxreview/default.asp?Page=37&art=Ireland&aID
61 »Financial Times Deutschland«, 9. April 2004
62 »Die Wirtschaft« – www.die-wirtschaft.at/ireds3/page.php?P=6160
63 www.dubai-lawyer.com
64 www.legamedia.net/dy/articles/article_15628.php
65 www.firma-ausland.de/download/dubai.pdf
66 »Financial Times Deutschland«, 9. April 2004
67 »Bilanz – Das Schweizer Wirtschaftsmagazin«, Ausgabe 12/2003
68 Berliner »Tagesspiegel«, 17. Februar 2003
69 »Falter – Stadtzeitung für Wien«, Ausgabe 13/2004
70 »The Telegram« (St. John's), 3. März 2004
71 Ebenda
72 Andreas Missbach: 5:1 für die Steuerflucht (http://www.evb.ch/index.cfm?page_id=1381&archive=none)
73 Jerry Mander: Regeln im Verhalten von Unternehmen. In: Jerry Mander, Edward Goldsmith (Hrsg.): Schwarzbuch Globalisierung. Riemann Verlag, München 2002
74 Joel Bakan: The Corporation. The Pathological Pursuit of Profit and Power. Free Press. New York 2004.
75 www.legalmediagroup.com/expertguides/
76 Zitiert nach dem Redemanuskript »ERT 20th Anniversary Reception«, 23. Juni 2003
77 »Spiegel« 10/1999, 8. März 1999
78 Brief vom 17. Februar 2004 – European Roundtable of Industrialists
79 Balanya / Doherty / Hoedeman / Maanit / Wesselius: Konzern Europa. Rotpunktverlag, Zürich 2001
80 Lufthansa-Geschäftsbericht 2003, S. 172
81 RWE-Geschäftsbericht 2003, S. 173
82 Hans-Böckler-Stiftung: Zur aktuellen Kritik der Mitbestimmung im Aufsichtsrat, Februar 2004
83 »Süddeutsche Zeitung«, 22. Januar 2004
84 Jahresbericht 2003, Hans-Böckler-Stiftung, S. 10, Finanzen
85 www.igbce.de/Upload/lebenslauf_schmoldt_30233.pdf
86 VW-Geschäftsbericht 1999, in: www.volkswagen-ir.de/download/Q1_00/20000300_anrep_1999_d.pdf
87 http://gb.volkswagen.de/fileadmin/g_bericht/pdf/kapitel/bericht_des_aufsichtsrat.pdf
88 www.siemens.com/index.jsp?sdc_p=l0o1030367t4umcd1032553n1030367s6fp
89 http://nickelklaus.bei.t-online.de/politik2.htm
90 www.daimlerchrysler.com/Projects/c2c/channel/documents/215234_20f_fy2003.pdf

91 www.bw.igm.de/region/stuttgart/Download/scheibenwischer03–03.pdf
92 www.stuttgarter-nachrichten.de/stn/page/detail.php/461468
93 Dieses Beispiel basiert auf folgenden Annahmen: Der Vorstandsvorsitzende der Deutschen Bank, Josef Ackermann, erhielt im Jahr 2003 Vergütungen in der Höhe von 11 Millionen Euro. Das durchschnittliche Jahresgehalt einer Kindergärtnerin beträgt 15.000 Euro.
94 Dieses Beispiel basiert auf folgenden Annahmen: DaimlerChrysler-Chef Jürgen Schrempp verdiente im Jahr 2002 rund 51 Millionen Euro (laut Johann Vollath, Management-Werkzeuge, Managemententlohnung, in: www.inriver.bwl.uni-muenchen.de/download/abwl_wahl/managementtools.pdf), Bundeskanzler Gerhard Schröder im Jahr 2003 rund 270.000 Euro (laut »Bild«-Zeitung vom 26. März 2004).
95 www.corporate-governance-code.de/
96 www.welt.de/data/2003/05/21/99382.html
97 www.welt.de/data/2003/05/21/99412.html
98 »Die Welt«, 16. April 2004, S. 17
99 Vorstandsvergütungen – die Fälle Mannesmann und DaimlerChrysler, in: www.econ.uni-hamburg.de/IRdW/zivil/Veroffentlichungen/Vorstandsvergutung27–05.pdf
100 »Die Welt«, 16. April 2004, S. 17
101 »Spiegel« 12/2004, S. 92
102 »Die Welt«, 25. März 2004, in: www.welt.de/data/2004/03/25/255965.html
103 »Die Welt«, 24. März 2004
104 »Hamburger Abendblatt«, 19. März 2004
105 »Focus« 11/2004, S. 180–181
106 »FAZ«-Kommentar von Jürgen Dunsch, 1. April 2004, S. 11: »Zwischen Maßlosigkeit und Kontrollwahn«
107 Dokumentiert von der Gruppe »Coordination gegen Bayer-Gefahren«, in: www.cbgnetwork.org
108 »Privat-Depesche – ungewöhnliche Nachrichten und vertrauliche Informationen«; www.geldbrief.com/pdfs/Randsp504.pdf; erschienen im Jahr 2003
109 Kommissionsentscheidung vom 27.05.2003 (2003/647/EC)
110 www.eftasurv.int/information/pressreleases/1994pr/dbaFile2340.html
111 http://articles.findarticles.com/p/articles/mi_m0UDO/is_6_16/ai_95751416
112 Manager Magazin, www.manager-magazin.de 30.09.2003
113 http://europa.eu.int/rapid/pressReleasesAction.do?reference=IP/01/1016&format=HTML&aged=0&language=EN&guiLanguage=en
114 http://europa.eu.int/rapid/pressReleasesAction.do?reference=IP/03/824&format=HTML&aged=0&language=EN&guiLanguage=en

115 »Spiegel-Online«, www.spiegel.de/wirtschaft – 21. November 2003
116 Kommission der Europäischen Gemeinschaften: Anzeiger für staatliche Beihilfen. Ausgabe vom Frühjahr 2004
117 »Süddeutsche Zeitung«, 10. April 2004
118 Ebenda
119 »Spiegel« 15/2004
120 »Spiegel« 20/2004
121 »Handelsblatt«, 28. Juli 2003
122 »Süddeutsche Zeitung«, 16. Januar 2004
123 http://europa.eu.int/rapid/pressReleasesAction.do?reference=IP/03/824&format=HTML&aged=0&language=EN&guiLanguage=en
124 Hans-Lothar Merten: Steueroasen. Ausgabe 2004. Handbuch für flexible Steuerzahler. Regensburg 2003
125 http://ptb.be/scripts/article.phtml?obid=22579&lang=1&bNoStat=1
126 www.trendstop.be/top100.asp
127 Süddeutsche Zeitung, 30.03.04
128 Welt am Sonntag, 25.01.2004
129 Welt am Sonntag, 25.01.2004
130 Netzzeitung, 26.03.2004
131 Christoph Spengel: Unternehmensbesteuerung in den Beitrittsstaaten der EU – steuerliche Aspekte für Investoren. Vortrag bei der 43. Münchner Steuerfachtagung, 2004.
132 Süddeutsche Zeitung, 30.03.2004
133 KPMG: EU-Erweiterung. Neue Anforderungen – neue Chancen
134 »Wiener Zeitung«, 31. März 2004
135 Rüdiger Liedtke: Wem gehört die Republik? Die Konzerne und ihre Verflechtungen. Ausgabe 2004. Eichborn Verlag, Frankfurt/Main 2003. Lorenz Jarass/Gustav M. Obermair: Geheimnisse der Unternehmenssteuern. Steigende Dividenden, sinkendes Steueraufkommen. Metropolis Verlag, Marburg 2004
136 »Junge Welt«, 16. Mai 2000
137 Ebenda
138 »Newsday«, 11. Mai 2000
139 »Frankfurter Allgemeine Zeitung«, 4. April 2003
140 »Frankfurter Allgemeine Zeitung«, 26. Mai 2004
141 www.manager-magazin.de, 19. Februar 2003
142 »Frankfurter Allgemeine Zeitung«, 25. September 2003
143 Ebenda
144 Jarass, Obermair, S. 74
145 Rüdiger Liedtke, S. 406

Lektüreliste

Ahfeldt, Horst: Wirtschaft, die arm macht. Vom Sozialstaat zur gespaltenen Gesellschaft. Verlag Antje Kunstmann, München 2003

Attac (Hrsg.): Die geheimen Spielregeln des Welthandels. WTO-GATS-TRIPS-MAI, Promedia, 2. überarbeitete Auflage, Wien 2004

Bakan, Joel: The Corporation. The Pathological Pursuit of Profit and Power. Free Press. New York 2004

Balanya, Doherty, Hoedeman, Ma'amit, Wesselius: Konzern Europa. Die unkontrollierte Macht der Unternehmen. Rotpunktverlag. Zürich 2001

Brockhaus, der: Wirtschaft. Betriebs- und Volkswirtschaft, Börse, Finanzen, Versicherungen und Steuern. Brockhaus, Leipzig, Mannheim 2004

Chomsky, Noam: Profit Over People. Neoliberalismus und globale Weltordnung. Europa Verlag, München 2000

Eigen, Peter: Das Netz der Korruption. Wie eine weltweite Bewegung gegen Bestechung kämpft. Campus, Frankfurt 2003

George, Susan: WTO: Demokratie statt Drakula. Für ein gerechtes Welthandelssystem. VSA-Verlag 2002

Giegold, Seven: Steueroasen: trockenlegen! Die verborgenen Billionen für Entwicklung und soziale Gerechtigkeit heranziehen. Attac-Basis Texte 4. VSA-Verlag, Hamburg 2003

Grefe, Christiane/Greffrath, Mathias/Schumann, Harald: Attac. Was wollen die Globalisierungskritiker? Rowohlt, Berlin 2002

Grosjean, René Klaus: Wie lese ich eine Bilanz? Ein Crash-Kurs für Nichtfachleute. Econ. München 2001

Hertz, Noreena: Wir lassen uns nicht kaufen! Keine Kapitulation vor der Macht der Wirtschaft. Econ, München 2001

Klein, Naomi: No Logo! Der Kampf der Global Players um Marktmacht. Bertelsmann, München 2001

König, Johann-Günther: Finanzkriminalität. Geldwäsche, Insidergeschäfte, Spekulation. Suhrkamp. Frankfurt 2003

König, Johann-Günther: Alle Macht den Konzernen. Das neue Europa im Griff der Lobbyisten. Rowohlt, Reinbeck bei Hamburg, 1999

Le monde diplomatique: Atlas der Globalisierung. taz 2003

Leggewie, Claus: Die Globalisierung und ihre Gegner. Beck. München 2003

Leif, Thomas/Speth, Rudolf (Hrsg.): Die stille Macht. Lobbyismus in Deutschland. Westdeutscher Verlag, Wiesbaden 2003

Liedtke, Rüdiger: Wem gehört die Republik? Die Konzerne und ihre Verflechtungen, Eichborn Verlag, Frankfurt a. M. 2003

Mander, Jerry/Goldsmith, Edward: Schwarzbuch Globalisierung. Eine fatale Entwicklung mit vielen Verlierern und wenigen Gewinnern. Riemann Verlag, München 2002

Martin, Hans-Peter / Schuhmann, Harald: Die Globalisierungsfalle, der Angriff auf Demokratie und Wohlstand, Rowohlt Tb. 1998
Merten, Hans-Lothar: Steueroasen, Ausgabe 2004, Wahlhalla Verlag 2003
Mies, Maria: Globalisierung von unten. Der Kampf gegen die Herrschaft der Konzerne. Rotbuch Verlag, Hamburg 2001
Rifkin, Jeremy: Access. Das Verschwinden des Eigentums. Campus, Frankfurt/New York 2000
Sherman, David H. / Young, David S./ Collingwood, Harris: Profits you can trust. Prentice Hall, New Yersey 2003
Sen, Amartya: Ökonomie für den Menschen. Wege zu Gerechtigkeit und Solidarität in der Marktwirtschaft. Carl Hanser Verlag, München/ Wien 2001
Steingart, Gabor: Deutschland, der Abstieg eines Superstars. Piper, München 2004
Stiglitz, Joseph E.: Die Schatten der Globalisierung. Siedler Verlag 2002
Werner, Klaus / Weiss, Hans: Das neue Schwarzbuch Markenfirmen, Deuticke Verlag, Wien 2003
Ziegler, Jean: Die neuen Herrscher der Welt. Bertelsmann, München 2003

Namen- und Firmenregister

Kurt Langbein, Hans-Peter Martin, Hans Weiss

Bittere Pillen

Nutzen und Risiken der Arzneimittel

Broschur

Dieses Buch ist kein Buch gegen Medikamente. Im Gegenteil. Durch die gezielte Beurteilung versteht es sich als Buch für den sinnvollen Gebrauch von Arzneimitteln – egal ob es sich um konventionelle oder alternative handelt.
Über 10.000 rezeptpflichtige und frei verkäufliche Medikamente, Naturheilmittel und Homöopathika werden seriös bewertet.

»Ein unverzichtbares Standardwerk.« *Ellis Huber, taz*

»Eine Orientierungshilfe für Patienten, aber auch für Ärzte.«
Rheinisches Ärzteblatt

»Der Band lässt die Leser nicht mit Warnungen allein. In den Tabellen mit verständlich aufgelisteten Nebenwirkungen der einzelnen Pharmaka finden sich Alternativempfehlungen.«
Der Standard, Wien

Walter van Rossum
Meine Sonntage mit »Sabine Christiansen«
Wie das Palaver uns regiert

Originalausgabe
KiWi 831

Walter van Rossum interpretiert mit brillantem Sprachwitz die verworrenen Aussagen der Politiker, die sich bei genauerer Betrachtung als gezielte Meinungsmache herausstellen. Bitterböse und messerscharf analysiert er am Beispiel von »Sabine Christiansen«, wie die Medien zunehmend ihre kritische Funktion gegenüber der Politik verlieren und sich zur Plattform für ein Palaver degradieren lassen, das politische Differenzen nur simuliert, komplexe Themen auf dramatische Weise vereinfacht und meist nur eine Antwort auf die gesellschaftlichen Probleme zulässt.

»Walter van Rossum beobachtet genau und formuliert pointiert.« *Der Tagesspiegel*

»Klare, wahre Worte« *taz*

Theo Sommer (Hg.)
Leben in Deutschland

Anatomie einer Nation
Ein ZEIT-Buch
Gebunden

Wer heute in Deutschland fünfzig Jahre alt ist, kam 1953 auf eine ganz andere Welt als jene, in der wir heute leben. Lebensformen, -führung und -verläufe haben sich seitdem grundlegend verändert. An die Stelle der Lebensläufe aus einem Guss sind Bastelbiographien getreten, die Vitae der Menschen zersplittert. Diverse Trends haben die Entwicklung unserer Gesellschaft im zurückliegenden halben Jahrhundert bestimmt. Diese darzustellen ist das Ziel der ZEIT-Serie »Leben in Deutschland«.
Das Buch zur erfolgreichen ZEIT-Serie ist eine Entdeckungsreise in das eigene Land.

Günter Wallraff
13 unerwünschte Reportagen

KiWi 725

Reportagen, die die Republik erschütterten ...

Mit »13 unerwünschte Reportagen« begründete Wallraff Ende der 60er Jahre seinen Ruf als Autor kritischer Sozialreportagen.

»Wallraff ist nach Erich Maria Remarque wahrscheinlich der einflussreichste deutsche Autor dieses Jahrhunderts, ein echter (sprechen wir das schmutzige Wort ruhig aus) Systemveränderer.«
Willi Winkler, Süddeutsche Zeitung

»Wallraffs Bücher haben mich als Schüler politisch erweckt. Es sind große, radikale Kunstwerke.«
Benjamin v. Stuckrad-Barre

KiWi

Paperbacks bei
Kiepenheuer & Witsch

Günter Wallraff
Ich – der andere
Reportagen aus vier Jahrzehnten

KiWi 718
Originalausgabe

Dass Bücher etwas bewegen können, dafür liefern die Arbeiten von Günter Wallraff einen einzigartigen Beweis. Wallraffs Reportagen handeln von unserer Welt, legen den Finger in die Wunde und gewähren einen schonungslosen, oft beschämenden Einblick in die deutsche Realität. Unzählige Prozesse wurden gegen Günter Wallraff geführt, die er jedoch alle gewann. Seine Reportagen sind nicht nur engagiert und aufklärerisch, sondern in vielen Punkten bis heute unerreicht. »Ich – der andere« enthält eine Sammlung von Wallraffs besten Reportagen, die das Schaffen eines der ausgezeichnetsten und außergewöhnlichsten Journalisten der Nachkriegsgeschichte dokumentieren.

»Das Schreiben kritischer Sozialreportagen hat hierzulande kaum eine große und wirksame Tradition. Insofern ist Günter Wallraff eine Ausnahmeerscheinung.« *Süddeutsche Zeitung*

www.kiwi-koeln.de